中国地区间不对称税收竞争研究

刘清杰 ◎ 著

本书由中央高校基本科研业务费专项资金资助项目（2020NTSS37）、教育部人文社科青年项目（21YJC790077）、广东省哲学社会科学青年项目（GD20YYJ06）资助出版

目 录

绪 论 ·· 1

第一节 选题背景与研究意义 ·· 1

第二节 文献梳理与研究动态 ·· 8

第三节 主要内容与核心观点 ··· 28

第四节 未来的主要研究方向 ··· 37

第一章 地区间不对称税收竞争存在的中国现实 ·················· 42

第一节 税收优惠政策与税收洼地 ······································ 42

第二节 税收征管激励与税收努力 ······································ 50

第三节 地区实际税负与税收竞争 ······································ 60

第二章 中国地区间不对称税收竞争的策略行为 ·················· 86

第一节 地方政府税收竞争中的序贯博弈策略 ····················· 86

第二节 税收决策信息在地区间的不对称流动 ··················· 102

第三节 地区间实际税负变化的策略互动检验……………………112

第三章 中国地区间不对称税收竞争的溢出效应………………………132
第一节 税收竞争与市场分割……………………………………132
第二节 税收竞争与债务扩张……………………………………153
第三节 税收竞争与环境污染……………………………………175

第四章 新经济地理框架下税收竞争的协调路径………………………211
第一节 集聚经济协调税收竞争的机理与中国特征……………211
第二节 产业集聚对投资税负弹性的阈值影响…………………227
第三节 中国地方政府对集聚租征税了吗………………………241

参考文献……………………………………………………………………267

后　记………………………………………………………………………285

绪　论

当今世界面临百年未有之大变局，中国经济则进入高质量发展阶段。在构建以国内大循环为主体、国内国际双循环相互促进的新发展格局过程中，地方政府间可能存在的税收竞争，将影响资本等生产要素的自由流动，导致市场资源配置低效率，阻碍统一开放市场体系的形成，进而影响"新发展格局"的构建进程。而"大国、开放、多区域、发展不平衡"等"中国特征"使地方政府间税收竞争行为更趋复杂化，研究中国地区间不对称税收竞争行为机制、溢出效应及其协调路径，对于新时期促进全国统一大市场的建设具有重要的现实意义和政策含义。

第一节　选题背景与研究意义

一、选题背景

2020年10月29日，中国共产党第十九届中央委员会第五次全体会议通过了《中共中央关于制定国民经济和社会发展第十四个五年规划和二〇三五年远景目标的建议》，其中提到要畅通国内大循环，依托强大国内市场，贯通生产、分配、流通、消费各环节，打破行业垄断和地方保护，形成国民经济良性循环。2021年1月11日，习近平总书记在省部级主要领导干部学习贯彻党的十九届五中全会精神专题研讨班的开班仪式上强调，构建新发展格局要避免"各自为政、画地为牢，不关心建设全国统一的大市场、畅通全国大循环，只考虑建设本地区本区域小市场、搞自己的小循环"。在经济运行中，部分地方政府给予本地和非本地企业有差别的财政奖励和补贴、优惠收税信贷等政策，这些都是阻碍全国统一大市场建设的"堵点"和"痛点"。2021年3月24日，中共中央国务院办公厅印发《关于进一步深化税收征管改革的意见》，明确提出对利用"税收洼地"的避税行为应加大监督检查力度，地区间恶性税收竞争带来的税收洼地现象及其引致的风险问题正在引起社会各界的持续关注。

1. 中国地方政府间税收竞争愈演愈烈。地方政府出于经济增长考核的竞争形势，竞相出台容易引起恶性竞争的优惠政策，引发高产能、高库存、高杠杆等问题。计划经济体制下中央掌握经济管理决策权，地方政府决策和控制范围有限，而20世纪80年代以来，随着中央权力的不断下放，地方官员的激励和行为也在发生变化，其中一个重要方面就是逐渐增强的区域经济竞争。同时，经济环境的变化使企业跨区流动现象变得普遍，这为地区间税收竞争的出现提供了可能性。中国分税制下地方政府没有税收立法权，地区间的横向税收竞争与西方不同，西方的策略工具主要是通过立法调整税率，而中国地方政府则主要以调整税收征管强度或者制度外的非合作税制设计为手段进行竞争。中央对地方的监督缺乏约束标准，从而使地方政府可以从中获得博弈空间。改革开放以来，沿海地区利用区位和经济优势吸引外资，刺激经济增长，这种区域经济致富模式逐渐发展到内陆经济水平落后的省份，各地区为争夺资本处于激烈的竞争中，税收优惠一再突破国家规定的优惠政策底线。

2. 制度外税收优惠政策扰乱市场秩序，导致资源配置失衡，影响经济高质量发展。晋升锦标赛下的地方政府博弈，促使地方官员为政治晋升位次而展开立足于短期利益的以税收优惠为手段的招商引资竞争，出现税收优惠形式混乱且违反政策规定的现象，甚至部分地区出现了零税负的情况。这一方面导致地区税源损失，使得公共物品供给得不到充分的财政支持，社会福利受到无谓损失；另一方面通过低税负吸引资本，导致企业投机行为泛滥，不利于地区经济的均衡可持续发展。中国具有重要意义的财政分权在推动地区经济发展的同时导致地区间产生针对税收的制度外优惠等恶性竞争问题,竞赛到底的税收竞争既不利于地区可持续发展,又会导致国家损失大量税收资源,长此以往,造成地方保护主义盛行,支出结构扭曲及重复建设,不利于地区经济高质量发展。

3. 地方税收优惠政策的清理问题是一个动态博弈的艰难过程。在改革开放初期,我国就非常重视地方税收优惠政策的清理工作。自20世纪80年代末以来,国务院或国家税务总局每隔二至五年便出台一部针对税收优惠政策清理的规范性文件。在如此严密的政策"高压"下,我国的地方政府税收优惠政策却依然存量巨大,直到如今,地方政府税收优惠政策的清理仍然是一个长期难以得到根本解决的疑难问题。近期的一个税收优惠政策清理的案例突出地反映了这一问题:2014年12月国务院就发布了《关于清理规范税收等优惠政策的通知》,严格要求各地区开展专项的税收优惠政策清理工作。这种用力过猛的做法未考虑各地区发展的现实情况,导致短期内地方政企纠纷陡增。在地方反馈的各类意见的压力下,2015年5月,国务院又颁布了《关于税收等优惠政策相关事项的通知》,将税收优惠清理工作调整为严控未来增量,已有存量"另行部署后再进行"。可见,税收优惠政策清理行动不能简单采取"一刀切",无视地方政府利益现实诉求和区域经济发展差异。

4. 不对称税收竞争加剧了市场分割,阻碍了全国统一大市场的建立。中国地区间经济发展不均衡影响税收竞争行为,促使策略互动行为出现分化趋势,形成不对称税收竞争。资源禀赋、人文环境及产业基础的不同,导致中国地区之间的经济发展不均衡状态愈发明显,逐渐拉大的贫富差距也成为威胁社会稳定亟须尽快解决的重要问题。近些年,中国在解决地区差异、促进区域经济均衡发展方面做了多种尝试,政府通过实施西部大开发、振兴东北老工业基地和中部崛起三大战略以扭转区域差距逐渐扩大的趋势。[1]地区发

---

[1] 魏后凯,蔡翼飞:《西部大开发的成效与展望》,《中国发展观察》2009年第10期;洪兴建:《中国地区差距、极化与流动性》,《经济研究》2010年第12期。

展的不均衡使地区间竞争的均衡税负呈现出差异化水平：一方面，经济较发达的地区可能会因为税基流动等原因使其更有动力税收不作为，从而争相减税；经济水平相对较低的地区，受到可支配财力的压力，为了满足必要的财政支出而加大税收的征管强度。另一方面，中国的国情决定了贫困地区对转移支付依赖度较高，因此，欠发达地区也可能在征税方面不作为或者效率低下。由此可见，地区间禀赋不同导致其决策行为也不一致，政策回应度更是不同，不利于地区间经济均衡发展。

那么，本书在此背景下尝试回答的问题是：中国的地区间是否存在不对称税收竞争？竞争中地方政府的征税策略异质性如何？这种竞争引致怎样的外溢效应，以及协调税收竞争的有效路径是什么？

二、研究意义

本书主要是聚焦中国省际税收竞争问题，探讨并识别地区间征税策略行为的异质性特征，在此基础上讨论税收竞争对市场分割、债务扩张和环境污染可能存在的影响，最后提出新经济地理学框架下的集聚经济应该是市场自发协调税收竞争的有效路径。然而这一路径在中国还没有被完全打通，政策租引导的中国产业集聚尚未能充分发挥集聚经济协调效应，不过从动态发展的角度来看，市场一体化的推进和两税合并政策的实施有助于促进这一机制发挥应有的作用。

1. 基于不对称税收竞争理论，识别中国地方政府间征税策略互动中的异质性行为，有助于为因地制宜地展开税收优惠政策清理提供政策启示。中国长期存在的冗杂、多样、碎片化的地方税收优惠政策，阻碍了市场对资源的自由配置，不利于全国统一大市场的建立。如上文所述，地方政府税收优惠政策的清理过程是一个艰难的动态博弈过程。地区间税收竞争中的策略行为差异决定了"一刀切"的税收优惠清理政策无法起到预期效果。本书在不对称税收竞争理论基础上构建序贯博弈模型，探讨地区间税收竞争中存在领导者和跟随者的理论可能性。然后以转移熵的方法衡量地区间税收决策信息的流动特征，从信息的流向识别竞争中的信息优势方和劣势方，以此发现税收竞争中领导者与跟随者的特征。最后结合中国省级政府样本，在空间计量模型中发现不对称税收竞争存在的经验证据。以此来回答两个问题：一是中国地区间税收竞争中地方政府如何进行征税策略的互动？二是策略竞争中的领导者与跟随者呈现出怎样的地区属性特征？回答了这两个问题，就能够对中国地区间引资竞争过程中地方政府的策略性行为具有更加深层次的认识，有助于更加清晰地把握税收优惠政策清理过程中的重点工作，以提高政策实施效果。

2. 立足国内大循环，研究不对称税收竞争与市场分割的双向影响，并结合地区异质性分析和两税合并政策改革效果检验，为探索加快形成双循环新发展格局的政策方案提供启发。畅通经济循环深化改革，必须重视国内统一市场建设，打通阻碍全国统一大市场建设的堵点。中国市场在地区之间存在零碎分割问题是已有研究的一致观点，而地方政府"为增长而竞争"的策略行为加剧了地区间市场分割。本书从税收竞争的角度探索市场分割形成的制度性原因及其影响，对于促进经济高质量发展具有重要的现实意义。并且基于一价定律的相对价格法，测算中国地区间市场分割，发现总体上看，市场分割有所降低，中国市场正在走向整合；然而从地区层面来看，市场分割差异明显，地区间不对称税收竞争的存在又将强化这种市场分割水平差异，阻碍全国经济大循环。通过空间统计分析方法，进一步发现了市场分割在空间上的同群效应，存在显著的空间联动特征。在此基础上，构建空间模型研究税收竞争对市场分割的溢出效应，发现税负逐底的竞争行为促进了市场分割水平的扩大。另外，考虑到市场分割是地区间政府竞争的结果，也是提升政府竞争力的手段，因此以市场分割为空间权重引入模型，研究发现，市场分割越严重的地区之间税收竞争越激烈。此外，本书通过对异质性的探讨发现：一方面，欠发达地区比发达地区的税收竞争对于市场分割更敏感，实施地方保护的地区之间税收竞争更激烈；另一方面，两税合并改革显著提高了地区实际有效税负，有利于在一定程度上缓解地区间税负逐底的竞争行为。

本书从税收竞争的视角追溯市场分割的制度性根源，探索双向影响的作用机制与路径，并结合异质性分析和政策效应评估，可以为促进国内市场一体化提供政策启示。

3. 从债务扩张的风险问题入手，探究税收竞争对债务规模扩张的影响，厘清债务规模扩张的制度性根源，为全局视域下的风险控制提供政策借鉴。党的十九大报告指出，为决胜全面建成小康社会，以习近平同志为核心的党中央做出重大决策部署，打好防范化解重大风险、精准脱贫、污染防治三大攻坚战。而其中化解地方政府债务风险是防范重大风险的题中之义。如何防范化解地方政府债务风险已成为我国顺利推进全面深化改革的一项关键内容，是社会各界共同关注的焦点问题。本书通过梳理发现，地区间税收竞争影响地方政府债务规模扩张的路径在于，税负逐底竞争的直接后果是地区财政收入降低，再加上地方政府竞争过程中的大规模支出需求，形成收支剪刀差，提高了地方政府融资需求，而地方政府面临的软预算约束又强化了其举债以扩大融资的动机。本书从空间联动的视角首先考察了地方政府债务规模扩张的空间相关特征，发现地方政府举债存在竞相争夺金融资源的特征。接着构建空间计量模型检验中国特征，发现税收竞争显著促进了地方政府债务规模的扩张，并且本地区税负的变化对债务负担的影响不显著，债务负担主要受到空间相邻地区税负变化的影响，空间外溢效应在其中发挥了重要作用。而政策效应的检验发现，2014年新《预算法》的实施为地方政府举债提供了一个合理渠道，地方政府举债积极性提高，地区间空间联动特征更加显著。政策的实施有效缓解了债务规模扩张对税收竞争的敏感性，不过由于政策的滞后性，其显著抑制作用还未显现出来。通过本书的研究，有助于厘清地方政府债务规模扩张的制度性原因及其影响路径。债务规模扩张及其受到税收竞争影响，均呈现出空间外溢特征，因此，进一步的风险防控政策制定也应在全局视域下加以考量。

4. 探究税收竞争对环境污染的溢出效应，识别环境治理过程中政府的"骑跷跷板"策略特征及制度性原因，深层次理解税收竞争与环境污染的关系对于充分发挥税收政策的减排效益和推进生态文明建设具有重要的现实意义。环境问题已构成制约未来经济社会进一步发展的重要瓶颈，习近平总书记在党的十九大报告中特别指出，建设现代化的目的是人与自然和谐共生，并将污染防治作为三大攻坚战之一来打。这表明，我国的环境治理已经达到拐点，传统经济发展思维亟须向绿色经济发展理念转变，以实现社会可持续发展。中国特色财政联邦主义制度背景下，地方政府环境政策执行偏差的制度动因值得关注。首先以工业烟（粉）尘、工业二氧化硫、工业废水等作为环境污染物，发现环境污染物排放具有路径依赖特征和空间外溢效应，在此基础上，以空间计量模型估计结果发现，税收竞争显著促进环境污染物排放，其中对工业烟（粉）尘排放的影响最为显著。进一步考虑到地方政府在生态环境压力下会形成"骑跷跷板"的应变策略，侧重对某类或某几类污染物治理，因此，以经济发展水平为门槛探究不同经济发展阶段下税收竞争对环境污染的影响。研究发现，在经济发展的不同阶段，税负变化对环境污染物排放的影响具有异质性，并且不同类型的环境污染物排放也受到税收竞争的差异化影响。因此，通过本书的研究，有助于从空间外溢视角对环境污染物排放具有更加全面的认识，以及更清晰地识别税收竞争中地方政府环境污染治理的差异化策略行为，为提升污染防控效果提供政策启示。

5. 以地区间税负"竞低"引资为主要动力机制的非均衡发展模式已经难以为继，本书考察新经济地理框架下集聚经济自发协调税收竞争的市场机制在中国是否适用，从动态发展的视角探索这种机制发挥作用的演化路径。通过分析新经济地理框架下的协调路径，发现这种协调作用目前在中国还没有显现出来，但动态趋势是积极的。已有研究认为，通过市场的"无形之手"来指导地方政府实现自发的税收协调，不仅可以避免政府干预所引致的效率损失，而且将从源头上遏制地方政府间的恶性税收竞争行为。然而遗憾的是，大量研究发现，中国地方政府还没有对集聚租征税，集聚经济对税收竞争的协调作用还未发挥出来。在此基础上，本书以动态发展的视角回答两个问题：一是中国地方政府对集聚租征税了吗？二是集聚经济对税收竞争协调作用的发挥是否有逐渐释放的势头？对于第一个问题，本书研究结论与钱学锋等多数学者的研究一致，即目前中国地方政府还没有对集聚租征税，税负逐底的竞争模式仍然是地方政府吸引资本的主要选择。对于第二个问题，本书从两条路径发现了有意思的结论：一是发现企业投资对税负变化的反应敏感度随着产业集聚水平的提高而有所降低；二是吸引要素集聚的政策租不断耗散，产业空间组织正在经历从企业"扎堆"到产业集聚的转变，集聚经济协调税收竞争的作用未来将得以释放。并且，市场一体化的提高有助于产业集聚发挥对税收竞争的协调作用，尤其是两税合并改革的实施，强化了这一积极影响。欠缺节制的地方税收优惠政策已经对全国统一大市场的建立产生明显的负面影响，也严重影响了税收法治建设。财政部于 2021 年 4 月 7 日召开新闻发布会明确了"十四五"期间减税降费政策方向，其中包括继续执行制度性减税和阶段性减税降费政策有序退出等方面。因此，本书对税收竞争协调路径的探索，有助于从发挥市场自发协调机制的角度，缓解地方政府间竞相进行的制度外税收优惠策略，助力实现不合理不合规税收优惠政策的清理目标。

第二节　文献梳理与研究动态

地区间税收竞争研究已有半个多世纪的历史，从标准税收竞争模型到不对称税收竞争模型的扩展，成为税收竞争领域研究发展的重大进步。结合本书的研究重点，本部分就地区间不对称税收竞争研究文献中关于行为、效应与协调路径的研究成果进行梳理，为进一步探索中国地区间的不对称税收竞争提供启示。

一、地区间不对称税收竞争的策略行为

（一）从标准税收竞争到不对称税收竞争的理论发展

税收竞争研究始于 Tiebout 的用脚投票理论[①]，从 1956 年至今，相关研究已逐渐成熟。西方学者将税收竞争定义为各地区通过实施相关税收优惠政策竞相降低税率以吸引其他地区的税基流入本地区的行为，且将这种行为定义为具有政府自利性质。邓力平认为，政府的财政政策是否存在外部性，应该作为税收竞争研究的出发点。如果一个地区为吸引外地的流动性要素而采取降低税率、加强税收优惠等手段，从而对其他地区的税基产生侵蚀作用，引起其他地区通过制定相应的财政政策进行税基争夺，那么将不可避免地形成地区间的税收竞争。[②]

税收竞争理论的发展伴随的是同质性假设向异质性假设的演变，竞争双方禀赋差异决定了其在竞争中策略选择的异质性。标准税收竞争模型建立在同质性假设的前提下，认为地区间进行逐底的税收竞争，选择降低税率来吸引资本，由此引起效率损失。[③] 早期的相关文献对地区之间的税收竞争研究提供了有价值的视野，然而这些文献过于依赖地区之间同质化的假设，认为地区间展开无差异的税收竞争从而形成相同的税率。而这些假设忽略了地区之间存在的禀赋差异现实，模型无法解释地方政府之间实际上不对称的政策回应。例如 Elschner、Vanborren 所提到的，即使是在欧盟这种资本流动性非常强的地区，因政府之间面临的竞争压力不断增强，形成的有效平均税率

[①] Tiebout, C. M., 1956: "A Pure Theory of Local Expenditures", *Journal of Political Economy*, 5.

[②] 邓力平：《国际税收竞争的不对称性及其政策启示》，《税务研究》2006 年第 5 期。

[③] Zodrow, G. R., Mieszkowski, P. 1986: "Pigou, Tiebout, Property Taxation, and the Underprovision of Local Public Goods", *Journal of Urban Economics*, 3; Wilson, J. D., 1986: "A Theory of Interregional Tax Competition", *Journal of Urban Economics*, 3.

的差异度依旧保持在很高的水平。[①]

标准税收竞争模型的同质化假设难以解释地区之间的外生不对称问题，在设置资本税税率时地区间规模差异所扮演的角色引起了学者的关注。Bucovetsky 和 Wilson 尝试构建的不对称税收竞争模型，是在标准税收竞争模型的基础上放松同质化假设而发展起来的。不对称税收竞争模型构建的基本思路是：假设辖区的生产要素包括以人口为主的非流动性要素和以资本为主的流动性要素，当某个辖区在税收竞争中非流动性要素规模相对于竞争辖区较大时，调整资本税税率将在较大程度上影响资本的税后回报率，因而在选择税率的同时形成了不对称辖区间的策略互动。不对称税收竞争模型主要做了以下几方面假设：地区之间非流动性要素人口规模不同，其他方面完全相同；每个地区的人口数量保持稳定；资本在地区之间完全流动；私人产品和公共品的消费数量决定地区居民效用，其中地方政府提供公共物品。设 $f'(k_i)$ 为资本边际产品，扣除税后，$f'(k_i)-t_i$ 为资本在 i 地区的税收净回报，那么在辖区间税收竞争达到均衡时的资本回报率就是 $r = f'(k_1)-t_1 = f'(k_2)-t_2$。其中 t_1 和 t_2 就是竞争辖区 1 和 2 在均衡时的税率。当提高辖区 1 的税率时，将导致资本从辖区 1 流动到辖区 2，直到两个辖区的资本税收净回报率相等时，两辖区的税率为均衡税率。规模大的辖区中资本对税负变化的反应弹性低于规模小的辖区，其设置的高税率被资本化为资本税收净回报，而规模小的辖区由于受到正外部性的影响，有较强的动机降低税率。[②]

不对称税收竞争理论认为，禀赋不同的辖区通过降低税率吸引流动纳税人，这些辖区必须对竞争者的税收政策及时做出回应，以确保税基不会被重

[①] 研究发现在 2007 年平均有效税率差别最大的是保加利亚和德国，前者税率为 8.8%，后者税率达到 35.5%。具体文献可参见：Elschner, C., Vanborren W., 2010: "European Union: Effective Corporate Income Tax Rates in an Enlarged European Union", *Bulletin for International Taxation*, 11.

[②] Bucovetsky, S., 1991: "Asymmetric Tax Competition", *Journal of Urban Economics*, 2; Wilson, J., 1991: "Tax Competition with Interregional Differences in Factor Endowments", *Regional Science and Urban Economics*, 3.

新分配。基于此，后续大部分学者展开了对异质性辖区进行税收竞争时的策略行为和均衡税率分化水平的检验和分析。① 相关研究的基本判断认为，规模小的辖区通过抄底大规模的辖区获得的税基收入，高于因降低税率而损失的收入，因此，规模小的辖区税率更低。其中资本流动对税率的需求弹性存在异质性影响，有学者研究了不对称税收竞争均衡下的策略互动和税率分化水平。② 部分学者开始从不对称辖区间进行税收竞争时所面临的竞争者特征入手，认为规模大的辖区面临的竞争压力更大，不仅要与相邻的地区竞争，还要与不相邻的经济水平相近的地区竞争，从而导致其在税收竞争中选择的税率更低。③

（二）不对称税收竞争博弈中的领导者与跟随者

较早期研究税收竞争策略互动机制的理论文献是基于博弈双方同时行动的纳什博弈模型，认为地区之间的税收竞争是同时发生的。当考虑到地方

---

① 具体文献可参见：Gordon, R. H., 1992: "Can Capital Income Taxes Survive in Open Economics?", *Journal of Finance,* 3; Neumayer, E., Plümper,T., 2012: "Conditional Spatial Policy Dependence: Theory and Model Specification", *Comparative Political Studies,* 7; Cao, X., Prakash, A., 2012: "Trade Competition and Environmental Regulations: Domestic Political Constraints and Issue Visibility", *Journal of Politics,* 1; Altshuler, R., Goodspeed, T. J., 2015: "Follow the Leader? Evidence on European and US Tax Competition", *Public Finance Review,* 4.

② Haufler, A., Wooton, I., 2010: "Competition for Firms in an Oligopolistic Industry: The Impact of Economic Integration", *Journal of International Economics,* 2; Pieretti, P., Zanaj, S., 2011: "On Tax Competition, Public Goods Provision and Jurisdictions' Size", *Journal of International Economics,* 1.

③ 具体可参见：Case, A. C., Rosen, H. S., Hines, J. J., 1993: "Budget Spillovers and Fiscal Policy Interdependence: Evidence from the States", *Journal of Public Economics,* 3; Dembour, C., 2008: "Competition for Business Location: A Survey", *Journal of Industry Competition and Trade,* 2; Strauss-Kahn, V., Vives, X., 2009: "Why and Where Do Headquarters Move?", *Regional Science and Urban Economics,* 2; Becker, S. O., Egger, P. H., Merlo,V., 2012: "How Low Business Tax Rates Attract MNE Activity: Municipality-Level Evidence from Germany", *Journal of Public Economics,* 9; Janeba, E., Osterloh, S., 2013: "Tax and the City—A Theory of Local Tax Competition", *Journal of Public Economics,* 10.

政府的承诺因素时，同时行动假设下税收竞争的均衡结果是不可靠的，一个地区可能在其他地区决策之前进行决策。Gordon 提出了与纳什博弈不同的分析方法，他认为，因为地区异质性的存在使其中一个地区在竞争中充当斯塔克尔伯格领导者角色，假设博弈中的一个成员是斯塔克尔伯格领导者，首先选择他的产出水平，参与博弈的第二个成员在领导者产出水平确定的基础上选择自己的产出决策。其考虑地区之间的双重征税机制，认为如果主要的资本输出辖区因为先于其他地区选择税收政策而扮演斯塔克尔伯格领导者角色，那么资本收入税税率可能会保持在大于 0 的情况下。[①] 最近的大量理论文献也开始强调序贯决策的重要性。

在不对称税收竞争模型的基础上，Hamilton、Slutsky 提出两时期行动承诺博弈：即每个地区在两个时期中的任意一个时期必须行动；如果一个地区选择先行动，即在第一时期确定它的税率，其他地区作为斯塔克尔伯格跟随者，在第二个时期选择确定它的税率，前者为领导者，后者为跟随者。否则，如果税率选择是同时的，那么参与税收竞争的地区间符合标准税收竞争博弈。[②] Klein、Flaherty 认为，人们可能因为信息披露、廉价磋商后的协调、对对方施加战略影响等原因进行博弈前行动。在这个阶段，辖区承诺自己先动或者后动，即在第一或者第二阶段确定他们的实际有效税率，并且认为至少有一个辖区具有后动优势。其考察了两个斯塔克尔伯格情形相对应的两个子博弈完美均衡，从而产生一个选择问题。为了解决这个问题，引入线性效用函数和二次的特定生产函数，使用两个选择标准——帕累托优势和风险主导，就规模不对称假设下的地方政府间策略互动行为展开研究，考察其

[①] Gordon, R. H., 1992: "Can Capital Income Taxes Survive in Open Economics?", *Journal of Finance*, 3.

[②] Hamilton, J. H., Slutsky, S. M., 1990: "Endogenous Timing in Duopoly Games: Stackelberg or Cournot Equilibria", *Games and Economic Behavior*, 1.

对模型均衡结果的影响。[1]Wang 假设规模较大的地区以斯塔克尔伯格领导者的身份行动，并在此假设下对地区间的税收竞争进行了研究。[2]Baldwin、Krugman 假设由于集聚经济的作用使经济发展核心地区可以作为领导者先行行动选择税率，这解释了为什么核心区的税率可以长期高于边缘地区，该研究促成了新经济地理学理论与税收竞争模型的结合。[3]

Kempf、Rota-Graziosi 依赖博弈双方的行动顺序考察三个基本的博弈模型：一个静态的博弈模型和两个动态的斯塔克尔伯格博弈模型。其中，静态的博弈模型为博弈双方同时行动的纳什博弈，两个动态的博弈模型分别是一方在税收决策方面先行动而另一方后行动（或者两者行动顺序调换）后形成的序贯博弈。假设在这些博弈模型中，税率在地区之间是策略互补的（税率在地区间为策略互补性质的特征在大量地区间税收竞争反应函数的实证研究中被证实），将三个基本博弈模型下得到的均衡税率按照大小排列，显示出标准税收竞争均衡，即同时行动的纳什博弈形成的均衡税率最低，因此他们认为在两个地区中至少有一个地区具有后动优势，这与税率的策略互补性特征一致。[4]实证研究方面，Altshuler 等利用序贯博弈分析美、英、德等国家在不对称税收竞争中的策略互动行为，发现美国在其中承担领导角色的证据。其在理论模型的基础上分别估计了欧洲国家在纯粹纳什博弈模型，以及当美国担任斯塔克尔伯格领导者而欧洲国家在纳什博弈下同步行动时的模型。研究得出的主要结论是，在美国"1986 税收改革法案"之后，美国作为领导者，欧洲国家则跟随美国的税收政策设置本地区税率。其随后利用格

---

[1] Klein, D. B., O'Flaherty B., 1993: "A Game-Theoretic Rendering of Promises and Threats", *Journal of Economic Behavior and Organization*, 3.

[2] Wang, Y. Q., 1999: "Commodity Taxes under Fiscal Competition: Stackelberg Equilibrium and Optimality", *American Economic Review*, 4.

[3] Baldwin, R. E., Krugman, P., 2004: "Agglomeration, Integration and Tax Harmonization", *European Economic Review*, 1.

[4] Kempf, H., Rota-Graziosi, G., 2010: "Endogenizing Leadership in Tax Competition", *Journal of Public Economics*, 9.

兰杰检验以强化在排除税收庇护后的结论，并且认为，欧洲国家之间的竞争强度弱于其与美国之间的税收竞争。①

（三）地区间不对称税收竞争策略的影响因素

1. 从资本流动成本异质性的角度考察异质性地区税收竞争特征。资本流动对税率的需求弹性存在异质性，影响不对称税收竞争均衡下的策略互动和税率分化水平。Haufler、Wooton 建立了一个广义上的寡头垄断模型，分析不同规模的地区在展开对资本竞争时的特征，这个模型结合政府对国际性跨国公司的需求和公司在选址时所需要付出的租金，在交易成本下降和经济一体化的推动下，均衡税率先下降再上升，处于平衡状态时规模小的辖区比大的辖区设置的税率更低，这是由于小的辖区资本供给面临的弹性更高，因此税率较低时税基更可能流动到规模小的辖区。②Pieretti、Zanaj 分析了辖区间通过低税率和提供有助于提高公司生产力的公共物品来吸引公司而展开竞争，假设竞争的辖区之间人口规模不同，资本流动成本很高；研究结论认为，在中等程度的资本流动成本下，小的经济体如果供给比大的辖区更高水平的公共物品，则更加易于吸引外资，且不需要降低税收。如果资本流动成本非常高时，小的辖区设置的税率则更低，与古典结论一致。与资本流动成本相关的是税基的流动性，引发税收竞争的要素是税基的流动性，地方政府之间展开竞争的原因在于，当税率不同时，税基会跟着移动，这也进一步反映出政府的潜在竞争者是谁，解释政府税收竞争的程度在于确定哪一种异质性影响税基的流动。③

---

① Altshuler, R., Goodspeed, T. J., 2015: "Follow the Leader? Evidence on European and US Tax Competition", *Public Finance Review*, 4.

② Haufler, A., Wooton, I., 2010: "Competition for Firms in an Oligopolistic Industry: The Impact of Economic Integration", *Journal of International Economics*, 2.

③ Pieretti, P., Zanaj, S., 2011: "On Tax Competition, Public Goods Provision and Jurisdictions' Size", *Journal of International Economics*, 1.

2. 从异质性辖区竞争中面临的竞争者特征考察不对称税收竞争策略互动机制。部分学者从不对称辖区间进行税收竞争时所面临的竞争者特征入手，认为规模大的辖区税率更低。Case 等指出，"邻居"并不一定是地理上的邻居，他在研究美国州支出时发现其不仅依赖于地理邻居，也受到经济（人均收入）和人口统计（人口结构）上的邻居的影响。他提出，在探讨空间互动时不应局限于地理空间，应考虑经济概念及其他属性上的相似性。大规模的投资确定以后，相应的供应商就会考虑在附近选址，所以大城市是大规模投资的主要竞争者。① 最近的实证研究也论证了不同区域的大城市之间也进行竞争，而较小的城市则不参与竞争，Kahn、Vives 通过研究得出，美国因集聚外部性和基础设施的需求而展开的竞争主要集中在大城市，而且公司总部的流动性很强，且受到低税率的吸引。② Becker 等对此做了回应，研究得出德国国外的跨国公司在选址过程中也会依赖税收决策。③ Dembour 指出，为了能与跨国公司展开竞争，基础设施、技能水平、劳动力资源是否丰富成为地区的主要吸引力，而这些要求主要在城市地区才能得到满足。④ Janeba、Osterloh 认为，大的辖区相比于小辖区面对更多竞争者，因此更少使用扭曲性税收，利用多级财政竞争模型建立序贯博弈，从而得出小辖区局限于地理邻居之间的竞争，而大的辖区则是不仅与邻接的小辖区之间竞争，同时与远距离非邻接的大辖区之间竞争，且得出规模大的地区税率低于规模小的地区的结论，并通过对德国 1108 个城市市长关于税收竞争的调查问卷得出支持

---

① Case, A. C., Rosen, H. S., Hines, J. J., 1993: "Budget Spillovers and Fiscal Policy Interdependence: Evidence from the States", *Journal of Public Economics*, 3.
② Strauss-Kahn, V., Vives, X., 2009: "Why and Where Do Headquarters Move?", *Regional Science and Urban Economics*, 2.
③ Becker, S. O., Egger, P. H., Merlo, V., 2012: "How Low Business Tax Rates Attract MNE Activity: Municipality-Level Evidence from Germany", *Journal of Public Economics*, 9.
④ Dembour, C., 2008: "Competition for Business Location: A Survey", *Journal of Industry Competition and Trade*, 2.

该观点的结论。① 这些文献均论证了大的辖区不仅与邻居竞争，同时与远距离的经济或其他属性类似的地区展开竞争，因此规模大的地区面临的竞争压力更大，所对应的税率设置更低。

（四）中国地区间不对称税收竞争的策略行为研究

学者对中国税收竞争的研究始于晋升锦标赛模型，从官员晋升的角度分析地区竞争策略互动机制。锦标赛理论最早由 Lazear 提出，其在研究中构建了一个由两位共同风险偏好的代理人组成的竞争锦标模型，且该模型假定委托人无法获得代理人的努力情况，代理人能取得什么样的成绩只与他个人付出的努力程度以及其他随机因素相关。为了能够对代理人的努力程度进行比较和排序，委托人在此之前已经设定了明确的绩效评价标准，然后根据排名对委托人进行奖励。排名越高，成绩越好，获得的奖励也就越多。他们通过实验发现，一定程度上代理人的努力程度与设定的不同排名奖励差距息息相关，排名首位和末位获得的奖励差距越大，代理人的努力程度越高，即提高锦标赛的竞争激励和拉开彼此间的激励差距可以有效提升参赛者的努力程度。②

周黎安利用国外锦标赛竞争理论解释中国官员晋升事实，指出地方官员晋升路径实质上是锦标赛治理模式的典型案例，提出通过晋升锦标赛刺激地方政府官员行为，这是中国经济快速发展的重要制度安排。由于以目标为导向的晋升锦标赛固有的缺陷，特别是激励官员所设立目标与政府天然职能之间存在的长期目标不一致，这种目标错位在转型时期面临极大考验。③ 目前关于晋升锦标赛的研究主要集中于其与地方政府行为模式的相关性研究方面，蒋伏心、林江通过实证分析发现，锦标赛竞争式官员晋升机制下，地方

---

① Janeba, E., Osterloh, S., 2013: "Tax and the City—A Theory of Local Tax Competition", *Journal of Public Economics*, 10.
② Lazear, E., 1981: "Rank-Order Tournaments as Optimum Labor Contracts", *Journal of Political Economy*, 5.
③ 周黎安:《中国地方官员的晋升锦标赛模式研究》,《经济研究》2007 年第 7 期。

官员为了获得职位的晋升有极大的愿望采取短期行为获取经济的迅速增长，同时，政策方面也为官员的投机行为提供了可能。①乔坤元结合先验和后验的方法，发现中国的确存在一个以经济增长为主要考核内容的官员晋升的锦标赛机制。②张牧扬也提出了类似观点。③同时，也有学者对此提出质疑，陶然等通过逻辑和实证两个维度对"晋升锦标竞赛理论"提出挑战，认为并不存在充分证据可以证明政绩考核体系，尤其是GDP增长锦标对于地方政府官员职位提拔具有重要意义。④

关于税收竞争在中国异质性辖区间的具体表现形式及特征方面，中国学者在财政分权背景下从地方政府异质性约束视角理解实际税率的分化水平。周黎安通过研究财政供养人口对税收征管的影响，认为对于经济发展薄弱的地区来说，企业数量缺乏，相应的就业机会少，政府部门收纳就业，供养人口增加，从而财政供养负担重，刚性支出压力大，税收征管强度也大。而较富裕的地区，由于工商企业较多，就业机会多，政府部门就业不具有较强的就业优势，所以财政供养压力小，税收征管强度也较弱，而且工商企业较多有助于平摊财政刚性支出，从而形成良性环境，因此经济发达的地区税负较低，穷困的地区税负反而较高。⑤李永友则是从预算外收入程度来分析异质性地区的税率分化情况，认为发展落后的地区税源不充足，主要依靠预算内收入，因此加强税收征管导致税负较高。⑥杨龙见、尹恒通过实证研究县级

---

① 蒋伏心，林江：《晋升锦标赛、财政周期性与经济波动——中国改革开放以来的经验》，《财贸经济》2010年第7期。
② 乔坤元：《我国官员晋升锦标赛机制的再考察——来自省、市两级政府的证据》，《财经研究》2013年第4期。
③ 张牧扬：《晋升锦标赛下的地方官员与财政支出结构》，《世界经济文汇》2013年第1期。
④ 陶然，苏福兵，陆曦，朱昱铭：《经济增长能够带来晋升吗？——对晋升锦标竞赛理论的逻辑挑战与省级实证重估》，《管理世界》2010年第12期。
⑤ 周黎安：《转型中的地方政府：官员激励与治理》，上海：格致出版社，上海人民出版社，2008年，第306～310页。
⑥ 李永友：《财政分权、财政政策与需求结构失衡》，北京：中国人民大学出版社，2012年，第107～109页。

政府的税收竞争，认为中国缺乏完善的应收尽收认定标准和对税收机关征税行为的约束制度，各级政府通过税收计划激励税务部门，为其留下博弈空间，发达地区税源充足，放松税收征管，而发展水平较低的地区迫于税收计划，加强征管，导致实际税负较高。[1]

二、地区间不对称税收竞争的溢出效应

（一）关于不对称税收竞争效率的争论

税收竞争存在"囚徒困境"还是"抑制利维坦"的效率悖论一直是学界争论的焦点。Tiebout 认为，税收竞争有利于地区社会福利提高[2]，Oates 认为，地方政府间竞赛到底的税收竞争，导致其陷入"囚徒困境"，从而引致效率损失。[3]Broadway、Tremblay 认为，不对称辖区间的税收竞争结果是均衡税率差异，从而导致效率达不到最大化，出现资本配置低效率的情况。[4]Kanbur、Keen 分析了人口规模在地区之间的不同所导致的商品税税收竞争低效率，认为规模不对称的增强将恶化税收竞争效率。[5]Wrede 利用公式分配法研究不对称税收竞争效率，以多国为基础设立模型，以两个不同规模的福利最大化的辖区征收资源为基础的企业所得税，然后利用公式分配法分配税收，研究发现，在纳什均衡下，税率非常低，公共物品供给量非常小，而且少数规模较大的地区征收的税率高于规模较小的地区，规模较大地区市民的福利相比于较小的地区被恶化，较大的地区对资本的利用更缺乏效

---

[1] 杨龙见，尹恒：《中国县级政府税收竞争研究》，《统计研究》2014 年第 6 期。

[2] Tiebout, C. M., 1956: "A Pure Theory of Local Expenditures", *Journal of Political Economy*, 5.

[3] Oates, W. E., Schwab, R. M., 1988: "Economic Competition Among Jurisdictions", *Journal of Public Economics*, 3.

[4] Broadway, R., Tremblay, J. F., 2012: "Reassessment of the Tiebout Model", *Journal of Public Economics*, 11.

[5] Kanbur, R., Keen, M., 1993: "Tax Competition and Tax Coordination When Countries Differ in Size", *American Economic Review*, 4.

率。①Wrede 提出，对于一个固定杠杆比率，即使在公式分配下，税收竞争也会导致公共物品供给效率较低。②Bucovetsky、Wilson 和 Eggert、Schjelderup 分别构建不对称税收竞争模型并利用公式分配法进行分析，认为当辖区能够进行适当的税收移民时，税收竞争将不会扭曲税收供给。③有学者同时考察公共支出竞争和税收竞争，Hindriks 等提出了分析框架，在这个框架中，公共支出水平在博弈的第一阶段被选择，税率在第二阶段被确定。这个动态博弈设置就暗示出政府有动机在第一阶段公共支出不足，以缓和第二阶段的税收竞争。可见税收竞争导致地方政府公共支出不足或居民社会福利降低，即税收竞争恶化了居民福利。④

（二）税收竞争与市场分割

分权制度背景下的市场分割行为是提升地方政府竞争力的有效手段，同时也是地方政府竞争的结果。现有研究通常把中国地区间市场分割的深层原因归结为我国的行政性分权和地方政府行为。⑤在分税制改革背景下，地方政府为获得独立经济利益目标和资源配置权限，通过各种财税优惠政策吸引外部资源流入本地区，从而构建地区贸易壁垒和行业垄断对市场进行分割。⑥市场分割是经济转轨时期地方政府之间竞争的重要策略性行为，在资源、市

---

① Wrede, M., 2014: "Asymmetric Tax Competition With Formula Apportionment", *Letters in Spatial and Resource Sciences*, 1.
② Wrede, M., 2013: "Multinational Financial Structure and Tax Competition", *Swiss Journal of Economics and Statistics*, 3.
③ Bucovetsky, S., Wilson, J. D., 1991: "Tax Competition with Two Tax Instruments", *Regional Science and Urban Economics*, 3; Eggert, W., Schjelderup, G., 2003: "Symmetric Tax Competition under Formula Apportionment", *Journal of Public Economic Theory*, 2.
④ Hindriks, J., Peralta, S., Weber, S., 2008: "Competing in Taxes and Investment under Fiscal Equalization", *Journal of Public Economics*, 12.
⑤ 张维迎、栗树和：《地区间竞争与中国国有企业的民营化》，《经济研究》1998 年第 12 期；银温泉、才婉茹：《我国地方市场分割的成因和治理》，《经济研究》2001 年第 6 期。
⑥ 毛军、梁宏志：《财税竞争、空间关联与我国市场一体化发展》，《财经论丛》2019 年第 11 期。

场空间约束背景下，追求相对绩效的政府竞争会加剧地方政府的地方保护主义行为，地方保护主义造成的地区分割和"诸侯经济"成为地方政府的理性选择。杨振兵认为，市场分割通过限制省域外市场主体和要素流动达到保护本地市场和经济的目的，政治集权和地区间资源流动约束使得地方政府有动机保护本地资源。① 张宇进一步研究发现，中国省域之间市场分割导致的跨地区竞争壁垒从来就未消失，地方政府之间"以邻为壑"的竞争策略限制了要素在地区间的自由流动，为了保护本地区市场、生产要素、税基，地方政府倾向于选择限制资源流出的竞争策略。② 白重恩等认为，地方保护主义为税收竞争的直接后果，地方政府使用国有企业和高利税率企业的比重来衡量地方保护的力度，他们还认为地方政府倾向于建立跨地区竞争壁垒，阻碍国有企业和高利税率企业流动以从中获益。③ 范欣、宋冬林研究认为，地区间税负逐底的税收竞争加剧了市场分割，相对于其他税种，企业所得税税负的下降对市场分割的影响兼具直接和间接溢出效应。④

（三）税收竞争与债务规模扩张

晋升锦标赛激励下的地方政府间竞争刺激地方政府债务规模扩张。地方政府在 GDP 上存在"标尺竞争"，且竞争的根源是相对绩效考核体系，地方政府官员也有追求自身利益最大化的动机。⑤ 中国式分权与晋升激励相结合，强化了地方政府基于自身利益的无序竞争，加重地方政府债务负担。有

---

① 杨振兵：《对外直接投资、市场分割与产能过剩治理》，《国际贸易问题》2015 年第 11 期。
② 张宇：《地方保护与经济增长的囚徒困境》，《世界经济》2018 年第 3 期。
③ 白重恩，杜颖娟，陶志刚，仝月婷：《地方保护主义及产业地区集中度的决定因素和变动趋势》，《经济研究》2004 年第 4 期。
④ 范欣，宋冬林：《税收竞争与市场分割》，《商业研究》2020 年第 4 期。
⑤ Yao, Y., Zhang, M., 2015: "Subnational Leaders and Economic Growth: Evidence from Chinese Cities", *Journal of Economic Growth*, 4; Yu, J., Zhou, L., Zhu, G., 2016: "Strategic Interaction in Political Competition: Evidence from Spatial Effects across Chinese Cities", *Regional Science and Urban Economics*, 3.

学者研究发现，地方政府竞争对地方债务规模扩张具有显著影响。[1] 另有学者从博弈论的角度研究地方政府竞争行为对政府债务的影响，利用"囚徒困境"这一典型的博弈模型来审视地方政府债务问题。政府竞争中的"囚徒困境"会导致地方政府债务的增加，政府间的合作是解决地方政府负债中"囚徒困境"问题的关键因素。[2] 地方政府围绕资本要素展开税收竞争的内在矛盾是，加大支出的前提是要有充沛的财力支持，而如果通过提高税率的方式扩大财政收入，又会迫使资本要素迁出该区域，地方政府只能选择负债作为替代方案，允许地方政府之间进行减税的同时也能筹措更多资金用于公共支出。Breuille 的研究表明，负债严重的地方政府，它的中央政府拨款以及税收竞争都软化了预算约束[3]，冯兴元和时红秀均系统性地提出了地方政府竞争对地方政府债务的影响[4]，这些研究借鉴了西方学者有关地方政府债务的一些研究成果，但是在一些关键问题（如政治体制、预算软约束等）上的研究结论和西方学者的研究结论是一致的。[5]

---

[1] 马文涛，马草原：《政府担保的介入、稳增长的约束与地方政府债务的膨胀陷阱》，《经济研究》2018 年第 5 期；唐云锋，刘清杰：《地方政府债务诱发金融风险的逻辑与路径》，《社会科学战线》2018 年第 3 期；Arcaelan, C., 2016: "International Tax Competition and the Deficit Bias", *Economic Inquiry*, 1; Eckhard, J., Maximilian, T., 2018: "Fiscal Competition and Public Debt", *Journal of Public Economics*, 10.

[2] Davis, O. A., Whinston, A. B., 1961: "The Economics of Urban Renewal", *Law and Contemporary Problems*, 1; Hildreth, W. B., Miller, G. J., 2010: "Debt and the Local Economy: Problems in Benchmarking Local Government Debt Affordability", *Public Budgeting & Finance*, 4; Inman, R. P., 2003: *Transfers and bailouts: enforcing local fiscal discipline with lessons from U.S.*, The Challenge of Hard Budget Constraints: The MIT Press, pp.35-83.

[3] Breuillea, M., Thierry, M., Emmanuelle, T., 2006: "Does Tax Competition Soften Regional Budget Constraint", *Economics Letters*, 2.

[4] 冯兴元：《地方政府竞争：理论范式、分析框架与实证研究》，南京：译林出版社，2010 年，第 212～214 页；时红秀：《财政分权、政府竞争与中国地方政府的债务》，北京：中国财政经济出版社，2007 年，第 118～135 页。

[5] 杨大楷，汪若君，夏有为：《基于竞争视角的地方政府债务研究述评》，《审计与经济研究》2014 年第 1 期。

（四）税收竞争与环境污染

地方政府间税收竞争对环境污染的影响主要是从其对环境规制的影响视角展开，Rauscher 研究发现，如果地方政府采取宽松的环境规制，那么其将在经济竞争中获取竞争优势，进一步拓宽税基。[1]Fredriksson、Millimet 研究指出，地方政府之间进行税收竞争的同时选择宽松的环境监管将引致破坏性的逐底现象。[2]一些学者开始关注税收竞争影响环境的渠道和作用机制，Li、Zhou 从财政分权的角度进行探讨，认为在中央和地方政府的财政分权体制下，地方官员更倾向于通过加大基础设施投资来获得税收竞争优势，对公共服务的投资力度会有所减弱，一定程度上加剧了地方环境污染问题；[3]张宏翔等和贺俊等则划分了不同财政分权渠道进行探讨。[4]另有学者区分不同类型的环境污染物，检验地方政府是否在环境治理方面存在"骑跷跷板"策略，李香菊、赵娜从资本存量变动和地方环保投入角度分析，发现地方政府税收竞争对不同类型污染物的影响存在差异。[5]Chirinko、Wilson 和崔亚飞、刘小川的研究也得到了这一结论，即地方政府在环境治理中通常会实施"骑跷跷板"策略，地方政府税收竞争对不同污染物的影响存在显著差异；[6]刘洁、李

---

[1] Rauscher, M., 2005: "Economic Growth and Tax-Competing Leviathans", *International Tax & Public Finance*, 4.

[2] Fredriksson, P. G., Millimet, D. L., 2002: "Strategic Interaction and the Determination of Environmental Policy across U.S. States", *Journal of Urban Economics*, 1.

[3] Li, H., Zhou, L. A., 2003: "Political Turnover and Economic Performance: The Incentive Role of Personnel Control in China", *Journal of Public Economics*, 9.

[4] 张宏翔，张宁川，匡素帛：《政府竞争与分权通道的交互作用对环境质量的影响研究》，《统计研究》2015 年第 6 期；贺俊，刘亮亮，张玉娟：《税收竞争、收入分权与中国环境污染》，《中国人口·资源与环境》2016 年第 4 期。

[5] 李香菊，赵娜：《税收竞争如何影响环境污染——基于污染物外溢性属性的分析》，《财贸经济》2017 年第 11 期。

[6] Chirinko, R. S., Wilson, D. J., 2017: "Tax Competition Among U.S. States: Racing to the Bottom or Riding on a Seesaw?", *Journal of Public Economics*, 11；崔亚飞，刘小川：《中国省级税收竞争与环境污染——基于 1998～2006 年面板数据的分析》，《财经研究》2010 年第 4 期。

文和踪家峰、杨琦从空间外溢的角度研究发现，地区间税收策略互动对本地区环境污染产生了显著影响。①

三、地区间不对称税收竞争的协调路径

中国式分权为地方政府发展本地区经济提供了重要的制度激励，但是因地区发展不均衡形成的不对称税收竞争，加剧了市场分割、债务规模扩张、环境污染等经济社会问题，阻碍了全国统一大市场的建立。②现有文献主张以完善规范的转移支付制度为主要途径，逐步打破税收返还体制下省份的既得利益，真正实现省份间财政能力的均等化目标与经济平衡发展。③范子英、张军则研究发现，中央政府转移支付并没有起到缩小地区间差距的作用，反而有损全国整体效率。④钱学锋等也认为，基于转移支付制度的协调途径毕竟是一种事后补救措施，无法从根本上解决恶性税收竞争问题。⑤根据新经济地理理论，通过市场这只无形的手实现税收竞争自发协调，以集聚经济缓解恶性税收竞争，从而缩小地区差距，在避免因为政府干预导致效率损失的同时，能够从根本上遏制恶性税收竞争问题。⑥标准税收竞争模型认为，地方政府吸引资本的

---

① 刘洁，李文:《中国环境污染与地方政府税收竞争——基于空间面板数据模型的分析》,《中国人口·资源与环境》2013年第4期；踪家峰，杨琦:《分权体制、地方征税努力与环境污染》,《经济科学》2015年第2期。
② 沈坤荣，付文林:《税收竞争、地区博弈及其增长绩效》,《经济研究》2006年第6期；王永钦，张晏等:《中国的大国发展道路——论分权式改革的得失》,《经济研究》2007年第1期。
③ 沈坤荣，付文林:《税收竞争、地区博弈及其增长绩效》,《经济研究》2006年第6期；王守坤，任保平:《中国省级政府间财政竞争效应的识别与解析:1978～2006年》,《管理世界》2008年第11期。
④ 范子英，张军:《中国如何在平衡中牺牲了效率:转移支付的视角》,《世界经济》2010年第11期。
⑤ 钱学锋，黄玖立，黄云湖:《地方政府对集聚租征税了吗？——基于中国地级市企业微观数据的经验研究》,《管理世界》2012年第2期。
⑥ 范子英，张军:《中国如何在平衡中牺牲了效率:转移支付的视角》,《世界经济》2010年第11期。

策略行为是降低税负，由此陷入税负逐底的税收竞争。而新经济地理理论认为，随着资本流动性的加强，产业集聚提高了资本税税负。出现这种差异化的原因是，标准税收竞争模型假设的前提是规模报酬不变，而新经济地理学视角下的税收竞争模型假设的前提是规模报酬递增，这更贴近现实情况。

1. 理论研究方面，Andersson、Forslid 研究发现，如果流动要素存在具有集聚经济的地区，这些要素对税率边际变动的敏感度可能降低。[1]Ludema、Wooton 从经济一体化的角度考虑，在贸易成本下降时经济一体化的上升导致集聚租逐步增强，有助于缓解税收竞争。[2]Baldwin、Krugman 建立序贯博弈模型，认为处于核心区的企业由于产业集聚形成集聚经济，企业因此获得集聚租，地方政府可以对集聚租征税，因此其提出假设，即经济越发达的地区越可能成为税收竞争中的领导者，同时通过中心—外围模型发现，中心和外围之间的税率差异取决于集聚租的强度。[3]Zissimos、Wooders 指出，即使没有集聚经济，考虑到不同区域的公司对公共物品的需求不同，处于核心的较发达的地区相比于边缘地区可能设置更高的税率以提供更高水平的公共设施和服务，这就形成了不对称的结果。这是由于核心地区政府提供公共物品的效率更高，公共物品供给水平超比例增加从而降低了企业的生产成本，企业愿意负担更高的税率。[4]Liu、Martinez-Vazquez 也认为，工业化越发达的地区，设置的税率越高，并且提出可能在现实中适用于斯塔克尔伯格模型。[5]

---

[1] Andersson, F., Forslid, R., 2003: "Tax Competition and Economic Geography", *Journal of Public Economic Theory*, 2.

[2] Ludema, R. D., Wooton, I., 2000: "Economic Geography and the Fiscal Effects of Regional Integration", *Journal of International Economics*, 2.

[3] Baldwin, R. E., Krugman, P., 2004: "Agglomeration, Integration and Tax Harmonization", *European Economic Review*, 1.

[4] Zissimos, B., Wooders, M., 2008: "Public Good Differentiation and the Intensity of Tax Competition", *Journal of Public Economics*, 5.

[5] Liu Y., Martinez-Vazquez. J., 2014: "Interjurisdictional Tax Competition in China", *Journal of Regional Science*, 4.

2. 经验研究方面，Brülhart 等以瑞士城市为样本建立企业投资决策模型，实证检验结果是高税率抑制资本流入本地，但是这种抑制程度在地区存在集聚经济时有所减弱。[1]Devereux 等通过对英国地方财政激励与集聚经济的关系的研究，也发现了集聚租的存在。[2]Koh 等研究德国的案例得出地方化经济和城市化经济与税率存在显著正向关系，从估计的系数来看，地方化经济提升 10% 将导致地方税率增加 3%，而城市化经济增加 10% 将导致地方税率增加 0.6%。[3]Charlot、Paty 基于 Ypersele 在新经济地理学框架下的税收竞争模型的预测，实证检验是否市场规模越大的政府设置的资本税税率越高，其中将市场规模定义为该地区收入加上其他地区收入的加权，地理上越邻近，相应权重越大，其以法国城市为例研究发现集聚效应对税率具有显著的促进作用。[4]Charlot、Paty 构建的模型因为内生性问题可能存在结论偏差[5]，Monseny，Luthi、Schmidheiny，Koh 等均重新构建模型对其进行优化，运用工具变量解决模型的内生性问题，同时引入 "簇" 的概念考察不同产业结构对税率的影响。其中 Monseny 将城市化经济、本土化经济和市场潜力因素引入税收竞争模型考察其对税率的影响，以 2002 年 2700 个西班牙城市的截面数据为样本，分析得出对税率均有显著促进作用的几个因素。[6]Luthi、Schmidheiny 通过研究瑞士数据发现规模与税率具有正向关系，另外，行政

---

[1] Brülhart, M., et al, 2012, "Do Agglomeration Economies Reduce the Sensitivity of Firm Location to Tax Differentials?", *The Economic Journal*, 563.

[2] Devereux. M. P., Griffith, R., Simpson, H., 2007: "Firm Location Decisions, Regional Grants and Agglomeration Externalities", *Journal of Public Economics*, 3.

[3] Koh, H. J., Riedel, N., Böhm, T., 2013: "Do Governments Tax Agglomeration Rents?", *Journal of Urban Economics*, 1.

[4] Ottaviano, G. I. P., van Ypersele T., 2005: "Market Size and Tax Competition", *Journal of International Economics*, 1; Charlot, S., Paty, S., 2007: "Market Access Effect and Local Tax Setting: Evidence from French Panel Data", *Journal of Economic Geography*, 3.

[5] Charlot, S., Paty, S., 2007: "Market Access Effect and Local Tax Setting: Evidence from French Panel Data", *Journal of Economic Geography*, 3.

[6] Jofre-Monseny J., 2013: "Is Agglomeration Taxable?", *Journal of Economic Geography*, 1.

管理辖区与有效税率也具有正相关关系。通过引进"簇",研究发现不同的产业导致不同的集聚程度,从而对均衡税率产生不同的影响,这是经常被学者忽略的问题。其相对于以往研究的特点在于:一方面,其研究时间区间较宽,保障了实证检验结果的可靠性;另一方面,将政治规模和经济规模分开研究的方法更严谨。①Koh 等研究了德国的数据后,发现城市化经济刺激地区税率提高,地方化经济也具有同样的作用,其引入相对集聚变量的概念,考虑邻接地区集聚经济与本地区实际税率的关系,结果表明,相对集聚变量甚至比本地区的集聚变量对本地区税率变化的解释水平更高,这说明地方政府对本地区集聚租征税受到邻近地区集聚经济的影响,且为显著抑制作用。②另外,在检验产业集聚对税率的影响时,其使用的研究方法参考了Duranton、Overman 所提出的方法定义行业的产业集聚。③

3. 集聚经济对中国地区间税收竞争的缓解作用尚不明确。大部分学者认为产业集聚遏制了中国地区间税负逐底竞争的恶性税收竞争,使得产生集聚经济的地区在竞争中获得竞争优势。④同时,产业集聚对税收竞争的影响存在地域差异,就全国而言,产业集聚对税收竞争产生了正向影响;就地区而言,产业集聚对东部地区税收竞争存在正向影响,但是对中西部地区却产生了负向影响。⑤付文林、耿强研究发现,中东部地区产业集聚会给当地带来

---

① Luthi. E., Schmidheiny, K., 2014: "The Effect of Agglomeration Size on Local Taxes", *Journal of Economic Geography*, 2.
② Koh, H. J., Riedel, N., Böhm, T., 2013: "Do Governments Tax Agglomeration Rents?", *Journal of Urban Economics*, 1.
③ Duranton, G., Overman, H. G., 2005: "Testing for Localization Using Micro-Geographic Data", *The Review of Economics Studies*, 4.
④ 赵伟,向永辉:《区位优势、集聚经济和中国地区间 FDI 竞争》,《浙江大学学报(人文社会科学版)》2012 年第 6 期;陈静,马小勇:《新经济地理视角下产业集聚对税收竞争的影响——基于 GMM 估计的省级动态面板数据分析》,《生产力研究》2014 年第 6 期。
⑤ 谢乔昕,孔刘柳,张宇:《经济差距、产业集聚与税收竞争——基于区域差异的角度》,《税务与经济》2011 年第 1 期;李社宁,马楠:《在产业集聚背景下的地方税收竞争与经济增长》,《西部财会》2015 年第 4 期。

一定的集聚租,使得地区间税收策略经常出现差异化倾向。[①] 钱学锋等通过研究认为,整体上集聚经济对中国地区间税收竞争不具有缓解作用,但考虑区域差异时集聚经济对税收竞争的协调作用变得模糊。[②] 蒲艳萍、成肖的研究得到了类似结论。[③] 邵明伟等通过建立空间联立方程模型研究区域税负水平与空间集聚的内生关系,结果表明税负水平与空间集聚间呈现倒 U 形内生关系和"天花板"效应,在"天花板"出现之前,空间集聚降低了企业对税收竞争的敏感性。[④] Chen 等利用 2000~2007 年中国微观企业数据发现,税率与集聚之间存在正相关性。[⑤]

综上所述,当前国际范围的税收竞争研究大多聚焦于国际层面,尤其是发达国家之间的税收竞争,而以中国、印度、巴西等发展中大国为背景开展的地区间税收竞争研究相对较少,正如刘安国等所提到的,研究发达国家税收竞争问题得出的结论和政策建议,对于解决发展中大国内部的区际竞争问题具有一定的局限性。[⑥] 本书受到国内外已有研究的启发,尝试以中国地区间不均衡发展的国情出发,探究不对称税收竞争的策略互动行为机理、效应及其协调路径,为缓解地区间恶性税收竞争,促进全国统一大市场的建立提供政策启示。

[①] 付文林,耿强:《税收竞争、经济集聚与地区投资行为》,《经济学(季刊)》2011 年第 4 期。
[②] 钱学锋,黄玖立,黄云湖:《地方政府对集聚租征税了吗?——基于中国地级市企业微观数据的经验研究》,《管理世界》2012 年第 2 期。
[③] 蒲艳萍,成肖:《经济集聚、市场一体化与地方政府税收竞争》,《财贸经济》2017 年第 10 期。
[④] 邵明伟,钟军委,张祥建:《地方政府竞争:税负水平与空间集聚的内生性研究——基于 2000~2011 年中国省域面板数据的空间联立方程模型》,《财经研究》2015 年第 6 期。
[⑤] Chen, Y., Zhigang, et al, 2017: "Agglomeration and Actual Tax Rates: Firm-level Evidence From China", *Regional Studies*, 1.
[⑥] 刘安国,卢晨曦,杨开忠:《经济一体化、集聚租和区际税收政策协调》,《经济研究》2019 年第 10 期。

第三节　主要内容与核心观点

本书研究分税制与政治晋升锦标赛激励下中国地方政府的税收竞争行为，尝试回答的问题包括：中国地区间的税收竞争行为存在差异吗？地方政府的策略行为调整受到哪些因素的影响？地区间税收竞争对于经济高质量发展是有利的还是有害的？新经济地理框架下市场自发协调税收竞争的路径在中国是否适用？以及市场调节机制发挥过程中的阻碍因素是什么？

一、地区间不对称税收竞争存在的中国现实特征

1. 地方政府有实施税收优惠政策或放松税收征管的内在动机，地区间税收竞争导致税收努力程度不够。在分税制与政治晋升锦标赛激励下，地方政府有动机竞相降低税负以进行招商引资，其中实施税收优惠政策或放松税收征管是较常用的手段。长期存在的冗杂、多样、碎片化的地方税收优惠政策，以及难以监控的税收征管力度，都阻碍了市场对资源的自由配置，不利于全国统一大市场的建立。自改革开放以来，税收优惠政策的清理和健全税收征管机制的工作都是一个艰难的动态博弈过程，2008年的两税合并改革、2012年的"营改增"政策、2018年的国地税机构合并等政策效果仍然不够明朗。高凤勤、徐震寰认为，地方政府竞争的内生动力持续存在，国地税机构合并改革可能使本地国税局官员参与地方政府的"政企合谋"而展开税收竞争。[①] 而地区间发展不均衡特征及政绩目标差异都会显著影响地方政府的税收努力程度，本书在第一章以税柄法估计中国2008~2019年除西藏、港

---

① 高凤勤，徐震寰：《"竞高"还是"竞低"：基于我国省级政府税收竞争的实证检验》，《上海财经大学学报》2020年第1期。

澳台外的 30 个省级单位的潜在税负，然后以实际税负与潜在税负的比值得出各地区的税收努力程度，结果表明，2008～2019 年中国 30 个省级单位的税收努力程度分布在 0.299 和 0.663 之间，平均值为 0.465，可见中国地方政府税收努力程度较低，在征税过程中尚未充分利用本地税基。整体上税收努力程度较高的地区主要分布在东部沿海，而中西部地区的税收努力程度相对较低。进一步从动态变化来看，2008～2019 年的 12 年间，除河北、内蒙古、山东地方政府税收努力程度增幅分别为 32.36%、31.46% 和 20.12% 外，其他地区的增长幅度均未超过 20%，且云南、福建、贵州等 12 个地区的地方政府税收努力程度呈现出先上升后下降态势。可见，地方政府降低税收征管力度的动机持续存在。

2. 地区间税收竞争的直接表现是税负变化在竞争地区间的空间相关性。地方政府间展开的税收优惠或放松税收征管的策略互动，目的是降低企业实际承担的税负，以此提高本地区吸引资本的竞争力，从而达到招商引资带动本地区经济增长的目标。因此一个地区的征税策略调整受到竞争地区相关策略的显著影响，进一步形成的结果是，地区实际税负具有显著的空间依赖性。第一章首先测算了中国 2008～2019 年除西藏、港澳台外的 30 个省级单位的实际有效税负，发现发达地区税负普遍高于欠发达地区，云南、新疆、贵州、福建等多数欠发达地区税负经历了先上升后下降的倒 U 形变化趋势。接着利用空间统计分析方法，分别构建"地理相邻"和"经济相邻"的空间权重矩阵，以识别地方政府税负空间相关性形成背后的互动机制。考虑到增值税、营业税以及企业所得税是与企业资本密切相关的税种，因此分别测算了总税负及这三种资本税税负的全局和局部 Moran 指数，并对其显著性进行了检验。结果表明，无论是地理相邻的地区还是经济相邻的地区，其税负都存在显著正向的空间相关性特征，即本地区的税负降低，地理相邻或经济相当的地区税负也降低。相比而言，经济水平越相当的地区，其税负的空间相关性越强。进一步从三种资本税税负的表现结果来看，两种空间权重下企业所得税税负的空间相关性均显著强于增值税和营业税。结果是企业所得税税负成为地区间税收竞争的重要手段，与关爱萍[①]和唐飞鹏、叶柳儿[②]等学者的研究一致。进一步根据全局 Moran 散点图发现，企业所得税税负空间地理上低－低集聚或高－高集聚的省份占了 25 个，其中低－低集聚的省份有 19 个，这些地区多是安徽、甘肃、广西、贵州等欠发达省份，而北京、上海、江苏、浙江等省份主要表现出税负高－高集聚的特征。在空间经济相当地区间税负的低－低集聚省份占了 22 个，上海、北京、天津、江苏、浙江等 5 个发达地区表现出税负的高－高集聚。进一步测算局部 Moran 指数发现，发达地区的税负带动作用强于欠发达地区，并且北京、上海、天津在承担正向增长极方面的作用持续稳定，这可能是因为这三个地区形成了较好的经济集聚，我们推测是集聚租的存在使地区提高税负而不担心资本外流，从而对周边形成了税负的"竞高"辐射效应。当然，Moran 指数只是在衡量空间相关性时的一个重要指标，并不能够完全代表空间相关性，还需要通过其他的数据进行验证和综合考量。

二、中国地区间不对称税收竞争的策略行为识别

1. 地方政府税收竞争中的序贯博弈策略。本书第二章首先辨析了税收竞争理论在中国地区间税收策略互动行为分析中的适用性，相比于标尺竞争和纵向竞争，横向竞争更加适用于分析中国地区间政府的策略互动行为，而地区间发展不均衡现象又决定了不对称税收竞争理论的适用性。接着构建三个基本的博弈模型：一个静态的博弈模型和两个动态的斯塔克尔伯格博弈模型。其中静态的博弈模型为博弈双方同时行动的纳什博弈，两个动态的博弈模型分别是一方在税收决策方面先行动而另一方后行动（或者两者行动顺序调换）后形成的序贯博弈。分析发现，斯塔克尔伯格博弈中获得的均衡税率高于博弈双方同时行动的纳什博弈下的均衡税率，税收竞争中领导者的存在

[①] 关爱萍：《经济集聚、税收竞争与地区间产业转移》，《宏观经济研究》2018 年第 4 期。
[②] 唐飞鹏，叶柳儿：《税收竞争、资本用脚投票与产业转型升级》，《财贸经济》2020 年第 11 期。

缓和了纳什均衡企业所得税税负逐底竞争的压力。进一步识别规模不对称地区间的税收竞争策略，基于内生时机博弈模型确立地区间不对称税收竞争均衡时机，得出规模大的地区的领导者成为风险优势均衡点，甚至可以达到帕累托最优。在这样的均衡中，规模大的地区具有先动优势，在竞争中承担领导者角色。

2. 税收决策信息在地区间的不对称流动。一个地区征税决策具有外部性特征，竞争双方在制定征税策略时不可避免会受到彼此的影响，由此形成征税决策信息在地区间的不对称流动现象。中国地区间税收竞争是否存在税收政策改变引起的信息流动？这种信息流动的方向和大小需要数值化计算，转移熵就是考察地区之间税收竞争时信息流动大小和方向的一种方法，从数值模拟的角度对税收竞争的策略互动行为顺序提供数量化解释。本书利用转移熵概念及测算方法分析中国地区间税收竞争过程中的征税策略信息流动情况，结果发现发达地区倾向于信息净流出，强度高于欠发达地区，凸显出发达地区在竞争中的领导者角色。欠发达地区多为税收政策信息流入者，在竞争中处于被动反应地位，其税收决策信息受到发达地区的影响。研究发现，江西、海南、陕西、河南、河北等净信息流入值较高的欠发达地区，其税收政策信息主要来自发达地区。

3. 地区间实际税负变化的策略互动检验。基于前述章节的启发，本部分通过理论分析提出假设：一是中国地理相邻的地区间存在为争夺资本而展开的竞相进行税收优惠的税收竞争，并且地区间税收优惠行为是具有空间正相关性的；二是中国经济水平差异较大的地区间合作程度更高，经济水平越接近的地区间越可能存在税收竞争，且比地理相邻的地区间的竞争更激烈。基于以上研究假设，接着构建空间计量模型实证检验中国地区间是否存在税收竞争，以及税收竞争的不对称特征如何。研究发现，在地理权重下税收空间反应系数为正值且显著，这论证了假设命题一；经济权重下的税收竞争比地理相邻地区间的竞争更激烈，地理相邻的地方政府间税收竞争的反应系数为 0.127，通过了 10% 的显著性检验，而经济相近的反应系数为 0.446，通过了

1%的显著性检验,相对于地理相邻的地区间竞争强度而言,经济实力越是接近的地区越不容易合作,这论证了假设命题二。进一步的政策效应检验发现,地区间税收竞争在2008年两税并轨政策实施后有所缓解,且经济相当的地区间竞争被缓解程度更高,虽然经济相当的地区间比地理相邻的地区间税收竞争更加激烈,但是其对政策变化的弹性也较大,受到两税并轨政策实施的缓解程度更高。

三、中国地区间不对称税收竞争的溢出效应分析

建设全国统一大市场是"十四五"时期畅通国内大循环的重要任务,党的十九大报告提出的三大攻坚战中,防范化解重大风险和污染防治是其中的重要课题,第三章探索了不对称税收竞争的政府异质性行为产生的外溢效应,从地区间税收竞争的视角分析影响市场分割、债务扩张和环境污染这三大问题的制度性原因。

1. 税收竞争与市场分割。高度一体化的国内市场有利于发挥经济增长的规模效应,但是对于地方政府来说,采取分割市场的地方保护政策却可能在省级单位之间的经济竞争中形成占优策略。当竞争地区采取分割市场策略时,本地区为了避免受损失而被动选择市场分割,表面上各地区从分割市场中受益,但是这种"囚徒困境"导致中国地区经济整体上因为规模不经济而受到损失。本书首先基于一价定律的相对价格法测算了2004~2018年中国除西藏、港澳台外的30个省级单位市场分割水平,发现整体上中国地区间市场分割并非愈演愈烈,而是呈现出市场日渐整合的趋势,这与已有相关研究的主流观点比较一致,中国区域发展正在突破"行政单元"约束而走向一体化协调。市场分割是地区间政府竞争的结果,也是提升政府竞争力的手段。一方面税负逐底的竞争程度越高,越容易扭曲市场对资源的自由配置,提高省际市场流动壁垒;另一方面市场分割程度越高的地区之间,税收竞争强度越大。基于这一逻辑,本部分首先以市场分割为被解释变量引入空间模型,模型估计结果表明,地区间税收竞争对市场分割发挥的作用非常显著,

地方政府间依靠降低实际税负展开的税收竞争显著加剧了市场分割，具体表现为本地区税负及空间相邻地区税负的降低促进市场分割程度提高。接着以地区间市场分割水平构建空间相邻权重矩阵，引入税收竞争模型考察市场分割对税收竞争的影响，结果表明，在市场分割程度越大的地区之间，税收竞争越激烈，这种特征在欠发达地区表现得更加显著，不过两税合并改革显著减缓了市场分割下的税收竞争程度。

2. 税收竞争与债务扩张。中国各地区地方政府债务规模呈现指数式增长，尤其是欠发达地区的地方债务余额增速快于公共财政收入，而前述章节研究发现，我国欠发达地区间倾向于进行税负逐底的税收竞争，那么地区间税收竞争是否激励地方政府举债，进而加大债务累积风险，是本部分探究的重点。税收竞争对地方政府债务规模扩张的影响主要在于因税负逐底竞争造成的税收收入降低，再加上地方政府竞争过程中希望扩大支出规模以吸引资本，由此形成财政收支剪刀差。而由于地方政府软预算约束，通过举债扩大融资渠道的动机就更加强烈。因此分别构建债务空间相关模型和税收竞争影响模型，估计结果表明，税收竞争对地方政府债务具有显著影响，地区间竞相降低税负将显著促进债务负担的提高，这种影响在经济相近的地区之间更加显著且程度更高。2014年新《预算法》放开了地方政府举债的权力，同时将举债主体限于省级政府。接着国务院、财政部和银监会也发布一系列文件以规范地方政府通过企业举债的行为，管控融资平台公司的债务风险。引入政策效应变量后，发现地方政府间债务规模扩张的相关性明显加大，这可能是因为地方政府增加了一条融资渠道，地区间举债策略互动更加积极。观察税收竞争模型中的政策实施效果，发现税收竞争对政府债务规模扩张的加剧作用有所缓解，原因可能是新《预算法》及一系列相关政策实施后，地方政府举债相对更加规范。同时也发现这种缓解作用的显著性较弱，可能是因为时间较短，存在政策实施效果的滞后性。

3. 税收竞争与环境污染。地方政府之间"为经济增长而竞争"的结果是否是放松环保要求，加剧环境污染，这是本部分研究聚焦的重要问题。根据已有学者的研究，地方政府在环境污染治理过程中可能采取"骑跷跷板"的差异化策略，因此本部分研究引入工业废水、工业二氧化硫和工业烟（粉）尘排放量作为环境污染的主要代理变量，并取人均值以考虑各地区人口规模的影响。总体上中国东部地区工业污染排放（此处是指人均工业废水、工业二氧化硫和工业烟（粉）尘排放量）强度持续高于中西部和东北部地区。从动态变化来看，东部地区的工业经历了从粗放发展到转型时期的变化，随着东部地区产业的转移，环境污染物排放量持续降低，到2015年东部地区的污染物排放强度已经接近其他地区的水平。一个地区环境污染产生空间联动，影响邻近地区的环境污染水平，这是受到我国自然条件、地理位置等因素影响，又因为地区间税收竞争引起的产业转移产生了跨境污染。首先建立空间模型研究发现，地理相邻的地区之间环境污染具有显著的正向空间外溢特征，且空间相关程度具有较强的异质性。工业烟（粉）尘的污染物排放受到本地区及相邻地区税负变化的显著影响，税负变化对工业废水和二氧化硫的排放影响不显著。接着构建门槛模型检验发现，在经济发展的不同阶段，税负变化对环境污染物排放的影响具有异质性，并且不同类型的环境污染物排放也受到税收竞争的差异化影响，Chirinko、Wilson认为，这种异质性可能是因为地方政府在环境治理中的"骑跷跷板"策略引起的。[①] 这是地方政府在生态环境压力下的一种应变策略，即侧重对某类或某几类污染物治理。

四、新经济地理框架下税收竞争的协调路径探讨

以地区间税负"竞低"引资为主要动力机制的非均衡发展模式已经难以为继。本书第三章研究发现，不对称税收竞争中税负逐底的征税策略不利于全国统一大市场的建立，也通过激发地方政府债务扩张和促进环境污染物排放而影响重大风险防控效果。新经济地理学理论为缓解税负逐底的竞争提供

[①] Chirinko, R. S., Wilson, D. J., 2017: "Tax Competition Among U.S. States: Racing to the Bottom or Riding on a Seesaw?", *Journal of Public Economics*, 11.

了市场机制的协调路径,其核心观点是,集聚经济产生的集聚租将对企业产生锁定效应,地方政府可以对集聚租征税而不担心资本外流,由此阻断税负逐底的政府间竞争行为。这种通过市场的"无形之手"来指导地方政府实现自发的税收协调,不仅可以避免政府干预所引致的效率损失,而且有可能从源头上遏制地方政府间的恶性竞争行为。第四章尝试探索新经济地理理论关于集聚经济协调税收竞争的机制是否在中国同样存在,并找出影响机制发挥的根本性原因,为促进税收竞争协调提供政策启示。

1. 集聚经济协调税收竞争的机理与中国特征。集聚经济创造的集聚租降低了资本对税负变化的弹性,允许地方政府对其征税而不担心资本外流,从而缓解地方政府间税负逐底的税收竞争。进一步地,这种集聚租的规模会随着市场一体化水平的提高呈现出钟形变化特征,因此地区间税收竞争呈现出的税负差也表现出先扩大后收窄的演变趋势;我国在改革开放初期选择的阶梯式发展战略,使东部沿海地区享受到了更高的税收优惠政策,由此形成的政策租吸引了大量企业集聚到东部地区,增强了东部地区的竞争优势。测算地区间产业集聚水平,分析发现,整体上各地区产业集聚水平在不断提高。而地区间产业集聚发展极不平衡,中西部欠发达地区的产业集聚水平相对较低,不过,这些地区的产业集聚水平增速高于发达地区;开发区是中国地区产业集聚的重要载体,依靠大量税收优惠政策吸引产业集聚。郑江淮等研究发现,大量企业入驻开发区的目的就是获取地方政府提供的财税优惠、租金减免、资金扶持等政策租。[①] 不过对比 2019 年和 2011 年的开发区税负变动熵,发现开发区提供的政策租正在耗散,其作为中国经济转型过程产业空间组织的一种"转型制度"形式,正在经历从企业"扎堆"向产业集群的转变,集聚经济发挥协调税收竞争的作用将逐渐被释放出来。

2. 产业集聚通过作用于投资税负弹性的路径对企业家投资决策产生影

[①] 郑江淮、高彦彦、胡小文:《企业"扎堆"、技术升级与经济绩效——开发区集聚效应的实证分析》,《经济研究》2008 年第 5 期。

响。根据新经济地理理论，集聚经济的正外部性降低了资本的税负弹性，从而起到协调税收竞争的作用。第四章第二节内容尝试回答的问题是，在中国，产业集聚是否降低了企业的投资税负弹性？即税负的变动对企业投资决策的影响显著性或程度是否有所降低？因此，在新古典投资决策计量模型中引入经济集聚因素，考察税负变动下的企业投资决策变化情况。我们希望观察产业集聚对投资税负弹性变化影响的动态特征，因此构建门槛模型，以产业集聚为门槛变量，发现中国的产业集聚水平发展到不同阶段时企业投资税负变化的异质性特征。门槛模型的估计结果表明，存在一个产业集聚的门槛值，将投资税负弹性划分为两个门槛区间，具体是，在产业集聚水平发展位于第一门槛区间时，资本投资对税负变化非常敏感，投资税负弹性系数为 -0.245，且通过了1%的显著性检验，当地方政府采取降低税负的竞争时，企业家受到政策租的吸引，追加投资的意愿非常强烈。当产业集聚水平发展到第二门槛区间时，投资税负弹性系数为 -0.081，未通过1%的显著性检验，正如本书第四章第一节所分析的，随着产业集聚发展的不断成熟，政策租开始耗散，集聚经济及其集聚租逐渐显现，税负的提高未显著抑制企业家投资，企业家对税负变化的敏感度降低。结合估计得到的门槛值，进一步分析中国地区产业集聚水平分布情况时发现，八成的样本点位于第一门槛区间，多数地区的产业集聚水平仍然较低，企业投资对税负变化的敏感度非常高，这也给地方政府倾向于税负逐底的税收竞争以吸引资本的策略行为提供了经验解释。

3. 中国地方政府是否对集聚租征税。根据新经济地理理论，集聚经济能够影响企业的税收负担，反过来，税收负担也是影响经济活动空间集聚与扩散的一个重要因素。尤其是中国以开发区为集聚载体，依靠大量税收优惠形成的政策租吸引产业集聚，更不能忽略税负对产业集聚的影响。因此本部分构建联立方程组，分别引入税负影响模型和集聚影响模型，考察集聚与税负的双向因果关系，并识别内资和外资企业在其中的差异特征。通过三阶段最小二乘估计发现，产业集聚没有能够使地方政府对集聚租征税，地方政府间仍然表现为较强的税收竞争。钱学锋等通过研究得出了一致的结论，是基于1999～2007年的中国地区样本。[①] 本书以2004～2016年地方政府行为检验也发现集聚经济还未发生税收竞争协调作用。不过与钱学锋等的研究不同的是，本书进一步以2008年两税合并改革为时间节点，考察了这种影响的动态发展特征，结果发现政策租对产业集聚的促进作用随着政策的实施逐渐减弱，政策租的耗散预示着亟须提高非政策性的集聚效应。最后，基于新经济地理理论，市场一体化对集聚租的发展呈现出钟形关系，具有先促进后抑制的作用，刘安国等也基于中国渐进一体化的发展特征得出了一体化发展不同阶段政策租与集聚租的消长现象。[②] 受此启发，本书最后在模型中引入产业集聚与市场一体化的交叉项，考察市场一体化在产业集聚协调税收竞争中的中介效应，结果发现，市场一体化水平的提高有利于促进产业集聚发挥对税收竞争的协调作用。正如钱学锋等认为的，目前中国的市场一体化与集聚租的关系仍然处于钟形的左半部分，两者呈正向相关。进一步研究发现，随着市场一体化水平的提高，政策租对产业集聚的吸引力开始减弱，尤其是在两税合并改革后，这种影响更加显著，这一结论为促进产业集聚对税收竞争的协调作用提供了有价值的政策启示。

第四节 未来的主要研究方向

本书围绕中国地区间不对称税收竞争问题，开展了策略行为识别、溢出效应检验和协调路径探讨等方面的研究，得出了一些有趣的结论，也为规范

[①] 钱学锋，黄玖立，黄云湖：《地方政府对集聚租征税了吗？——基于中国地级市企业微观数据的经验研究》，《管理世界》2012年第2期。

[②] 刘安国，卢晨曦，杨开忠：《经济一体化、集聚租和区际税收政策协调》，《经济研究》2019年第10期。

地区间恶性税收竞争的路径选择提供了政策启示。然而，本书的研究对于认识并规范地区间税收竞争仍嫌不足，未来还需要从多方面深层次展开更具体的研究。

一、从省级地区间竞争下探到市县级地区间竞争

本书研究中国地区间不对称税收竞争问题，主要是基于省级政府层面的视野，无论是理论分析还是实证模型检验，均是基于中国省级地方政府的行为分析。事实上，不仅在一省内部的市级地区之间存在争夺资源的税收竞争，在一个市内部的县级地区之间也存在争夺资源的税收竞争。从现实情况来看，在现行的官员任命和相对绩效考核体制下，同属一个省份的各个地级市（或同属一个市的各个县）彼此可能构成最直接的竞争对手。此外，同一个省份的地级市（或同一个市的县）也经常共同参加省政府（或市政府）召开的会议，彼此之间的信息交流便捷通畅，这为同省份地级市间（或同一个市的县）的相互模仿和竞争创造了条件。除此之外，甚至是在不同省的市级地区之间，不同市的县级地区之间同样也存在税收竞争。相关研究已有一些论述，比如杨龙见、尹恒研究中国县级政府的税收竞争行为，发现相邻县存在显著的策略互补（税收模仿）；异质性政府税率存在差异，贫穷县的实际税率要高于富裕县。[1] 李丹、裴育研究发现，国家扶贫县之间同样存在税收竞争行为；同一省份国家扶贫县之间的税收竞争要明显强于不同省份国家扶贫县之间的税收竞争；经济实力相仿的国家扶贫县之间税收竞争更加明显。[2] 因此，未来研究的方向可以从省级地区之间的竞争深入到市县级层面的竞争。具体在研究市县级地区间税收竞争时，就需要改进空间权重的设定，在本书研究中"地理相邻权重"和"经济相邻权重"的基础上，可加入"行政相邻权重"。如果按照行政区划两个城市（县）同属一省份（城市），那么矩

---

[1] 杨龙见，尹恒：《中国县级政府税收竞争研究》，《统计研究》2014 年第 6 期。

[2] 李丹，裴育：《国家贫困县存在税收竞争吗？》，《审计与经济研究》2019 年第 1 期。

阵元素 W 的值是 1，否则为 0。

二、从地区宏观税负向企业实际税率的微观延伸

本书研究地区间税收竞争涉及的税负变化衡量，是以地区税收收入/GDP 得到的宏观税负特征。而地方政府间进行税收竞争的直接目标是依靠降低相对税负以吸引企业投资，因此从企业投资决策的角度来说，其更加关注自己实际承担的税率高低，如果仅考察地区宏观税负，无法具体分析企业在税收竞争中的行为特征，影响税收竞争协调政策制定的效果。并且本书第四章研究发现，内资企业和外资企业对税负变化的敏感度不同，直接影响企业集聚的税收竞争协调效果。在此基础上，进一步以企业为样本进行投资决策的税负弹性分析，有助于厘清税收竞争中的企业投资决策行为，合理引导政府税收竞争行为，促进产业集聚对税收竞争协调作用的发挥。已有部分研究从企业层面考察新经济地理框架下的地区间税收竞争策略，如钱学锋等以中国地级市工业企业层面的面板数据，检验了城市集聚经济和产业集聚经济与企业税收负担之间的关系。[①] 蒲龙、杨高举以制造业企业为样本考察了税收竞争是否导致企业过度投资的问题。[②] 这些研究从企业层面发现了税收竞争相关的经验证据，为本书从宏观向微观的深化研究提供了有价值的启发。

三、从两税合并向国地税合并的政策效应跟踪

本书考察地方政府间税收竞争行为、效应及协调路径的过程中，引入 2008 年的企业所得税内、外资两税合并改革政策，以考察这一政策效应带来的影响，得到的结论均肯定了这一政策实施效果的显著性。而与此同时，我们关注到 2018 年的国地税机构合并改革也可能通过税收征管影响地区间

[①] 钱学锋，黄玖立，黄云湖：《地方政府对集聚租征税了吗？——基于中国地级市企业微观数据的经验研究》，《管理世界》2012 年第 2 期。

[②] 蒲龙，杨高举：《地方政府间税收竞争会诱发过度投资吗》，《经济理论与经济管理》2020 年第 4 期。

税收竞争。事实上,"分税制"改革以来,我国的税收制度经历了多次变革,主要表现就是税收征管权从地方逐步向中央集中。2018年3月13日《国务院机构改革方案》提出"将省级和省级以下国税地税机构合并",同年6月15日省级国税地税合并挂牌完成,这标志着我国税收征管体制迈出了实质性、关键性一步,至此征管权完全归于中央政府。有学者认为这一政策效果是积极的,如范子英认为这一举措有利于规范地方的税收征管行为,使其不能使用违规税收优惠进行招商引资[①],其与谢贞发在早期通过实证研究也发现,中央税收征管权集中的改革有效抑制了地区间横向税收竞争强度。[②]然而高凤勤、徐震寰的研究发现了不同的结论,中央征管权的集中会抑制地方间争夺流动性经济资源的"竞低"行为,但征管权向中央集中会增加国税局税收收入的"竞低"效应,这可能是由于本地国税局官员参与地方政府的"政企合谋"所致。其进一步分析认为,当前国地税合并后仍有部分经费由地方筹措,这一机制不仅不符合国际经验,反而可能会为地方政府未来干预税务部门的征管活动提供机会,从而保留了地方进行税收竞争的空间。[③]受此启发,笔者在接下来的研究中将进一步结合2018年的国地税机构合并改革,探索其对于中国地区间不对称税收竞争的政策影响。

四、将区域研究细分到城市群、开发区等范畴

本书第四章探究了新经济地理框架下中国地方政府是否对集聚租征税的问题,研究发现,目前中国地区产业集聚主要受政策租引导,同时也发现政策租的作用逐渐减弱,市场一体化的提高有利于产业集聚发挥集聚效应,从

---

① 范子英:《国地税合并将对地方经济和政府行为产生深远影响》,《中国经济时报》2018年5月31日第5版。
② 谢贞发,范子英:《中国式分税制、中央税收征管权集中与税收竞争》,《经济研究》2015年第4期。
③ 高凤勤,徐振寰:《"竞高"还是"竞低":基于我国省级政府税收竞争的实证检验》,《上海财经大学学报》2020年第1期。

而通过集聚租协调地区间不对称税收竞争。在中国，随着城市化进程的不断加快，城市之间的联系日益紧密，城市的集群化、一体化成为中国城市发展的重要特征。目前中国已经形成包括长三角城市群、珠三角城市群、京津冀城市群、长江中游城市群等19个城市群，吸引了大规模人口和经济要素在城市群空间内集聚，区域经济一体化程度由此不断加深，集聚效应日益凸显。已经有学者开始关注城市群及其与税收竞争的关系，龚锋等以中国国家级城市群为对象，考察经济集聚是否会对地方政府的税收竞争行为产生异质性影响，研究发现，中国城市群城市的税收竞争反应系数显著小于非城市群城市。[1]受此启发，下一步可以尝试将城市群纳入研究样本，研究城市群的形成是否能够通过集聚租有效缓解区域间税收竞争。另一方面，开发区是中国经济转型过程产业空间组织的一种"转型制度"形式，正在经历从企业"扎堆"向产业集群的转变。本书第四章第一节测算了2019年中国219家经济开发区的税负变动熵，对比2011年的测算结果，可以看出开发区的政策租强度正在耗散。郑江淮等以开发区的企业为样本研究发现，地方政府税收竞争中对开发区提供的税收优惠等政策租成为企业集聚的主要动机，现阶段以开发区为载体的企业集聚仍然处于"扎堆"状态，没有显著地表现出关联企业空间集中所产生的外部经济。[2]可见，政府主导的经济开发区与一般的产业集聚存在巨大差异，在开发区政府居于主导地位，然而如果开发区企业对政府提供的"政策租"存在过度依赖，那么在发生"政策租"耗尽时，非政策性的自发能力就至关重要。因此，基于已有研究启发，结合本书研究结论，未来可以进一步以开发区为研究样本探究产业集聚与税收竞争的关系，深度挖掘协调税收竞争的政策建议。

---

[1] 龚锋，陶鹏，潘星宇：《城市群对地方税收竞争的影响——来自两区制面板空间杜宾模型的证据》，《财政研究》2021年第4期。

[2] 郑江淮，高彦彦，胡小文：《企业"扎堆"、技术升级与经济绩效——开发区集聚效应的实证分析》，《经济研究》2008年第5期。

第一章　地区间不对称税收竞争存在的中国现实

在财政分权背景下,地方政府具有一定的自由裁量权。为推动地区经济发展,各地政府竞相展开引资竞争,而制定税收优惠政策、放松税收征管力度等手段成为地方政府税收竞争的重要策略行为。[①] 本章着重梳理分析地区税收优惠政策及税收洼地现象,测算并探讨税收征管激励下中国地方政府的税收努力程度,最后利用空间统计分析方法量化分析各地区实际税负在税收竞争行为引导下形成的空间依赖特征,以直观考察地区间税收竞争存在的中国现实,为此后章节探讨理论机制提供经验依据。

第一节　税收优惠政策与税收洼地

税收优惠政策能够直接降低企业实际税负,因此经常作为地方政府招商引资的重要手段,也是地区间税收竞争的主要征税策略。中国经济发展不均衡又促使各地区在制定税收优惠政策时表现出差异化特征,这种长期存在的冗杂、多样、碎片化的地方税收优惠政策,阻碍了市场对资源的自由配置,不利于全国统一大市场的建立。

---

① 刘骏,刘峰:《财政集权、政府控制与企业税负——来自中国的证据》,《会计研究》2014年第1期;范子英,田彬彬:《税收竞争、税收执法与企业避税》,《经济研究》2013年第9期。

（一）中国地区间税收优惠政策与税收洼地的形成

为进一步吸引外资，扩大对外开放，国务院在 2017 年正式公布了《关于扩大对外开放积极利用外资若干措施的通知》（国发〔2017〕5 号），明确了为进一步加强吸引外资工作，允许地方政府在法定权限范围内制定出台招商引资优惠政策。并且提出将修订《中西部地区外商投资优势产业目录》，对西部地区继续实行企业所得税优惠政策，支持中西部地区、东北地区承接产业转移。可见，无论是针对外资还是内资，国务院都对地方政府税收优惠政策的制定给予了较大程度的自由裁量权。2015 年国家税务总局制定了《减免税政策代码目录》，仅中央机关发布的减免税政策就有六百余项。① 而地方政府制定的本地减免税政策更是琳琅满目，地方政府在我国现有税制中规定了大量的税收优惠项目，这些项目种类繁杂。从类别上来看，有财政性优惠、政策性优惠、管理性优惠等，分别用于发挥财政收支作用、税收的经济社会调节作用、降低税收管理成本等。从优惠的方式来看，主要有税基式优惠、税率式优惠、税额式优惠、时间式优惠等多种形式。

税收洼地指的是地方政府为了扩大本地区税源，制定一系列税收优惠政策来吸引企业入驻，税收优惠政策降低了企业税负，形成税收洼地。以连锁超市为例，其在各地的门店为了降低税负，选择在税收洼地成立贸易公司，统一采购后供给各门店，而不是由各地门店各自采购。税收洼地的主要类型有税收减免、核定征收和财政奖励等，其税收优惠政策主要是地方留存奖励和核定征收两个方面。地方留存奖励也可以称为税收返还，也就是将所纳税额按照一定比例返还给企业，返还比例与纳税额成正比，其中地方留存部分增值税和所得税都是 30% ~ 70% 的财政奖励。核定征收则主要是利用核定利润率的方法计算公司制的企业所得税或合伙制、个人独资的个人

---

① 见《国家税务总局关于发布的公告》（国家税务总局公告 2015 年第 73 号），国家税务总局网站，2015 年 10 月 29 日。

所得税，随着国家开始收紧核定征收政策，多地已暂停核定。地方政府为了吸引企业到税收洼地入驻，往往采用总部经济招商的方式，不需要实体入驻。总部经济招商模式是在本地办公，在税收洼地享受税收优惠政策，这种模式导致区域税收转移和税收差距扩大，加剧了地区间抢占经济资源的恶性竞争。

以 2021 年江苏省颁布的税收返还政策为例，其主要政策是针对有限公司和独资企业。一方面对于注册的有限公司，地方政府给企业奖励其所保留税收的 50%～70%，其中江苏税收洼地留存 50% 的增值税、40% 的所得税税收收入。即如果企业纳税 100 万元增值税，那么地方留存 50 万元，给企业奖励 25 万元～35 万元。如果缴纳 100 万元的所得税，那么地方留存 40 万元，给企业奖励 20 万元～28 万元。另一方面是对于个人独资企业，按照 5 级累进制缴纳 5%～35% 的个人所得税，在江苏税收洼地享受核定征收，核定开票额的 10% 作为利润，这对于缺少进项发票的企业是非常有诱惑力的。税收洼地实行的总部经济招商形式，不需要企业实体入驻，只要在洼地注册就可以享受政策。可以注册新公司、分公司或主体公司注册地址迁移，公司利用业务分流或分包的形式，把企业的部分或全部业务的纳税转移到税收洼地以享受税收优惠的相关政策。

（二）中国地区间税收洼地形成的动因分析

地方政府通过种类繁多的税收优惠政策形成的税收洼地，其根本原因在于各地区经济发展不均衡。当东部沿海地区以区位优势吸引企业入驻时，中西部欠发达地区为参与引资竞争，只能以更低的税负作为竞争力去吸引资本。这同样适用于相邻或不相邻的经济不平衡地区之间的竞争策略。制度性原因在于，一方面，财政分权赋予了地方政府一定的经济自主权，进而伴随改革开放的实践进程，我国地方政府的经济发展动力得以释放。另一方面，分税制改革导致财权事权不匹配，大量的公共服务职能下放到地方政府，形成较大的财政压力。因此动力与压力的双重交织促使地方政府努力寻求地区经济发展模式。而在吸引资本方面，地方政府没有税收立法权，无权开设新税种，也无法改变征税要件，只能实施中央制定好的税收制度。因此，为了刺激本地区经济发展，地方政府往往通过制定多种税收优惠政策，在其税收自主权的限度内调整本地区企业实际税负，从而达到降低企业成本，提高本地区吸引力的目的。

（三）地方政府实施税收优惠的政策效应

一是，地方政府利用税收优惠政策的最终目的是扩大税源，推动本地经济发展，为数众多的税收优惠确实也在一定程度上促进了特定经济社会政策目标的实现。但是地方政府施行的税收优惠政策缩小了税基范围，降低了财政收入，使地方政府面临更大的财政压力。在维持经济刚性增长和公共支出的双重压力下，地方政府对税负弹性大的企业税收优惠过多，必然要对税负弹性低的企业提高税负以维持其财政收入规模，由此导致在一个地区内出现税负差异，违反了税收中性原则。二是，过度的税收优惠政策可能导致纳税人的策略性投机行为，造成经济扭曲，从而使税收优惠不仅未能实现预期政策目标，反而成为激励企业避税的手段。[①] 由于地方政府竞争是为了获取本地利益，那么全国统一大市场的整体利益就不是其主要考虑因素，甚至可能牺牲其他地区的利益造成"以邻为壑"的问题。霍尔果斯经济开发区就是个典型的例子，其采用非常高的税收优惠吸引其他地区的企业在短期内到本地登记办厂，追求短期的经济增长目标，从而牺牲了长期利益。而为了应对这种税收优惠政策，其他邻近地区的地方政府只好采取相近的税收优惠政策以留住企业，这样的零和博弈结果就是两败俱伤，一些地区因此形成税收洼地，企业在不同洼地之间流动，以实现税收优惠的套利。[②] 这降低了市场的

[①] 李维安，李浩波，李慧聪：《创新激励还是税盾？——高新技术企业税收优惠研究》，《科研管理》2016 年第 11 期。

[②] 黄志雄，徐铖荣：《税收优惠政策清理的价值取向、政策评估与顶层设计》，《财经理论与实践》2020 年第 6 期。

资源配置效率，损害了全国统一大市场的整体利益。三是，大量的税收优惠政策不仅增加了征管成本，也会因此而产生严重的逃税和腐败问题，从而增加监管成本。改革开放以来，我国的地方政府税收优惠政策持续存在，并不断流变、演变，产生了一些不可回避的社会问题。地方政府一事一议的税收优惠政策已经成为我国税务法治进程中的顽疾，地方政府往往是根据本地区经济发展或财政收入的短期需求，结合特别时空条件，针对单一税种采取单一优惠形式。[①] 这种一税一优惠的政策模式形成的结果就是，地方政府的税收优惠政策冗杂、多样、碎片化，并且出现易于变动、漏洞多、随意性强等问题。[②]

（四）各地区税收优惠政策的清理困境

改革开放以来，我国地方政府税收优惠政策的清理过程也是一个艰难的动态博弈过程，欠缺节制的地方税收优惠政策已经对全国统一大市场的建立形成明显的负面影响，也严重影响了税收法治建设。我国早在改革开放初期就认识到这一问题，自20世纪80年代末以来，国务院或国家税务总局定期或不定期出台了一系列针对地方税收优惠政策清理的规范性文件（见表1-1）。

表1-1 地方政府税收优惠政策清理相关文件与内容

时间	规范性文件	针对问题	主要内容和措施
1987	《关于严肃税收法纪加强税收工作的决定》（国发〔1987〕29号）	地方政府越权减免税收，偷税漏税	地方政府应按照中央减免税管理权限办事，不得越权行事
1988	《关于整顿税收秩序加强税收管理的决定》（国发〔1988〕85号）	地方各级政府减免税政策频出	逐项审查地方政府颁布的减免税规定，立即恢复减免税的征税

---

① 叶金育:《税收优惠统一立法的证成与展开——以税收优惠生成模式为分析起点》,《江西财经大学学报》2016年第2期。

② 管金平:《地方税收优惠政策治理的理念重塑与制度回应》,《财经问题研究》2020年第10期。

续表

时间	规范性文件	针对问题	主要内容和措施
1989	《关于清理整顿和严格控制减税免税的意见》（国发〔1989〕1号）	地方税收减免优惠，征收不力	各地区指定领导负责整顿工作，逐级进行督促检查和验收
1994	分税制改革，《增值税暂行条例》和《营业税暂行条例》	以减免税为主要形式的税收优惠规范过多、过滥	规定必要的减免税项目，任何地区和部门不得擅自规定免税、减税项目
1998	《关于加强依法治税严格税收管理权限的通知》（国发〔1998〕4号）	部分地区依然擅自变通越权减免税；随意批准缓税、欠税；实行"包税"，征收"过头税"	整顿民族自治区域内的税收政策规范，强化税收征管工作，严格税收入库级次，建立健全内部监督制约机制
2000	《关于纠正地方自行制定税收先征后返政策的通知》（国发〔2000〕2号）	基本上遏制了越权减免税的现象。但是一些地方为了缓解企业困难或实现其他经济目的，采取税收先征后返的方式	自查纠正，不得以先征后返或其他减免税手段吸引投资。各级地方政府不得自行制定先征后返政策
2002	《关于对部分地区违规制定先征后返等减免税政策问题的通报》（国办发〔2002〕5号）	对《关于纠正地方自行制定税收先征后返政策的通知》（国发〔2000〕2号）的专项检查	未清理税收优惠政策的，中央将扣减对该地区的转移支付和专项补助，并追究责任
2004	《清理检查开发区税收优惠政策督查方案》（国税发〔2004〕349号）	地方开发区税收优惠乱象成另一重灾区	开发区自查税收优惠政策的适用与执行情况，关注是否存在开发区外企业享受税收优惠，自行扩大税收优惠政策适用范围、提高优惠比例、延长优惠期限的问题；省级及省级以下开发区是否存在比照享受国家级优惠政策的问题
2005	《税收减免管理办法（试行）》（国税发〔2005〕129号）	进一步规范和加强减免税管理工作	规定了减免税的申请、申报和审批实施政策
2008	《关于坚持依法治税严格减免税管理的通知》（国税发〔2008〕73号）	个别地方违反国家税法规定，擅自制定出台不符合国家统一规定的税收政策	依法征税、应收尽收、坚决不收"过头税"、坚决防止和制止越权减免税

续表

时间	规范性文件	针对问题	主要内容和措施
2013	《中共中央关于全面深化改革若干重大问题的决定》	税收优惠政策管理体制不完善,缺乏统一的税收优惠政策法律	进一步清理税收优惠政策,采取负面清单管理的办法,清理和废除妨碍全国统一市场和公平竞争的规定
2014	《关于清理规范税收等优惠政策的通知》(国发〔2014〕62号)	为推动区域经济发展和产业集聚,一些地区和部门对特定企业及其投资者在税收、非税等收入和财政支出等方面实施了优惠政策。扰乱了市场秩序,影响国家宏观调控效果,违反我国对外承诺,引发国际贸易摩擦	统一税收政策制定权限;规范非税等收入管理;严格财政支出管理;全面清理已有的各类税收等优惠政策。各地区和部门要开展一次专项清理,认真排查本地区、本部门制定出台的税收等优惠政策,并建立健全长效机制
2015	《关于税收等优惠政策相关事项的通知》(国发〔2015〕25号)	税收优惠政策清理过于彻底,未考虑地方政府历史遗留问题、现实情况与地区差异	各地区和部门已经出台的优惠政策,有规定期限的,按规定期限执行;没有规定期限又确需调整的,由地方政府和相关部门按照把握节奏、确保稳妥的原则设立过渡期,在过渡期内继续执行。与企业已签订合同的优惠政策,继续有效;对已兑现的部分,不溯及既往
2015	《税收减免管理办法》(国税发〔2015〕43号)	无法彻底清理的不规范地方税收优惠政策	进一步明确核准类和备案类两类减免税类型,将无法清理的地方税收优惠政策纳入监管,明确政策存续期,逐年审查
2019	《关于修改〈税收规范性文件制定管理办法〉的决定》(国税发〔2019〕50号)	匹配国地税合并体制改革	进一步明确各级税务机关的内设机构、派出机构和临时性机构,不得以自己的名义制定税务规范性文件

资料来源:段蔵:《地方税收优惠政策清理中公平竞争审查制度实施探究》,《财会月刊》2021年第11期;黄志雄,徐铖荣:《税收优惠政策清理的价值取向、政策评估与顶层设计》,《财经理论与实践》2020年第6期。

表 1-1 显示，税收优惠清理政策基本是每隔 2～5 年都会出台一部，在这种严密的政策高压下，我国地方政府的税收优惠政策仍然不减反增，持续成为一个难以根治的疑难问题。[①] 这可能是因为在财政分权背景下，经济发展刚性需求和公共服务需求未改变，地方政府实施各种税收优惠政策的内在动机仍然存在，单纯靠中央规定强行干预，很难彻底清理税收优惠政策。从本质上来看，地方政府制定优惠政策是来自其对利益的现实诉求，以及区域经济发展差异影响下的被动选择。因此，税收优惠政策清理工作就不能简单采取"一刀切"的方式。在地方税收优惠政策的清理中，中央与地方政府形成了一个周期性阶段性较强的动态博弈。这一过程表现为，地方政府在自身利益驱动下设置各类优惠措施，然后中央出台清理命令以适度废除、修改、合并、撤销一部分优惠政策，而随着中央监管态势放缓，地方政府在下一轮经济发展利益的驱动下，又开始启动各种优惠措施，如此循环往复，难以根治。就近来看，2014 年 12 月，国务院发布了《关于清理规范税收等优惠政策的通知》，这一通知严令地方政府整改税收优惠政策，开展专项清理工作，一大批优惠政策面临废除。然而这一政策的实施与各地发展的现实情况发生巨大冲突，在短期内出现大量政企纠纷，地方政府反馈的各类意见陡增，催生了不到半年即出台的《关于税收等优惠政策相关事项的通知》（2015 年 5 月颁布），这一通知延缓了对既有税收优惠政策的清理工作，将严控放到税收优惠政策的未来增量上。而随着之后"营改增"、国地税合并等各项经济改革规划工作的开展，地方税收优惠政策清理工作再次被搁置。尤其是在后疫情时代，各地区复工复产，为促进经济振兴，地方税收优惠政策极有可能再次掀起高潮。

[①] 姚子健、李慧妍:《我国地方税收优惠制度的问题与完善——基于对 212 份税收优惠政策文本的研究》,《公共财政研究》2020 年第 6 期。

第二节 税收征管激励与税收努力

一、地方政府的税收征管激励

我国现行的税收制度赋予了地方政府税收征管方面较大的自由裁量权①，分税制改革拉开了中央与地方税收征管权博弈的序幕。伴随着不断深化的税收制度改革，税收征管权逐步向中央集中，尤其是2012年的"营改增"政策实施以后，大部分税源更是集中在中央的征管与监控之中。之后，2018年的国地税机构合并又进一步强化了中央监管力度。然而有研究发现，国地税机构合并虽然剥夺了地方政府的税收征管权，却可能使本地国税局官员参与地方政府的"政企合谋"而展开税收竞争。②这是因为地方政府参与竞争的内生动力依然存在，这个动力来自中央集权制下的考核指标激励。在晋升锦标赛激励下的地方政府，将征管效率作为其追求政治晋升的工具，这也使得地区间税收竞争表现出"竞高"或"竞低"效应。

一方面，财政收入作为重要的官员绩效考核指标，催生财政压力下的地区间税收"竞高"效应。中央为调控经济和稳定税负，将税收计划完成情况纳入地方官员的绩效考核中，地方官员为了保证税收增长，倾向于努力提高税收征管效率，从而提高了实际税负。③从我国实践来看，分税制改革伴随的是我国税收收入持续了近二十年的高速增长，甚至在经济形势较好的时期一度超过GDP增长速度。图1-1显示，税收增速与GDP增速总体上呈现

---

① 陈德球，陈运森，董志勇：《政策不确定性、税收征管强度与企业税收规避》，《管理世界》2016年第5期。
② 高凤勤，徐震寰：《"竞高"还是"竞低"：基于我国省级政府税收竞争的实证检验》，《上海财经大学学报》2020年第1期。
③ 白云霞，唐伟正，刘刚：《税收计划与企业税负》，《经济研究》2019年第5期。

出同步波动态势，都经历了分税制改革之前的上升，改革之后的下降，以及 2000 年之后的上升和 2008 年经济过热之后的下降趋势。而税收增速超 GDP 增速的阶段正是经济发展形势最好的时期，在 1997 年到 2012 年期间，税收增速持续高于 GDP 增速，尤其是 2001 年，税收增速超过 GDP 增速 11.1 个百分点，达到 21.6%。2012 年之后，随着经济下行，税收增速开始低于 GDP 增速，在 2020 年首次出现负增长，税收收入萎缩了 2.3%。刘金东、冯经纶认为，税收增速超过 GDP 增速只是短期现象，长期来看，税收增速处于波动状态。[①] 而我国从 1997 年到 2012 年持续 16 年税收增幅超过 GDP 增幅的现象，与国际上的常态表现差异明显。

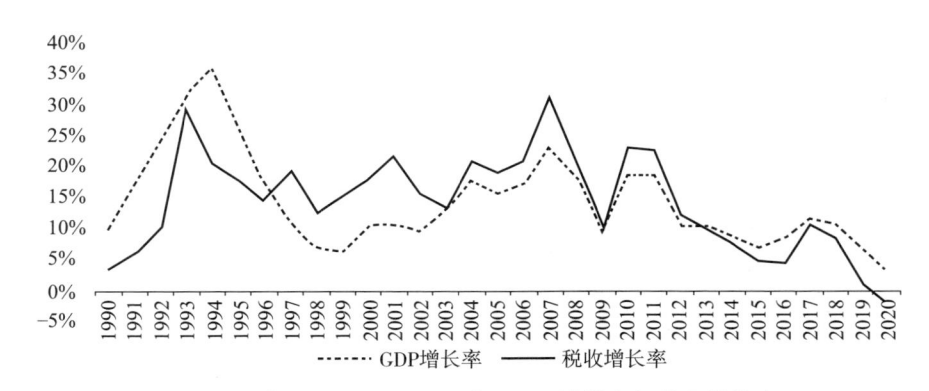

图 1-1 中国 1990～2020 年 GDP 增长率与税收增长率

注：根据历年《中国统计年鉴》公布的 GDP 和税收规模数据计算得到。

另一方面，GDP 导向的官员考核标准激励地方官员展开争夺流动性经济资源的晋升锦标赛[②]，由此形成税收"竞低"效应。地方政府为了吸引资本，往往通过降低实际税负以提高相对于其他地区的竞争力，而放松税收征管正是其尝试使用的重要手段。再加上在税收结构中，共享税分成以中央占

[①] 刘金东，冯经纶：《中国税收超 GDP 增长的因素分解研究——基于 Divisia 指数分解方法》，《财经研究》2014 年第 2 期。

[②] 周黎安：《中国地方官员的晋升锦标赛模式研究》，《经济研究》2007 年第 7 期。

比最高，地方政府对共享税的征收努力不足[1]，从而形成地方政府的税收"竞低"效应。在招商引资时，为了提高税收竞争中的吸引力，地方政府可能主动放松税收征管力度，以降低企业承担的实际税负。[2]而不同层级之间的税收分成制度又进一步提高了地方政府放松税收征管的动机，执行税收征管的基层政府可能根据其税收分成而付出对应的税收努力，例如所得税分享改革降低了地方政府的税收分成比例，那么将会激励地方政府放松税收征管，导致税收竞争强度加剧。[3]并且，从区际互联的视角来看，地方政府之间展开"为增长而竞争"，政府的征税选择可能对其他地区税收征管产生影响。实现预算收支平衡作为上级政府考核地方的重要指标，当一个地区评估其税收征管工作的紧迫性时，往往也会使用其他地区的收支情况作为参考，当其他地区放松税收征管时，本地区政府也会选择降低税收努力以抵消其他地区在税收竞争中的相对优势，从而陷入竞赛到底的恶性循环。赵永辉等研究发现，这种策略选择与西方财政联邦制下的标尺竞争不同，不是向实现良好预算收支平衡目标的地区趋近，而是对那些预算收支状况较差的地区表现出更强烈的模仿行为。[4]这可能是因为地方政府在招商引资过程中，仍然将税收优惠作为主要的竞争手段，而税收努力也会从属于这一目标，因为提高税收努力不利于吸引流动资本。因此，地方政府在考察其他地区的财政收支信息时，往往选择不够积极的税收努力策略。

综合以上分析，地方政府选择税收"竞低"还是税收"竞高"取决于在

---

[1] 田彬彬，范子英：《税收分成、税收努力与企业逃税——来自所得税分享改革的证据》，《管理世界》2016年第12期。

[2] 吕冰洋，马光荣，毛捷：《分税与税率：从政府到企业》，《经济研究》2016年第7期。

[3] 田彬彬，范子英：《税收分成、税收努力与企业逃税——来自所得税分享改革的证据》，《管理世界》2016年第12期。

[4] 赵永辉，付文林，冀云阳：《分成激励、预算约束与地方政府征税行为》，《经济学（季刊）》2020年第1期。

政绩考核中经济发展和税收增长的相对重要程度。[①] 如果社会福利对于本地区发展来说更加重要，那么官员会倾向于提高税收努力以实现税收足额或超额收入。如果经济发展是本地区当前发展重点，那么地方官员为了个人晋升需要，就会在其任期内放松税收征管以降低实际税负，提高资本吸引力，吸引企业入驻以促进本地区就业和经济增长。即地方官员倾向于从自己任期内的短期利益出发，选择差异化的税收竞争策略，显然这种短期行为忽略了经济长期运行效率，使地区间陷入恶性竞争。无论是税收"竞高"还是税收"竞低"，都将造成整体经济的损失，"竞低"的结果是财政收入损失，"竞高"的结果是企业税收负担加重，均不利于全国统一大市场的建设和经济的可持续发展。

二、地区税收努力估算与分析

地区间发展的不均衡性及政绩目标的异质性都使税收努力可能存在显著差异。"税收努力"指税务当局依法征收全部法定应纳税额的程度，可以用来表征地方政府对于地区税收能力（税基）的整体利用水平。国内外学者通常采用"税柄法"估计税收努力，核心思想是以实际税负与潜在税负的偏离程度来衡量税收努力程度，基于产生一定税收收入规模所对应的经济基础和课税来源进行估计，即税收努力程度 = 实际税负 / 潜在税负。如果税收努力程度取值大于 1，那么表示实际税负高于潜在税负，意味着地方政府超过了潜在税基去追逐实际税收；如果税收努力程度小于 1，表示实际税负低于潜在税负，税收没有达到税基的生产可能性曲线边界。一个地区的实际税负水平通常采用税收收入与 GDP 的比重来衡量[②]，而潜在税负则需要通过回归拟合估计得到。税柄法的重点在于对潜在税负的衡量，潜在税负是一系列影响

---

① 许敬轩，王小龙，何振：《多维绩效考核、中国式政府竞争与地方税收征管》，《经济研究》2019 年第 4 期。

② 储德银，邵娇，迟淑娴：《财政体制失衡抑制了地方政府税收努力吗？》，《经济研究》2019 年第 10 期。

因素的函数：

$$T/Y = f(H_1, H_2 \ldots H_h, U) \quad (1-1)$$

其中 T/Y 为潜在税负，$H_i(i=1,2,\ldots h)$ 为影响潜在税负的独立变量，U 为随机误差项。参考已有学者的研究[①]，选择人均 GDP、对外开放水平（进出口总额/GDP）、人口密度（各地区常住人口/土地面积）、第二产业占比（第二产业增加值/GDP）、第三产业占比（第三产业增加值/GDP）、城镇化率（城镇人口数/总人口）进行回归，以实际税负为被解释变量，估计出影响系数，测算得到潜在的税负水平。因此基于模型（1-1）得到回归方程如下：

$$T/Y_{it} = \alpha + \beta_1 PGDP_{it} + \beta_2 open_{it} + \beta_3 density_{it} + \beta_4 ind2_{it} + \beta_5 ind3_{it} + \beta_6 urban_{it} + u_{it} \quad (1-2)$$

考虑到数据的完整性，本书选择中国除西藏、港澳台外的 30 个省级单位作为样本，测算地区税收努力水平。原始数据主要来自 2007～2020 年的《中国统计年鉴》。利用最小二乘回归估计得到结果如表 1-2 所示，模型在八次迭代后实现收敛。

表 1-2　模型回归结果

变量	系数	标准误	T 统计值	P 值
IND2	−0.00083*	0.0004	−1.9412	0.053
IND3	−0.00072*	0.0004	−1.8507	0.065
OPEN	0.02244***	0.0056	4.0284	0.000
PGDP	0.01930***	0.0040	4.7991	0.000
URBAN	−0.00104**	0.0005	−2.0065	0.046

[①] 吕冰洋、郭庆旺：《中国税收高速增长的源泉：税收能力和税收努力框架下的解释》，《中国社会科学》2011 年第 2 期；刘怡、刘维刚：《税收分享、征税努力与地方公共支出行为——基于全国县级面板数据的研究》，《财贸经济》2015 年第 6 期。

续表

变量	系数	标准误	T统计值	P值
DENSITY	0.19217***	0.0720	2.6705	0.008
AR(1)	0.96209***	0.0144	66.6685	0.000
R-squared	0.962	Mean dependent var	0.081	
Adjusted R-squared	0.961	S.D. dependent var	0.030	
S.E. of regression	0.006	Akaike info criterion	−7.431	
Sum squared resid	0.012	Schwarz criterion	−7.356	
Log likelihood	1344.644	Hannan-Quinn criter	−7.401	
Durbin-Watson stat	1.482	Inverted AR Roots	0.960	

回归模型估计结果的拟合度 R 平方以及调整后的 R 平方分别为 0.962 和 0.961，说明模型拟合效果非常好。并且在模型中引入了 AR（1），特征根为 0.96，取值小于 1，因此模型是平稳的。由于引入了 AR（1），因此估计模型时调整后的样本为 2008～2019 年。由此估计得到对应年份的潜在税负，进一步以实际税负与潜在税负的比值测算得到各地区的税收努力程度，测算结果如附录 1-1 所示。结果显示 2008～2019 年中国 30 个省级单位的税收努力程度平均值为 0.465，各地区的税收努力程度分布在 0.299 到 0.663 的区间内，表明地方实际征税与潜在征税之间差异较大，地方政府尚未充分利用本地税基，这与高培勇、毛捷、陈晓光、赵永辉等的研究结论一致[1]，反映出我国地方政府的税收征管仍具有很大提升和改善的空间。

具体来看，2019 年各地区征税努力程度最高的是山西（见表 1-3），得

---

[1] 高培勇：《中国税收持续高速增长之谜》，《经济研究》2006 年第 12 期；高培勇，毛捷：《间接税税收优惠的规模、结构和效益：来自全国税收调查的经验证据》，《中国工业经济》2013 年第 12 期；陈晓光：《财政压力、税收征管与地区不平等》，《中国社会科学》2016 年第 4 期；赵永辉，付文林，冀云阳：《分成激励、预算约束与地方政府征税行为》，《经济学（季刊）》2020 年第 1 期。

分为 0.588，其次是海南、天津、内蒙古、北京，得分分别为 0.553、0.544、0.539、0.530，均高于 0.5，即根据本书测算方法，说明对现有税基征税实际税负达到潜在税负的一半以上，税收努力程度相对较高。同样位于前十位的还有上海、浙江、广东、辽宁、河北等省级单位。而福建在 2019 年的税收努力程度最低，为 0.345，其次是河南、广西、湖南、湖北等地，分别为 0.348、0.353、0.361、0.373。

表 1-3　2019 年各地区税收努力程度及其排名

地区	税收努力	排序	地区	税收努力	排序	地区	税收努力	排序
山西	0.588	1	陕西	0.449	11	重庆	0.407	21
海南	0.553	2	江西	0.444	12	山东	0.400	22
天津	0.544	3	宁夏	0.437	13	四川	0.396	23
内蒙古	0.539	4	青海	0.433	14	云南	0.387	24
北京	0.530	5	新疆	0.433	15	安徽	0.380	25
上海	0.499	6	吉林	0.426	16	湖北	0.373	26
浙江	0.493	7	黑龙江	0.425	17	湖南	0.361	27
广东	0.480	8	甘肃	0.418	18	广西	0.353	28
辽宁	0.471	9	贵州	0.411	19	河南	0.348	29
河北	0.454	10	江苏	0.410	20	福建	0.345	30

进一步观察在整个样本区间内各地区的税收努力变化（见图 1-2），发现 2008～2019 年的十余年中，税收努力程度持续增长的地区是河北和内蒙古，2019 年相对于 2008 年的增幅分别达到 32.36% 和 31.46%，其他地区除山东增长了 20.12% 外，努力程度增长幅度均未超过 20%。云南的征税努力程度持续下降，十余年下降幅度达到 24.41%，从 2008 年的 0.512 下降到 2019 年的 0.387。福建、贵州和安徽则是表现出钟形发展模式，征税努力程

度先上升后下降，如贵州的税收努力程度在 2014 年增长到最高值为 0.571，后快速下降，到 2019 年为 0.411，福建则在 2013 年达到最高值为 0.479，后快速下降，到 2019 年为 0.345，甚至低于 2008 年的 0.423。相比来看，四川、浙江、江苏和广西等地区的征税努力程度几乎未发生变化。总体来看，有 20 个省份的税收努力程度或下降（12 个），或增长幅度低于 10%（8 个），这些地区的税收努力程度在近些年未得到显著提高，可能地区间仍然存在放松征管以吸引企业的竞争动机。

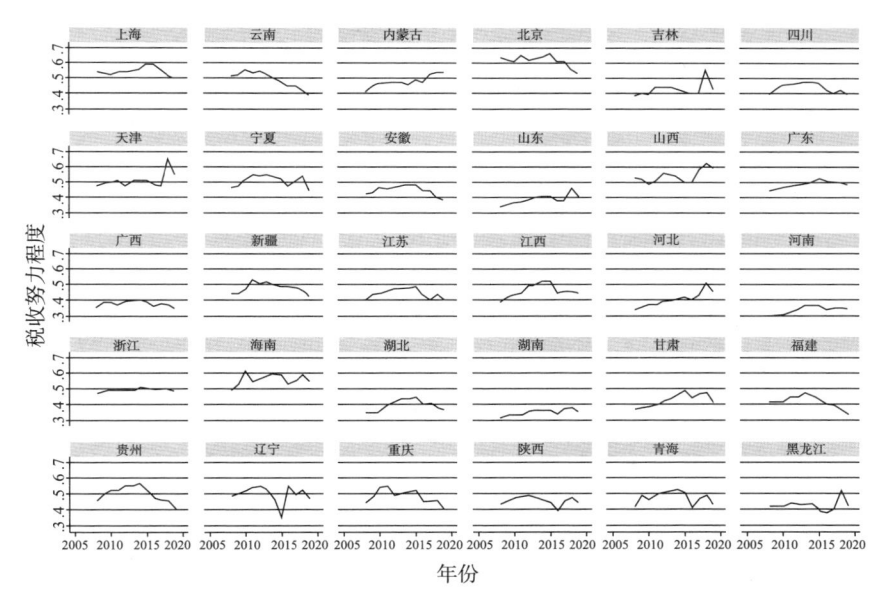

图 1-2　各地区在 2008～2019 年的税收努力程度分布

从 2008～2019 年各地区税收努力平均水平来看（见图 1-3），各地区的税收努力程度在 0.3 到 0.65 之间波动，北京的税收努力程度最高，平均得分为 0.616，其次是海南、上海、山西、天津等地，平均得分分别为 0.567、0.543、0.539、0.508。而税收努力程度最低的地区有河南、湖南、广西等地，分别为 0.341、0.357、0.382。整体上税收努力程度较高的地区主要分布在东部沿海，而中西部地区的税收努力程度相对较低。

图 1-3　各地区 2008～2019 年税收努力程度平均水平

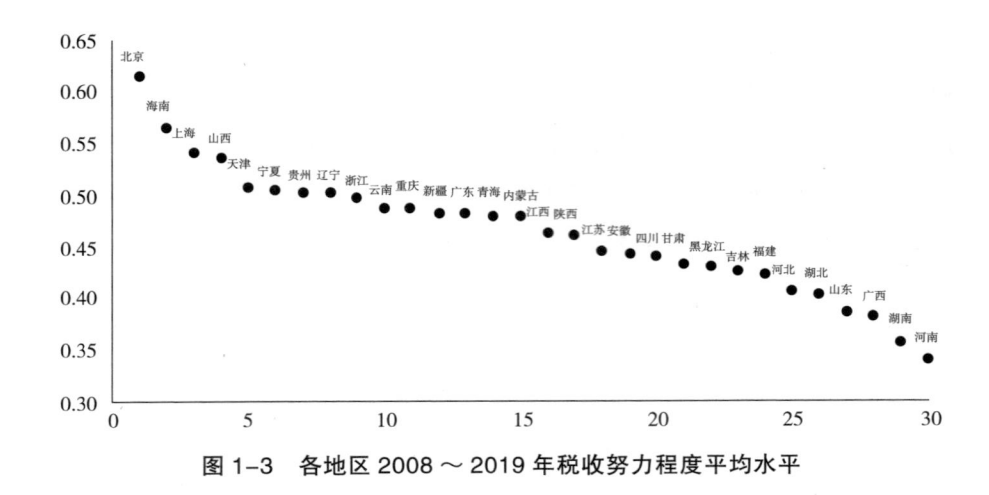

基于李永友、沈玉平的研究[①]，以人均 GDP 为划分依据，将 30 个省级单位划分为发达地区和欠发达地区。其中发达地区包括北京、天津、辽宁、江苏、浙江、上海、山东、广东 8 个省级单位；欠发达地区为山西、内蒙古、吉林等其余 22 个省级单位。因此，得到发达地区和欠发达地区 2008～2019 年的税收努力程度，如图 1-4 所示。分区域来看，发达地区的税收努力程度持续高于欠发达地区，可见发达地区的税收征管力度高于欠发达地区。从整体趋势来看，发达地区和欠发达地区的税收努力程度经历了自 2008 年到 2015 年前后的上升趋势，然后快速下降，自 2016 年后又开始上升，在 2018 年达到最高点后，又开始下降，说明地区税收努力在 2015～2019 年经历了较大的波动态势。而经历了长达 12 年的波动后，税收努力程度并未出现较快增长，发达地区在 2008 年税收努力程度为 0.475，2019 年为 0.478，欠发达地区税收努力程度在 2008 年为 0.414，到 2019 年为 0.425。近十年税收监管政策的不断出台，并未显著提高地区的税收努力程度，可见支配各地区征税行为的力量仍未削减，地方政府降低税收征管力度的动机持续存在。

---

① 李永友，沈玉平：《财政收入垂直分配关系及其均衡增长效应》，《中国社会科学》2010 年第 6 期。

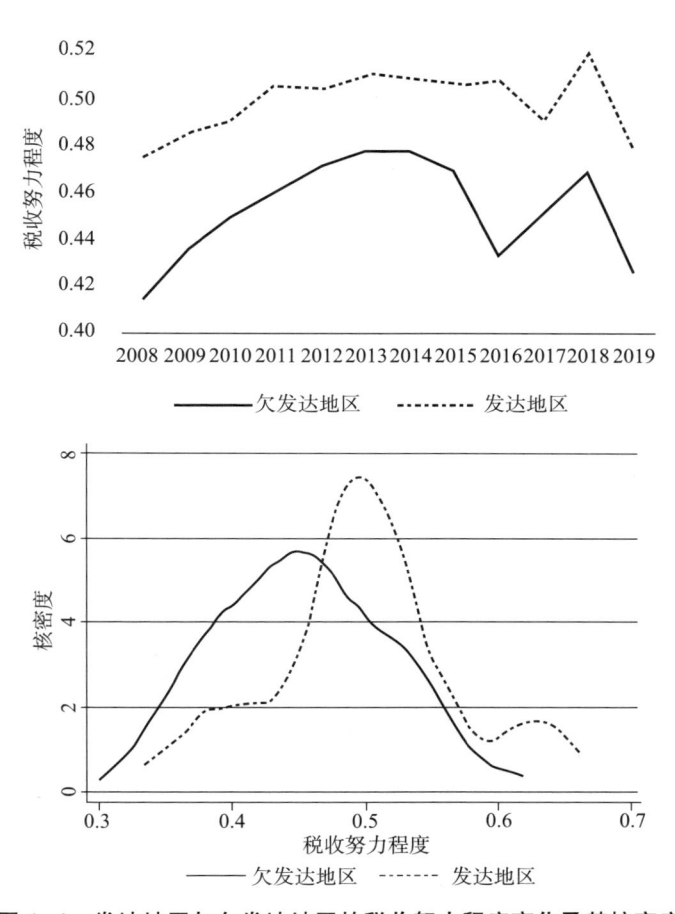

图 1-4　发达地区与欠发达地区的税收努力程度变化及其核密度

同时，比较发达地区与欠发达地区的变动趋势，可以看出在整个波动区间，欠发达地区的波动幅度相对发达地区更大，反映出其更高的税收努力弹性。进一步对比发达地区与欠发达地区的税收努力变动核密度情况，可以看出，发达地区的税收努力分布比较集中，更接近正态分布且极陡峭，说明北京、上海、天津等 8 个发达地区之间的税收努力程度比较接近；而欠发达地区的税收努力分布位于发达地区的左侧，税收努力程度整体偏低，且比较分散，说明欠发达地区内部各省市税收努力偏低且差异比较大，地区之间税收征管差异也较大。

综上所述，我国各地区的税收努力程度相对偏低，地方政府对于法定税基的利用还不充分。同时，税收努力表现出显著的地域差异，欠发达地区的税收努力程度显著低于发达地区，且近十年来变化幅度较大。欠发达地区内部的税收努力差异性高于发达地区，历史、禀赋、发展阶段的异质性使不同地区的地方政府在税收征管策略方面表现出差异化特征，这种税收努力的差异化策略形成机理也是本书尝试探索的重要方面，将为如何重构地方政府税收征管激励提供借鉴。

第三节 地区实际税负与税收竞争

地方政府施行税收优惠政策或是放松税收征管，其目的是降低相对于竞争地区的实际税负水平，从而提高引资竞争中的吸引力。因此，竞争地区的税收策略将直接影响到本地区税收行为，其直接后果就是形成税负变化的空间依赖性。本节基于空间统计分析方法测算分析地区间税负的空间集聚与辐射特征，为之后章节探讨地区间异质性的策略互动行为提供更加直观的认识。

一、地区间实际税负的测算与时空分析

地区间进行税收优惠或放松税收征管，最终体现在地区实际有效税负的变化。本书利用税收收入占同期 GDP 的比重测度宏观实际有效税负，即地区税负＝地区税收收入／同期 GDP，这种测量方法已得到国内学者的认可。[1] 本书所使用的各省级单位税负的原始数据主要来自历年《中国统计年

---

[1] 付文林，耿强：《税收竞争、经济集聚与地区投资行为》，《经济学（季刊）》2011年第4期；陈工，洪礼阳：《省级政府非税收入竞争的强度比较与分析——基于财政分权的视角》，《财贸经济》2014年第4期；王凤荣，苗妙：《税收竞争、区域环境与资本跨区流动——基于企业异地并购视角的实证研究》，《经济研究》2015年第2期。

鉴》和各省级单位的财政局，具体数据是从WIND数据库搜集得到。考虑到数据的可得性和口径的一致性，本部分以2008～2019年中国除西藏、港澳台外的30个省级单位为研究样本，测算得到2008～2019年各地区实际税负如附录1-2所示。从2019年的结果来看（见表1-4），上海的宏观税负最高，为0.163，其次是北京，达到0.136，海南、天津、山西、浙江、广东等地区的税负水平也相对较高，湖南的税负水平最低，为0.052，其次是福建、河南、广西、湖北等地区，税负均低于0.06。

表1-4 2019年各地区实际税负水平

地区	税负	排序	地区	税负	排序	地区	税负	排序
上海	0.163	1	新疆	0.075	11	甘肃	0.066	21
北京	0.136	2	江苏	0.074	12	重庆	0.065	22
海南	0.123	3	贵州	0.072	13	云南	0.062	23
天津	0.116	4	陕西	0.072	14	四川	0.062	24
山西	0.105	5	宁夏	0.071	15	安徽	0.060	25
浙江	0.095	6	江西	0.071	16	湖北	0.055	26
广东	0.093	7	山东	0.068	17	广西	0.054	27
内蒙古	0.089	8	吉林	0.068	18	河南	0.052	28
辽宁	0.077	9	黑龙江	0.068	19	福建	0.052	29
河北	0.075	10	青海	0.067	20	湖南	0.052	30

从各地区2008～2019年实际税负变化情况来看（见图1-5），内蒙古、河北和海南的税负增长较快，增幅分别达到61.82%、59.57%和53.75%，天津的税负在前期变化不显著，自2018年开始快速增长，从2017年的0.087跃升到2018年的0.122。而北京、上海两地高税负持续到2016年左右开始有所下降，云南、新疆、贵州、福建等地区税负也经历了先上升后下降的钟形变化趋势。

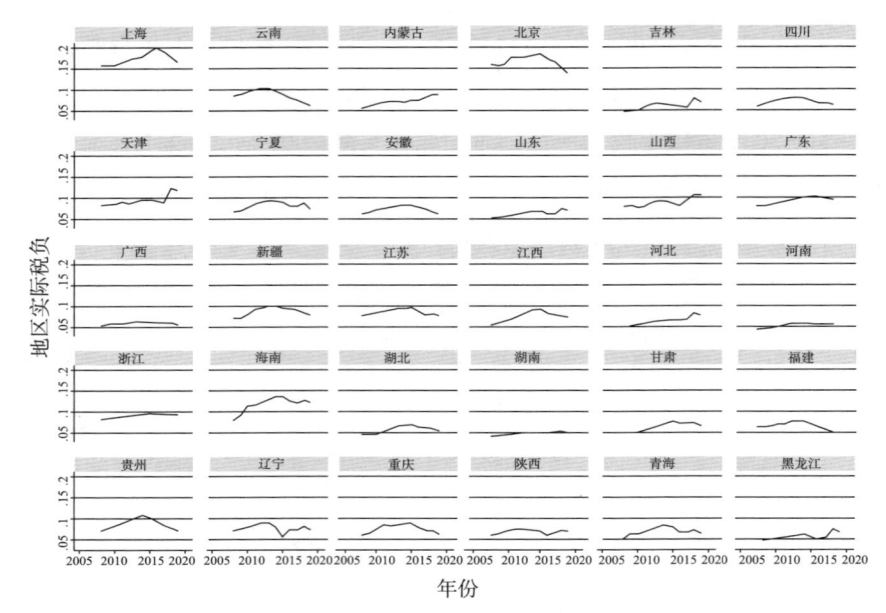

图 1-5　2008～2019 年各地区实际税负变化情况

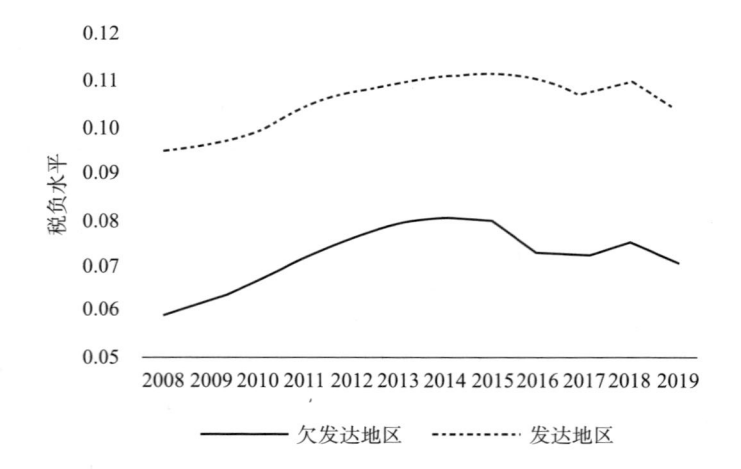

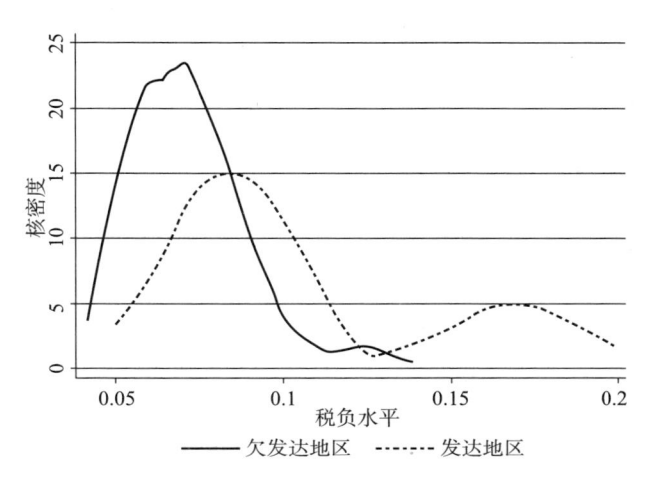

图 1-6　发达地区和欠发达地区的税负水平与核密度

以区域划分来看，税负较低的地区多位于欠发达的中西部。图 1-6 显示发达地区自 2008～2019 年整个样本区间内的税负均高于欠发达地区，从动态变化特征来看，均经历了缓慢上升后下降的态势，尤其是欠发达地区在 2015 年和 2018 年两个拐点形成两轮税负的下降。核密度结果也反映出欠发达地区税负水平普遍较低，且比较集中陡峭的发展态势，可能有多数地区出现低税负的集聚，这需要进一步的空间统计分析结果做支撑。

二、地区间实际税负的空间集聚与辐射

根据 Tobler 的地理学第一定律："地理事物之间都存在着相应的关系，其中相距较近的事物比相距较远的关系更密切。"随着科学技术的进步，空间统计分析方法正逐渐突破地理学领域，被应用在社会各个学科中，主要目的是探索社会科学领域的样本空间分布情况，以挖掘研究对象的空间效应，即空间依赖性。空间统计分析的原理是，空间存在的单元不是独立的，而是与周围区域存在某种关联，这种关联也被称为空间自相关。空间自相关指的是空间分布的对象的某一属性与其他对象的同种属性之间存在一定的关系，空间自相关系数为自相关程度的度量标准，主要用于测量空间内事物之间属性属于高-高相邻分布，还是高-低交错分布。当空间自相关系数取正值时，表示区域与相邻区域之间的属性变化趋同，负值则相反。

（一）空间自相关分析方法

空间自相关分析又分为全局自相关和局部自相关，全局自相关主要用于描述空间要素属性值在全区域内的空间特征，并反映其邻域属性值相似度，用于测量空间内事物之间属性属于高-高相邻分布，还是高-低交错分布。空间自相关程度常用 Moran 指数来衡量，当空间自相关系数取正值时，表示区域与相邻区域之间的属性变化趋同，负值则相反。具体来说，Moran's I >0 表示空间正相关性，其值越大，空间相关性越明显，即地区间越集聚，相关性越大。Moran's I <0 表示空间负相关性，其值越小，空间差异越大，否则，Moran's I = 0，空间呈随机性。相较于全局自相关，局部自相关则是计算区域内各个空间对象与其领域对象间的空间相关程度，反映局部区域内的空间异质性与不稳定性，同样使用局部 Moran 指数衡量。全局自相关主要分析区域之间是否存在集聚效应，而局部自相关则注重分析本区域对周围区域在属性上的辐射效应。

全局 Moran 指数的计算公式为：

$$I = \frac{\sum_{i=1}^{n} \sum_{j=1}^{n} w_{ij} (x_i - \bar{x})(x_j - \bar{x})}{s^2 \sum_{i=1}^{n} \sum_{j=1}^{n} w_{ij}} \quad (1-3)$$

局部 Moran 指数的计算公式为：

$$I_i = \frac{\sum_{j=1}^{n} w_{ij} (x_i - \bar{x})(x_j - \bar{x})}{s^2} \quad (1-4)$$

其中，I 为全局 Moran 指数；I_i 为局部 Moran 指数；x_i 为区域 i 的观测值，在本书中表示的是某省税负，考虑到增值税、营业税以及企业所得税是与企业资本密切相关的税种[①]，因此本部分同时测算了这三种税负的空间 Moran

---

① 洪源，陈丽，曹越：《地方竞争是否阻碍了地方政府债务绩效的提升？——理论框架及空间计量研究》，《金融研究》2020 年第 4 期。

值，以观察其空间相关性；s^2 为区域间观测值（税负）的方差；w_{ij} 为空间权重矩阵，通常为二元对称空间矩阵。

空间权重矩阵表征了空间单位之间的相互依赖性与关联程度。在度量空间相关关系时，构造合适的空间权重矩阵不仅是将空间外部性引入模型的关键，也决定了实证研究中因果效应识别的可能性和科学性。已有研究通常采用相邻规则与距离规则来定义空间加权矩阵，如果仅从空间关系或地理距离的角度来分析，则其空间格局并不存在一定的规律性。但是考虑到我国官员晋升的体制等因素，地方政府间竞争关系也与经济因素有关，如经济发展水平的相近性。城市间经济、社会联系的紧密程度可能并不严格依赖于其地理距离。因此为了研究需要，本书从地理位置特征与社会经济特征两个不同角度分别建立空间加权矩阵，以便更准确地把握地区间税负的区域相关关系。

"地理相邻"权重矩阵。在空间经济学中，距离是衡量区域间运输成本和经济关系的最直观的指标，地区间距离越近，市场互动越强。矩阵元素是两地是否相邻，在处理时设定海南在空间上与广东、广西相邻。因此构建的地理邻接权重矩阵为：

$$W_{1ij} = \begin{cases} 1, & i 与 j 地理相邻 \\ 0, & i 与 j 地理不相邻或 i=j \end{cases} \quad (1-5)$$

"经济相邻"权重矩阵。设定"经济相邻"权重矩阵的考虑是，地方政府在征税方面的策略互动不是绝对竞争，而是"左顾右盼""相机抉择"的相对竞争，参照与本地区处于"标尺竞争"中相同位置的其他地区的行为决策。经济距离通过地区 i 和地区 j 人均收入水平差距的倒数进行衡量，即：

$$W_{2ij} = \begin{cases} 1/\left|PGDP_i - PGDP_j\right|, & i \neq j \\ 0, & i = j \end{cases} \quad (1-6)$$

（二）全局 Moran 指数测算结果与分析

根据中国各省份之间的邻接关系，采用二进制邻接权重矩阵，依照公式（1-3）计算全局 Moran 指数，对样本数据进行全局空间分析，测算得到地理相邻矩阵和经济相邻矩阵下的全局 Moran 指数结果如表 1-5 所示。

表 1-5　1998～2019 年中国地区间税负的全局 Moran 值

年份	地理邻近权重				经济相邻权重			
	总税负	增值税税负	营业税税负	企业所得税税负	总税负	增值税税负	营业税税负	企业所得税税负
1998	0.030 (0.542)	0.133 (1.401)	0.059 (0.812)	0.213** (2.234)	0.239*** (3.325)	0.262*** (3.604)	0.219*** (3.172)	0.459*** (6.472)
1999	0.022 (0.488)	0.112 (1.234)	0.032 (0.590)	0.212** (2.158)	0.241*** (3.442)	0.285*** (3.905)	0.202*** (3.034)	0.449*** (6.133)
2000	−0.082 (−0.412)	−0.087 (−0.443)	−0.043 (−0.068)	0.088 (1.023)	0.089 (1.537)	0.106* (1.722)	0.102* (1.678)	0.349*** (4.637)
2001	0.081 (1.030)	0.149 (1.584)	0.061 (0.839)	0.236** (2.246)	0.299*** (4.320)	0.320*** (4.438)	0.235*** (3.430)	0.394*** (5.148)
2002	0.039 (0.677)	0.139 (1.494)	0.054 (0.768)	0.170* (1.903)	0.335*** (4.944)	0.345*** (4.755)	0.265*** (3.768)	0.475*** (6.872)
2003	0.042 (0.693)	0.136 (1.451)	0.063 (0.845)	0.169* (1.886)	0.367*** (5.308)	0.306*** (4.198)	0.295*** (4.135)	0.485*** (6.994)
2004	0.009 (0.403)	0.107 (1.175)	0.058 (0.811)	0.205** (2.230)	0.363*** (5.357)	0.240*** (3.307)	0.311*** (4.387)	0.488*** (7.050)
2005	0.063 (0.882)	0.033 (0.557)	0.175* (1.901)	0.224** (2.395)	0.346*** (5.009)	0.184*** (2.615)	0.268*** (3.986)	0.482*** (6.950)
2006	0.018 (0.450)	0.035 (0.578)	0.172* (1.803)	0.209** (2.231)	0.258*** (3.652)	0.261*** (3.594)	0.240*** (3.476)	0.478*** (6.808)
2007	0.068 (0.902)	0.062 (0.805)	0.173* (1.779)	0.187** (2.061)	0.319*** (4.499)	0.269*** (3.676)	0.198*** (2.885)	0.477*** (6.893)
2008	0.042 (0.676)	0.004 (0.324)	0.132 (1.377)	0.149* (1.823)	0.318*** (4.496)	0.243*** (3.391)	0.079 (1.365)	0.476*** (7.352)
2009	0.064 (0.855)	0.020 (0.472)	0.154 (1.539)	0.144* (1.708)	0.313*** (4.386)	0.321*** (4.506)	0.020 (0.645)	0.445*** (6.659)
2010	0.073 (0.904)	0.024 (0.513)	0.067 (0.848)	0.159* (1.838)	0.213*** (3.018)	0.307*** (4.345)	−0.108 (−0.892)	0.448*** (6.664)
2011	0.057 (0.766)	0.016 (0.445)	0.041 (0.609)	0.160* (1.859)	0.186*** (2.669)	0.313*** (4.476)	−0.085 (−0.591)	0.438*** (6.555)
2012	0.057 (0.766)	0.016 (0.445)	0.041 (0.609)	0.160* (1.859)	0.186*** (2.669)	0.313*** (4.476)	−0.085 (−0.591)	0.438*** (6.555)
2013	0.027 (0.509)	0.051 (0.880)	0.169* (1.649)	0.106 (1.345)	0.164** (2.390)	0.427*** (6.872)	−0.023 (0.135)	0.418*** (6.288)

续表

年份	地理邻近权重				经济相邻权重			
	总税负	增值税税负	营业税税负	企业所得税税负	总税负	增值税税负	营业税税负	企业所得税税负
2014	0.101 (1.190)	0.143* (1.716)	0.169* (1.678)	0.143* (1.692)	0.278*** (3.999)	0.349*** (5.381)	0.118* (1.826)	0.416*** (6.240)
2015	0.14 (1.548)	0.171** (1.975)	0.185** (1.812)	0.152* (1.807)	0.300*** (4.310)	0.366*** (5.579)	0.146** (2.169)	0.447*** (6.772)
2016	0.128 (1.499)	0.045 (0.685)	0.277*** (2.606)	0.149* (1.744)	0.335*** (4.932)	0.219*** (3.157)	0.142** (2.141)	0.409*** (6.103)
2017	0.098 (1.223)	0.035 (0.611)	/	0.161* (1.833)	0.325*** (4.799)	0.172*** (2.622)	/	0.403*** (5.947)
2018	0.236** (2.349)	0.218** (2.192)	/	0.284*** (2.887)	0.298*** (4.186)	0.269*** (3.831)	/	0.404*** (5.767)
2019	0.252** (2.459)	0.318*** (3.055)	/	0.296*** (2.956)	0.269*** (3.771)	0.161** (2.455)	/	0.399*** (5.621)

注："*、**、***"分别表示 P 值通过了 10%、5%、1% 的显著性检验，括号内为统计量 Z 值；随着"营改增"政策的实施，2017～2019 年多数地区未公布营业税税收收入，因此此处未计算这一时间段对应的 Moran 值。

测算结果表明，在地理邻近权重下总税负 Moran 指数值总体上表现为持续上升态势，然而只有 2018 年和 2019 年通过了 5% 的显著性检验，总体税负的空间相关性在近两年逐渐显现出来。相较而言，经济相邻权重下总税负的 Moran 指数除 2000 年未通过显著性检验，2013 年通过了 5% 的显著性检验外，其他年份均通过了 1% 的显著性检验，经济越相近的地区，税负空间自相关越高，且均为正值，表明经济相近的地区间表现出明显的策略竞争特征。经济相邻的地区间税负空间集聚性更显著且相关性更强，这反映出中国地区间展开的税收竞争也是由政府官员在政绩驱动下的晋升竞争，在 GDP 作为主要考核指标的情况下，官员为了晋升位次，更加关注经济相当地区的征税策略变化。

进一步分析增值税、营业税、企业所得税三种资本税税负的空间相关性，发现经济相邻权重下的相关性比地理邻近地区的相关性更强。在地理邻近权重下，增值税和营业税税负的空间相关性 Moran 指数仅有个别年份通过了显著性检验，增值税税负的全局 Moran 指数分别在 2014 年、2015 年、2018 年、2019 年通过了显著性检验，营业税税负的全局 Moran 指数分别在 2005～2007 年、2013～2014 年通过了 10% 的显著性检验，2015 年通过了 5% 的显著性检验，2016 年通过了 1% 的显著性检验。而企业所得税税负的空间 Moran 指数除了 2000 年和 2013 年外，均通过了显著性检验，尤其是 2018 年和 2019 年显著性水平最高，Moran 值分别为 0.284 和 0.296，并且首次通过了 1% 的显著性检验，表现出非常显著的空间依赖性。这一相关程度高于同时期的总税负，总税负的 Moran 值在 2018 年和 2019 年分别为 0.236 和 0.252，仅通过 5% 的显著性检验。而在经济相邻权重下，增值税和企业所得税自 1998 年以来的 Moran 指数均通过了显著性检验，尤其是企业所得税税负均通过了 1% 的显著性检验，且增值税和企业所得税税负的空间自相关系数持续高于总税负，而企业所得税税负空间 Moran 指数又持续高于增值税，表现出非常强的空间自相关特征。营业税税负未表现出持续显著的空间自相关性，受到了 2012 年开始实施的"营改增"政策的影响，部分地区不再征收营业税，因此在这一税种上的税收竞争逐渐弱化。不过经过地方政策调整后，可以看出从 2014 年开始营业税的空间自相关再次显著。

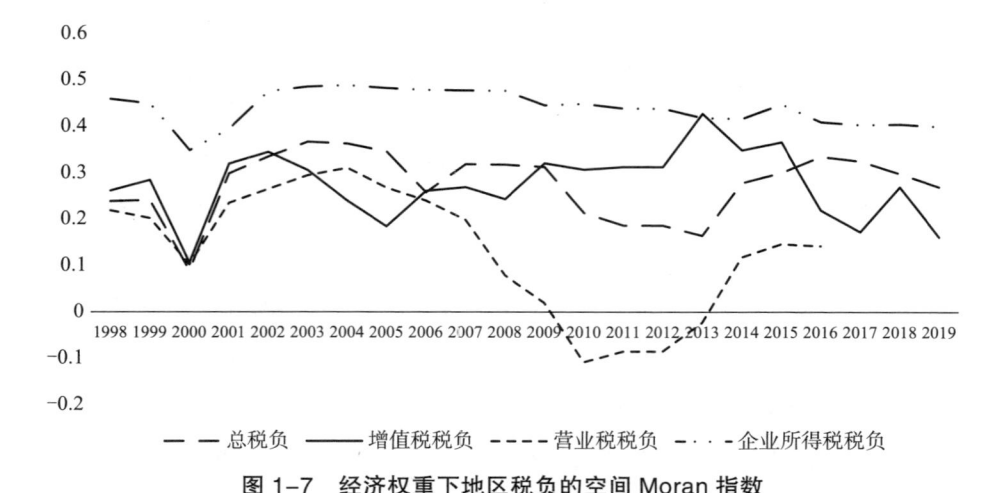

图 1-7　经济权重下地区税负的空间 Moran 指数

从不同税种的税负空间自相关特征来看,无论是在地理相邻权重还是经济相邻权重下,企业所得税税负均表现出了异常显著的空间相关特征。在地理相邻权重下,企业所得税税负几乎在所有年份的 Moran 值都显著,而在经济相邻权重下,虽然总税负、增值税税负的空间 Moran 值也均显著,但是指数持续低于企业所得税税负(见图 1-7)。总体上,企业所得税税负的空间相关性持续处于比较平稳的高水平。需要注意的是,自 2008 年后空间相关水平逐渐下降,这与 2008 年内、外资企业所得税合并的税制改革有关,地方政府通过税收优惠吸引外资的竞争较为激烈,当内、外资企业所得税统一以后,地方政府之间竞争空间收紧,竞争程度略有下降,然而地方政府之间的竞争仍然存在,在受到波动后经过调整,空间集聚强度又出现显著增长态势,这从 2013 年之后空间相关系数的增长趋势可以反映出来。因此相对于其他税种来看,企业所得税税负存在比较显著的空间依赖性。这与已有学者的相关结论比较一致,关爱萍认为企业所得税竞争是产业转移中更为重要的竞争手段。[①] 唐飞鹏、叶柳儿研究认为,地方税收竞争的效率冲击更多体现在企业所得税竞争而非增值税竞争。[②]

企业所得税之所以成为地方政府间横向税收竞争的重要手段,一方面,地方政府对企业所得税投入过多关注,企业所得税收入在地方税收收入中的比重较高,从而对企业所得税税收优惠等方面具有较大的裁量空间。地方政府为发展本地经济吸引资本,通过施行优惠政策提供与竞争者地区相比相对较低的实际税负引导企业流入本地,创造更多就业机会,基于这些良好的效应,以及中央对吸引资本方面的优惠政策,使地方政府在这样的背景下有动机基于企业所得税税收优惠与其他地区展开竞争。另一方面,在改革开放以来中国晋升锦标赛机制下的地方政府,为发展本地区经济,将吸引税基作为

[①] 关爱萍:《经济集聚、税收竞争与地区间产业转移》,《宏观经济研究》2018 年第 4 期。
[②] 唐飞鹏,叶柳儿:《税收竞争、资本用脚投票与产业转型升级》,《财贸经济》2020 年第 11 期。

重要目标，税基的流动性使地方政府有动机为争夺资本展开策略互动竞争行为。由于相比于消费或劳动所得，资本的流动性更强，使企业所得税的税基更具有流动性，从而使地方政府之间将企业所得税作为竞争中税收优惠的主要税种。在 2018 年国地税机构合并之前，企业所得税长期作为地税局的主要税种，其征收经常由于不健全的会计制度和严重的信息不对称，而完全依赖于地方政府的税收执法，税收征管部门通过择时收税实现税收的平滑。① 因此，我们后面将重点对企业所得税税负的空间依赖特征及围绕这一税种的竞争行为进行分析。

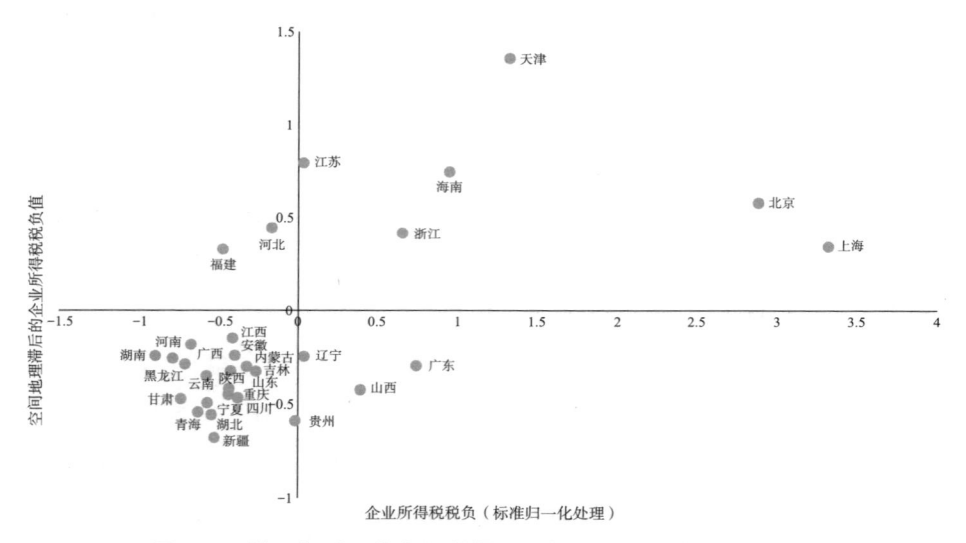

图 1-8　地理权重下的企业所得税税负 Moran 散点图（2019）

---

① 田彬彬，范子英：《税收分成、税收努力与企业逃税——来自所得税分享改革的证据》，《管理世界》2016 年第 12 期。

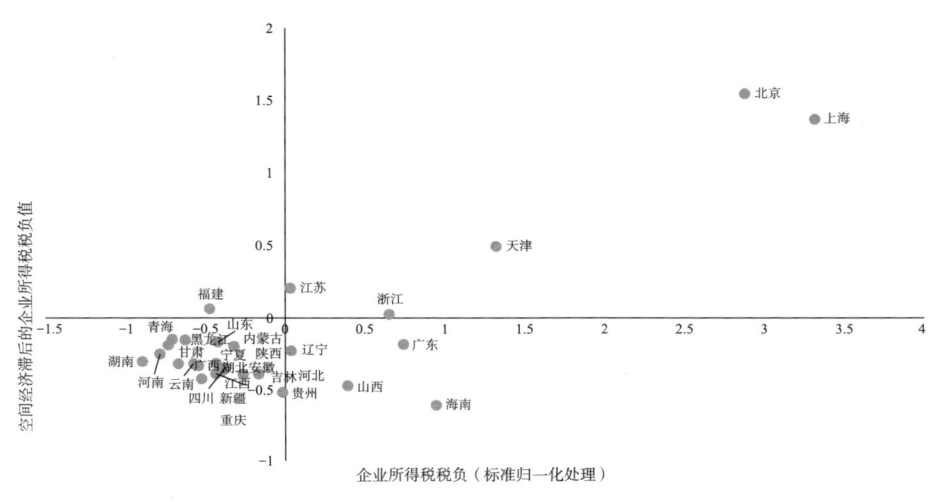

图 1-9　经济权重下的企业所得税税负 Moran 散点图（2019）

根据全局 Moran 指数绘制 Moran 散点图，分析各地区税负的空间集聚特征。首先对企业所得税税负标准归一化处理后①，加权空间权重测算得到企业所得税税负的空间地理滞后项和空间经济滞后项，由此绘制出 2019 年企业所得税税负 Moran 散点图，如图 1-8、图 1-9 所示②，横轴表示标准化的企业所得税税负变量，纵轴则表示其空间滞后项。因此 Moran 散点图有四个象限，第一象限（HH），表示本地区税负是高值，周围的其他地区也是高值；第二象限（LH），表示本地区税负是低值，但它周边的地区都是高值；第三象限（LL），表示本地区税负是低值，周边地区都是低值；第四象限（HL），表示本地区税负是高值，但被低值所包围。一、三象限表示正的空间自相关性，说明相似值集聚；二、四象限表示负的空间自相关性，说明空间异常。

从地区间企业所得税税负的空间集聚特征来看，空间地理权重下处于一、三象限的地区为 25 个，占比达到 83.33%，反映出地理相邻的地区间税负呈

---

① 此处使用标准归一化处理方法，即将原始数据归一化为均值为 0、方差为 1 的数据集，归一化公式如下：$x^* = \frac{x-\mu}{\delta}$，其中 μ 为所有样本数据的均值，δ 为所有样本数据的标准差。
② 本书测算了 1998～2019 年的全局 Moran 指数结果，并就其空间集聚分布特征进行分析，发现从总体来看，企业所得税税负的空间集聚分布随时间的变化不大，因此限于篇幅，本部分仅展示 2019 年地区企业所得税税负的空间集聚特征。

现出比较显著的正向空间相关性，即多处于税负的高－高集聚或低－低集聚中。其中处于第三象限低－低集聚的省级单位有安徽、甘肃、广西、贵州等19个，说明中国多数省级单位存在税负低－低集聚的空间依赖特征，这些地区中除了山东外，均为欠发达地区。相比较而言，位于第一象限的6个地区北京、上海、江苏、浙江、天津、海南，除海南外均为发达地区，这些地区与周边地区形成高税负的空间集聚。在空间经济权重下，处于一、三象限的地区为25个，占比超过80%，说明经济相当的地区间税负也表现出显著正向的空间相关性。这其中上海、北京、天津、江苏、浙江5个地区位于第一象限，均为发达地区，表现出经济相近地区间的税负高－高集聚，20个地区位于第三象限，除山东外均为欠发达地区，表现出税负在经济相近地区间的低－低集聚特征。

在经济发展水平较低的地区之间形成税负低－低集聚的洼地现象，原因在于这些地区同处于内陆地区，地理位置邻近或经济水平相近，在吸引资本方面不具有显著的比较优势，只有通过降低相对税负以吸引资本，这种竞争的结果将导致地区间企业所得税税负竞相降低，税负水平越来越低甚至出现零税负的情况，造成地区税收损失以及企业的投机行为泛滥，不利于地区经济的可持续发展。而高－高集聚的地区均属于东部沿海地区，经济发展水平位于全国前列。相对来说，这些地区具有较强的区位优势和市场规模优势，因此可能在竞争中对其他地区税负变化的反应敏感度降低。经济发达的地区间不再以降低相对税负作为吸引资本的唯一筹码，相反其在竞争中维持较高的企业所得税税负。高税负对于企业来说是高成本，然而长期保持高税负的地区显然也是企业的集聚地。为何会出现这种违背税收竞争常态的现象，可能的解释是集聚经济对逐底的税收竞争起到了缓解作用，新经济地理学理论将集聚经济引入税收竞争模型，认为地区形成集聚经济后，地方政府可以对企业从集聚经济中获得的集聚租征税而不担心资本外流，集聚经济降低了企业对税负的敏感度，因此使地区在税收竞争中保持了高税负[1]，并且有经验

---

[1] Baldwin, R. E., Krugman, P., 2004: "Agglomeration, Integration and Tax Harmonization", *European Economic Review*, 1.

证据表明，公司选址时对企业税率的敏感度由于受到集聚经济存在的影响而有所降低。[1] 企业在经济发达地区的受益远远高于高税负引起的高成本，而这个受益可能主要来自集聚经济，这个因素提高了地区吸引资本的竞争力水平，从而使拥有这些竞争力的地方政府可以在税收竞争中提高税负，缓解了以竞相降低税负为手段的逐底竞争。但是以上仅是直观推测，是否中国地区间产业集聚已经发展到可以使地方政府对集聚租征税而不担心资本外流，还需要进一步严谨的实证检验，这也是本书第四章所做的主要工作。

（三）局部 Moran 指数测算与分析

Moran 散点图只是初步判别了样本点所属的象限，不能从整体上判断各个区域的局部相关类型及其聚集区域是否在统计意义上显著，因此，我们需要测算局部 Moran 指数来进一步探索统计意义上显著的地区空间相关性。局部空间自相关分析的主要目的是探索某一区域对周边区域的辐射效应，本部分进行局部自相关分析是为了研究某一地区的企业所得税税收优惠政策对周边地区的辐射效应，目的是寻找在税收竞争中承担正向或负向增长极角色的地区。

根据局部 Moran 指数的含义，当测算出的指数大于零时，表示被考察的地区与其周边地区的所得税税负情况类似，属于高－高集聚或低－低集聚；而当指数小于零时，表示被考察地区与周边地区的税负不同，表现出高－低集聚或低－高集聚。本书重点考察的是指数大于零的情况，即分析被考察地区对周边地区的空间辐射效应。具体来说，就是当某个地区的局部 Moran 指数大于零时，则呈现出高－高集聚，表明其较高的企业所得税税负对周边地区的正向带动作用较大，称为极化效应；而当该地区属于低－低集聚时，说明其较低的企业所得税税负对周边地区具有负向的带动作用，具有较强的辐射效应。测算中国地区间企业所得税税负的局部空间自相关指数，得到通过

---

[1] Brülhart, M., et al, 2012: "Do Agglomeration Economies Reduce the Sensitivity of Firm Location to Tax Differentials?", *The Economic Journal*, 563; Jofre-Monseny J., 2013: "Is Agglomeration Taxable?", *Journal of Economic Geography*, 1.

显著性检验的地区及其局部空间指数如表 1-6 所示。①

表 1-6 通过显著性检验的地区局部 Moran 指数

空间权重	地区	年份				
		2015	2016	2017	2018	2019
经济权重	北京	5.444*** (14.345)	5.104*** (13.230)	5.075*** (13.039)	4.778*** (11.968)	4.605*** (11.416)
	上海	5.613*** (14.393)	5.220*** (13.166)	5.211*** (13.028)	4.880*** (11.889)	4.702*** (11.337)
	天津	0.199* (1.590)	0.172* (1.426)	0.197* (1.609)	0.616*** (4.614)	0.671*** (5.045)
	陕西		0.182* (1.293)			
	广西				0.240* (1.635)	0.222* (1.528)
地理权重	内蒙古	0.320* (1.307)	0.342* (1.369)			
	北京				1.643*** (2.735)	1.720*** (2.827)
	天津				1.770*** (2.943)	1.854*** (3.042)
	上海					1.174** (1.947)

注:"*、**、***"分别表示 P 值通过了 10%、5% 和 1% 的显著性检验,括号内为统计量 Z 值。

1. 空间经济权重下,发达地区的北京、上海、天津 2015～2019 年均表现出显著的空间正向相关,再加上这三个地区的税负空间高 - 高集聚特征,其表现出正向增长极作用,带动周边地区税负"竞高"发展。同时从系数来看,天津的辐射作用在 2018 年和 2019 年快速提高,北京和上海的辐

---

① 本部分测算了 1998～2019 年局部相关指数,但是由于篇幅限制,表 1-6 仅列出 2015～2019 年的结果。

射作用逐渐下降，不过从程度对比来看，北京和上海的辐射作用仍然远远高于天津，2019 年北京、上海、天津的空间自相关系数分别为 4.605、4.702、0.671。近五年，欠发达地区的陕西和广西，也开始逐渐表现出显著的空间辐射作用，不过这种作用不稳定，陕西只有在 2016 年显著，广西 2018 年和 2019 年较为显著，只是显著性不高，均通过 10% 的显著性检验。

2. 空间地理权重下，北京和天津从 2018 年开始辐射作用显著，这种作用在 2019 年有所增强，同时上海在 2019 年辐射作用显著。与经济权重下的结果不同的是，在地理权重下，天津的辐射作用与北京和上海不相上下，这反映出，北京、上海、天津对周边地区的税负辐射作用相近，但是对经济相当地区的辐射作用上，北京和上海的强度高出天津很多。内蒙古在 2015 年和 2016 年的辐射作用比较显著，但是这种辐射作用没有持续下去，不够稳定。

3. 无论是对地理邻近地区还是对经济相当地区，北京、上海、天津均承担起了税收政策的领导者作用。从 Moran 散点图来看，北京、上海、天津均表现出税负高-高集聚特征，而进一步的局部 Moran 指数测算发现，这三个地区的高-高集聚特征在统计意义上显著，可见这三个地区形成了对周围或经济相近地区的正向增长极，带动地理相邻或经济相近地区的税负"竞高"效应。中西部的广西、陕西和内蒙古对周边地区或经济相当地区形成负向增长极，原因是在 Moran 散点图中这三个地区处于税负的低-低集聚中，这三个地区的局部 Moran 指数又具有统计意义上的显著性，因此其对周边或经济相当地区的税负形成了显著的负向带动作用，形成恶性竞争。其中广西和陕西的负向增长极作用在经济权重下显著，说明在政治晋升锦标赛下，欠发达地区的官员进行税收策略选择时会考虑经济相当地区的税收策略，形成较强的竞争态势。

总体上，发达地区的税负带动作用强于欠发达地区，并且北京、上海、天津在承担正向增长极方面的作用持续稳定，这可能是因为这三个地区形成了较好的经济集聚，我们推测是集聚租的存在使地区提高税负而不担心资本外流，从而对周边形成了税负的"竞高"辐射效应。当然，Moran 指数只是衡量空间相关性的重要指标之一，并不能够完全代表空间相关性，还需要有其他的数据进行验证和综合考量。

三、地区间税收竞争强度的测算与分析

国内学者通常利用相对实际税负的概念来直观反映出地区间的税收竞争强度，最早提出这一思路的是傅勇、张晏，其首先逐年计算各省份的实际税率均值，然后用这一均值除以该年各省的税率，得到相对税负强度指数，这一指数越低，表示税收竞争强度越强。① 后续学者多是采用这一思路测算中国地区的税收竞争强度指数。② 根据前文说明，本部分测算实际税率使用税收收入/GDP 的方法得到。因此税收竞争指数测算公式为：

$$\text{Taxcomp}_{it} = \frac{TAX_t / GDP_t}{TAX_{it} / GDP_{it}} \tag{1-7}$$

其中 Taxcomp_{it} 表示的是第 i 个地区 t 年的税收竞争强度，TAX_t 表示 t 年整个样本地区的总体税收收入，GDP_t 表示 t 年整个样本地区的总体 GDP，TAX_{it} 表示 i 地区 t 年的税收收入，GDP_{it} 表示 i 地区 t 年的 GDP。因此，Taxcomp_{it} 值越大，表示 i 地区的实际税率在整个样本地区处于较低的水平，反映出的税收竞争强度也越高。由公式（1-7）测算得到 2008～2019 年我国除西藏、港澳台外的 30 个省级单位的税收竞争强度指数结果如附录 1-3 所示。

以 2019 年的测算结果来看（见图 1-10），税收竞争强度排名前五的地区中，湖南的税收竞争强度最高，指数得分 1.506。其次是福建（1.499）、河南（1.491）、广西（1.446）、湖北（1.414）等地区，这些税收竞争强度最高

---

① 傅勇，张晏：《中国式分权与财政支出结构偏向：为增长而竞争的代价》，《管理世界》2007 年第 3 期。

② 相关文献可参考：肖叶，刘小兵：《税收竞争促进了产业结构转型升级吗？——基于总量与结构双重视角》，《财政研究》2018 年第 5 期；魏志华，卢沛：《税收竞争、征税努力与企业税负粘性》，《经济学动态》2021 年第 6 期；洪源，陈丽，曹越：《地方竞争是否阻碍了地方政府债务绩效的提升？——理论框架及空间计量研究》，《金融研究》2020 年第 4 期；蒲龙，杨高举：《地方政府间税收竞争会诱发过度投资吗》，《经济理论与经济管理》2020 年第 4 期。

的地区均为欠发达地区，而如前所划分的北京、上海等8个发达地区中除山东排名第14位、江苏排名第19位之外，其他地区均处于税收竞争水平最低的十名内。尤其是上海和北京的税收竞争指数得分分别为0.479和0.573。海南（0.635）、天津（0.674）、山西（0.746）、浙江（0.826）、广东（0.836）、内蒙古（0.873）的税收竞争指数也都小于1，这就意味着这六个地区的实际税负均高于全国平均水平。

图1-10 2019年中国各地区税收竞争强度分布情况

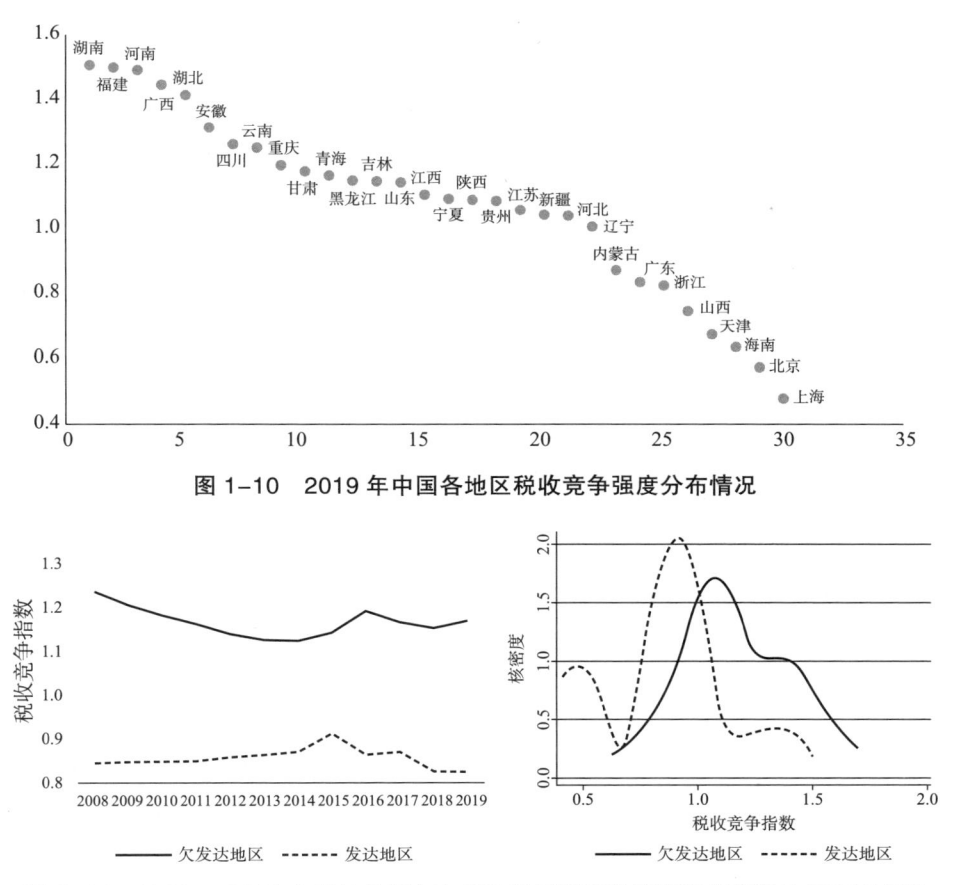

图1-11 2008～2019年发达地区与欠发达地区的税收竞争强度指数与核密度分布

中国地区间的税收竞争是基于不同的经济发展特征进行的差异化策略博弈，处于不同发展阶段的地区往往因为其经济集聚形态、资本流动水平和地区基建水平等经济特点采取差异化的税收竞争策略。① 图 1-11 中显示 2008～2019 年期间，发达地区的税收竞争指数平均值总体上低于欠发达地区，发达地区在 1.0 以下波动，而欠发达地区在 1.1 以上波动，从总体上看，发达地区的税收竞争强度相对较低，甚至从 2015 年开始出现下降趋势，在 2019 年达到最低值 0.825，可能受到国务院《关于清理规范税收等优惠政策的通知》（国发〔2014〕62 号）和国务院《关于税收等优惠政策相关事项的通知》（国发〔2015〕25 号）的影响。通过对比发现，欠发达地区自 2008 到 2014 年的税收竞争强度是持续下降的，2014 年后才开始波动上升。前期税收竞争强度下降可能是受到了相关调控政策的积极影响，近些年的税收竞争强度波动上升则可能是来自全球经济下滑背景下的地区经济增长刚性需求和财政收支失衡压力。② 进一步比较发达地区与欠发达地区税收竞争指数的核密度分布情况，可以看出发达地区相对比较集中且陡峭，而欠发达地区相对平缓且在最高值上低于发达地区，这与前述税收努力的结果比较相近，发达地区的税收竞争主要分布在欠发达地区的左侧，整体竞争程度较低，而欠发达地区的税收竞争程度较高且内部差异相对较大。

从我国各地区税收竞争的动态变化来看（见图 1-12），2019 年税收竞争强度最高的湖南长期维持在 1.5～1.7，广西、湖北、四川的税收竞争指数在近十年也未发生显著变化，持续处于较高水平的税收竞争强度上。税收竞争强度最低的上海和北京，其竞争程度长期处于 0.4～0.6，海南和天津虽然在 2008 年超过 0.8，但是之后一直快速下降，分别从 2008 年的 0.870 和 0.858 下降到 2019 年的 0.635 和 0.674。选择税收竞争强度变化幅度较大的地区进行比较，发现在多数地区税收竞争强度变化不大的情况下，云南和福建地区却一直快速上升，尤其是云南，从 2009 年的 0.806 上升到 2019 年的 1.250，上升幅度超过 55%，云南税收竞争强度的快速提升应该引起大家

---

① 禚铸瑶：《中国地方政府税收竞争的空间策略互动性和门槛效应》，《中山大学学报（社会科学版）》2021 年第 3 期。

② 储德银，邵娇，迟淑娴：《财政体制失衡抑制了地方政府税收努力吗？》，《经济研究》2019 年第 10 期。

的重视。福建的税收竞争强度也是一直在快速上升，从 2008 年的 1.072 上升到 2019 年的 1.499。而内蒙古和河北的税收竞争指数下降的幅度相对明显，河北从 2008 年的 1.492 下降到 2019 年的 1.042，尤其是从 2016 年开始，下降速度加快。内蒙古从 2008 年到 2014 年的税收竞争强度变化比较平稳，而自 2014 年开始快速下降，从 1.227 迅速下降到 2019 年的 0.873。贵州和江西的税收竞争强度经历了先下降后上升的 U 形趋势，这两个地区分别在 2014 年和 2015 年降到强度低点，后快速上升，竞争强度不断扩大。

本章从税收竞争的手段、结果（税负）进行了现实考量，并且利用统计分析方法发现了税负在空间上的集聚特征，也利用传统的税收竞争水平衡量方法测算了竞争强度指数，初步发现了一些税收竞争存在且不对称的证据。然而，一方面地区间策略互动的异质性行为机理仍然需要系统分析，另一方面税收竞争本身的多地区互动特征也决定了以单地区测算税收竞争指数难以生动地呈现出策略互动行为的动态特征，也无法识别出竞争中的领导者和跟随者角色。因此本章内容是为进一步分析策略互动机理做的初步探索，地方政府间税收竞争的行为分析将在第二章做重点探讨。

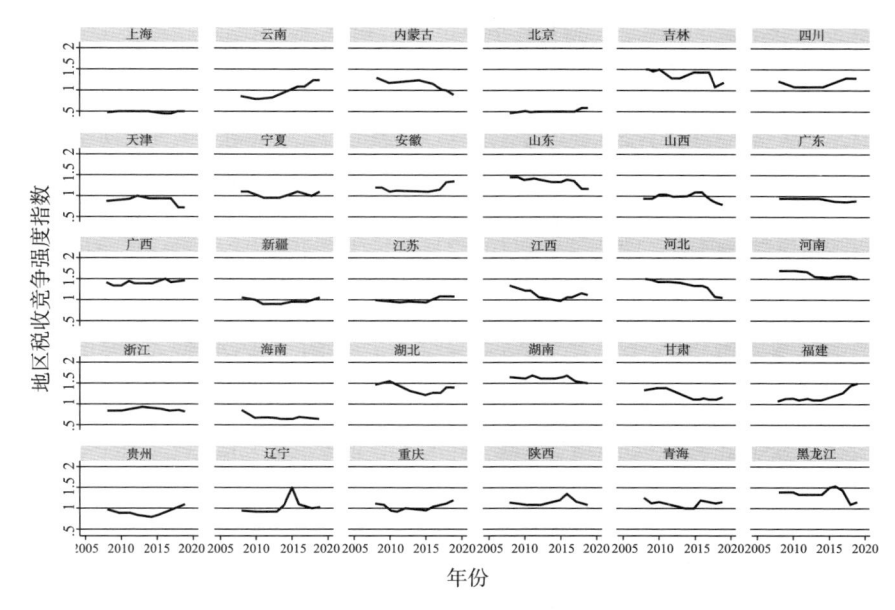

图 1-12　2008～2019 年各地区税收竞争强度指数分布

附录1-1 2008~2019年中国除西藏、港澳台之外30个省级单位的税收努力程度

地区	2008	2009	2010	2011	2012	2013	2014	2015	2016	2017	2018	2019	排序
山西	0.528	0.519	0.484	0.507	0.555	0.549	0.535	0.502	0.501	0.578	0.620	0.588	1
海南	0.494	0.534	0.618	0.552	0.572	0.590	0.607	0.598	0.534	0.559	0.596	0.553	2
天津	0.470	0.489	0.494	0.506	0.474	0.505	0.510	0.508	0.480	0.468	0.652	0.544	3
内蒙古	0.410	0.447	0.468	0.472	0.470	0.471	0.457	0.489	0.476	0.522	0.540	0.539	4
北京	0.638	0.620	0.612	0.657	0.619	0.631	0.642	0.663	0.614	0.610	0.558	0.530	5
上海	0.541	0.533	0.522	0.540	0.542	0.549	0.556	0.590	0.584	0.547	0.512	0.499	6
浙江	0.476	0.492	0.497	0.498	0.503	0.501	0.510	0.513	0.504	0.501	0.506	0.493	7
广东	0.441	0.454	0.465	0.469	0.480	0.487	0.501	0.523	0.505	0.500	0.497	0.480	8
辽宁	0.492	0.511	0.523	0.547	0.552	0.532	0.470	0.355	0.553	0.499	0.529	0.471	9
河北	0.343	0.357	0.374	0.376	0.395	0.398	0.414	0.422	0.404	0.432	0.513	0.454	10
陕西	0.439	0.458	0.477	0.484	0.496	0.477	0.466	0.448	0.398	0.460	0.481	0.449	11
江西	0.388	0.420	0.439	0.447	0.495	0.506	0.524	0.524	0.452	0.461	0.456	0.444	12
宁夏	0.459	0.477	0.516	0.545	0.539	0.546	0.528	0.518	0.467	0.499	0.536	0.437	13
青海	0.421	0.497	0.466	0.499	0.515	0.524	0.533	0.511	0.416	0.474	0.497	0.433	14
新疆	0.447	0.448	0.475	0.534	0.509	0.521	0.501	0.494	0.492	0.483	0.467	0.433	15

续表

地区	2008	2009	2010	2011	2012	2013	2014	2015	2016	2017	2018	2019	排序
吉林	0.388	0.398	0.391	0.440	0.442	0.439	0.424	0.413	0.403	0.403	0.552	0.426	16
黑龙江	0.426	0.425	0.425	0.445	0.437	0.437	0.443	0.398	0.383	0.411	0.526	0.425	17
甘肃	0.379	0.390	0.391	0.404	0.428	0.441	0.469	0.495	0.448	0.473	0.483	0.418	18
贵州	0.462	0.504	0.527	0.528	0.555	0.550	0.571	0.529	0.480	0.466	0.461	0.411	19
江苏	0.409	0.437	0.444	0.457	0.473	0.477	0.480	0.489	0.435	0.407	0.439	0.410	20
重庆	0.447	0.484	0.544	0.552	0.496	0.510	0.514	0.526	0.458	0.459	0.462	0.407	21
山东	0.333	0.345	0.365	0.368	0.386	0.395	0.406	0.404	0.378	0.383	0.459	0.400	22
四川	0.396	0.433	0.457	0.461	0.468	0.478	0.478	0.462	0.424	0.409	0.423	0.396	23
云南	0.512	0.522	0.555	0.534	0.549	0.531	0.498	0.479	0.447	0.447	0.417	0.387	24
安徽	0.420	0.429	0.463	0.453	0.466	0.475	0.480	0.479	0.445	0.441	0.395	0.380	25
湖北	0.358	0.358	0.367	0.402	0.423	0.442	0.446	0.456	0.411	0.416	0.389	0.373	26
湖南	0.320	0.338	0.342	0.341	0.364	0.373	0.370	0.368	0.344	0.378	0.385	0.361	27
广西	0.359	0.391	0.387	0.371	0.397	0.401	0.407	0.394	0.365	0.379	0.375	0.353	28
河南	0.299	0.309	0.315	0.329	0.341	0.369	0.363	0.368	0.345	0.348	0.357	0.348	29
福建	0.423	0.418	0.429	0.453	0.448	0.479	0.463	0.441	0.412	0.401	0.371	0.345	30

数据来源：根据税柄法测算得到；排序是按照 2019 年的结果所得。

附录 1-2 2008～2019 年中国除西藏、港澳台之外 30 个省级单位的实际税负水平

地区	2008	2009	2010	2011	2012	2013	2014	2015	2016	2017	2018	2019	排序
上海	0.158	0.157	0.158	0.165	0.170	0.174	0.179	0.193	0.200	0.191	0.175	0.163	1
北京	0.160	0.157	0.160	0.176	0.175	0.177	0.181	0.185	0.173	0.167	0.151	0.136	2
海南	0.080	0.091	0.115	0.117	0.123	0.130	0.137	0.139	0.125	0.122	0.128	0.123	3
天津	0.081	0.082	0.084	0.089	0.086	0.091	0.095	0.095	0.091	0.087	0.122	0.116	4
山西	0.077	0.079	0.075	0.078	0.086	0.090	0.089	0.083	0.079	0.090	0.103	0.105	5
浙江	0.083	0.086	0.089	0.091	0.093	0.094	0.096	0.097	0.096	0.095	0.096	0.095	6
广东	0.078	0.079	0.083	0.085	0.089	0.092	0.096	0.101	0.100	0.099	0.097	0.093	7
内蒙古	0.055	0.059	0.064	0.069	0.071	0.072	0.070	0.074	0.074	0.080	0.087	0.089	8
辽宁	0.074	0.078	0.082	0.089	0.093	0.093	0.081	0.058	0.076	0.077	0.084	0.077	9
河北	0.047	0.049	0.053	0.055	0.059	0.061	0.063	0.065	0.062	0.065	0.079	0.075	10
新疆	0.069	0.070	0.077	0.090	0.093	0.098	0.096	0.092	0.090	0.087	0.082	0.075	11
江苏	0.074	0.077	0.080	0.084	0.088	0.091	0.092	0.094	0.084	0.076	0.078	0.074	12
贵州	0.073	0.080	0.086	0.091	0.099	0.104	0.111	0.107	0.095	0.087	0.082	0.072	13
陕西	0.062	0.065	0.070	0.075	0.078	0.078	0.076	0.072	0.062	0.068	0.074	0.072	14
宁夏	0.065	0.067	0.075	0.084	0.088	0.092	0.091	0.088	0.078	0.078	0.085	0.071	15

续表

地区	2008	2009	2010	2011	2012	2013	2014	2015	2016	2017	2018	2019	排序
江西	0.051	0.056	0.062	0.066	0.076	0.082	0.088	0.091	0.080	0.076	0.073	0.071	16
山东	0.050	0.051	0.055	0.057	0.061	0.064	0.067	0.067	0.062	0.061	0.073	0.068	17
吉林	0.047	0.050	0.051	0.059	0.064	0.066	0.064	0.062	0.059	0.057	0.079	0.068	18
黑龙江	0.051	0.052	0.054	0.059	0.061	0.063	0.065	0.058	0.054	0.057	0.076	0.068	19
青海	0.055	0.065	0.066	0.072	0.077	0.082	0.087	0.085	0.069	0.070	0.075	0.067	20
甘肃	0.051	0.052	0.053	0.057	0.062	0.066	0.072	0.078	0.073	0.073	0.075	0.066	21
重庆	0.062	0.067	0.078	0.088	0.085	0.087	0.090	0.092	0.081	0.076	0.074	0.065	22
云南	0.085	0.089	0.097	0.099	0.103	0.103	0.096	0.089	0.079	0.075	0.068	0.062	23
四川	0.058	0.063	0.069	0.073	0.077	0.080	0.081	0.078	0.071	0.066	0.066	0.062	24
安徽	0.060	0.063	0.070	0.072	0.076	0.079	0.081	0.082	0.076	0.073	0.064	0.060	25
湖北	0.047	0.048	0.049	0.054	0.060	0.065	0.068	0.071	0.065	0.063	0.059	0.055	26
广西	0.049	0.054	0.056	0.055	0.058	0.061	0.062	0.061	0.057	0.057	0.057	0.054	27
河南	0.041	0.042	0.044	0.047	0.050	0.055	0.056	0.057	0.053	0.052	0.053	0.052	28
福建	0.065	0.064	0.066	0.071	0.073	0.079	0.079	0.075	0.068	0.064	0.058	0.052	29
湖南	0.042	0.044	0.046	0.047	0.050	0.053	0.053	0.053	0.049	0.052	0.054	0.052	30

数据来源：根据公式"税收收入除以同期 GDP"测算得到，原始数据来自历年《中国统计年鉴》和各省级地区的财政局；排序是按照 2019 年的结果所得。

附录1-3 2008~2019年中国除西藏、港澳台之外30个省级单位的税收竞争指数得分及排名

地区	2008	2009	2010	2011	2012	2013	2014	2015	2016	2017	2018	2019	排序
湖南	1.658	1.646	1.643	1.694	1.637	1.610	1.624	1.640	1.687	1.562	1.540	1.506	1
福建	1.072	1.127	1.142	1.104	1.122	1.078	1.097	1.162	1.217	1.271	1.436	1.499	2
河南	1.694	1.699	1.700	1.681	1.653	1.550	1.547	1.527	1.555	1.550	1.561	1.491	3
广西	1.414	1.331	1.342	1.433	1.403	1.402	1.384	1.412	1.466	1.419	1.453	1.446	4
湖北	1.471	1.507	1.536	1.450	1.378	1.312	1.274	1.228	1.276	1.279	1.417	1.414	5
安徽	1.170	1.146	1.068	1.088	1.082	1.075	1.064	1.060	1.090	1.111	1.295	1.312	6
四川	1.201	1.143	1.090	1.078	1.072	1.066	1.066	1.107	1.173	1.233	1.264	1.260	7
云南	0.823	0.806	0.770	0.795	0.795	0.827	0.898	0.975	1.045	1.076	1.219	1.250	8
重庆	1.122	1.074	0.954	0.896	0.965	0.976	0.961	0.939	1.023	1.066	1.119	1.196	9
甘肃	1.357	1.379	1.400	1.393	1.333	1.287	1.205	1.111	1.135	1.105	1.103	1.178	10
青海	1.271	1.104	1.137	1.099	1.059	1.030	0.998	1.018	1.209	1.156	1.111	1.166	11
黑龙江	1.381	1.385	1.393	1.337	1.341	1.345	1.329	1.485	1.541	1.429	1.088	1.150	12
吉林	1.498	1.444	1.477	1.335	1.288	1.294	1.348	1.406	1.404	1.418	1.048	1.148	13
山东	1.407	1.412	1.364	1.374	1.345	1.328	1.294	1.299	1.339	1.332	1.130	1.145	14
江西	1.359	1.275	1.209	1.187	1.086	1.039	0.983	0.956	1.043	1.070	1.135	1.107	15

续表

地区	2008	2009	2010	2011	2012	2013	2014	2015	2016	2017	2018	2019	排序
宁夏	1.081	1.068	0.998	0.936	0.928	0.922	0.950	0.985	1.066	1.032	0.977	1.094	16
陕西	1.120	1.099	1.066	1.056	1.048	1.096	1.144	1.211	1.336	1.195	1.121	1.091	17
贵州	0.953	0.899	0.871	0.868	0.825	0.818	0.780	0.809	0.872	0.930	1.007	1.088	18
江苏	0.949	0.930	0.936	0.939	0.927	0.937	0.936	0.920	0.982	1.073	1.066	1.060	19
新疆	1.019	1.018	0.978	0.878	0.881	0.868	0.902	0.938	0.921	0.934	1.012	1.045	20
河北	1.492	1.471	1.421	1.433	1.397	1.401	1.362	1.336	1.332	1.253	1.056	1.042	21
辽宁	0.938	0.920	0.911	0.887	0.880	0.917	1.061	1.506	1.093	1.047	0.988	1.008	22
内蒙古	1.276	1.210	1.161	1.149	1.164	1.183	1.227	1.170	1.125	1.014	0.958	0.873	23
广东	0.896	0.904	0.906	0.922	0.923	0.920	0.900	0.856	0.828	0.820	0.853	0.836	24
浙江	0.836	0.830	0.842	0.863	0.881	0.905	0.900	0.892	0.863	0.849	0.862	0.826	25
山西	0.901	0.906	0.994	1.015	0.951	0.946	0.972	1.047	1.044	0.901	0.805	0.746	26
天津	0.858	0.877	0.889	0.887	0.957	0.936	0.914	0.909	0.913	0.933	0.683	0.674	27
海南	0.870	0.784	0.652	0.673	0.668	0.656	0.629	0.624	0.666	0.665	0.649	0.635	28
北京	0.437	0.455	0.469	0.449	0.469	0.479	0.477	0.468	0.478	0.485	0.551	0.573	29
上海	0.442	0.455	0.475	0.477	0.483	0.488	0.483	0.448	0.415	0.423	0.476	0.479	30

数据来源：根据税收竞争指数测算方法得到；排序按照 2019 年得分结果所得。

第二章 中国地区间不对称税收竞争的策略行为

根据不对称税收竞争理论，竞争地区间存在领导者和跟随者，领导者地区的征税政策变化形成信号并向跟随者地区传递，影响跟随者所在地区的税收决策。本章构建内生时机博弈模型推演竞争中具有先动优势的地区属性及策略互动行为分化特征，然后基于转移熵的概念分析中国地区间税收竞争中征税信号传递特征，识别信息流动方向，最后通过空间计量模型以中国省级政府为样本得到中国地方政府不对称税收竞争策略行为的经验证据。

第一节 地方政府税收竞争中的序贯博弈策略

本节首先对税收竞争理论在中国的适用性进行辨析，确定地区间税收策略互动模型构建的基本理论基础，然后将地区实际有效税率选择的决策假设为内生时机决策，分析在此假设下的子博弈完美均衡。不同的博弈行为形成不同的子博弈完美均衡结果，进一步引入帕累托最优和风险最优方法作为最优均衡判定标准，选择不同博弈行为下的均衡税率，从而区分在帕累托效率均衡下的领导者和风险最优均衡下的领导者，以确定异质性地区间在内生时机下的序贯博弈中，进行税收竞争所形成的均衡税率分化特征和效应水平。

一、中国地区间税收竞争理论适用性辨析

构建中国地区间不对称税收竞争博弈模型的前提是确定税收竞争理论是否适用于分析中国地区间税收策略的空间相关现象。本部分分别就税收竞争

与标尺竞争、横向竞争与纵向竞争的理论适用性进行辨析,用于指导进一步的博弈模型构建。

(一)税收竞争与标尺竞争的理论适用性辨析

前文研究发现,税负尤其是企业所得税税负具有非常显著的空间自相关特征,这种空间依赖关系可能是地区间税收竞争引起的。原因是:一方面地方政府间官员为提升地区经济发展,争夺流动税基,因此有动机在地区间展开对流动资本的策略互动竞争;另一方面,虽然总体上企业所得税税收政策受中央控制,但在确定法定的名义税率后,税务机关的税收征管行为在很大程度上决定了企业的实际有效税率。地方政府的地税部门对大部分企业所得税具有征管权,因此为地方政府间竞争提供了较多博弈空间,地方政府可以通过决策税收征管努力度以影响实际税率,从而以此为策略工具形成地区间企业所得税实际税率的差异,以影响资本回报率的高低,从而吸引资本流动,展开地区间资本税收竞争。虽然2018年国地税合并改革意味着税收征管权向中央集中,但是本地国税局官员参与地方政府的"政企合谋"也可能增加国税局税收收入的"竞低"效应。[1]

在税收领域的标尺竞争不适用于解释地区间的税负空间相关性,原因是:首先,就地方政府的竞争动机来看,税收这个标尺对于发展经济来说不适合作为一个指标,因此无法形成对地方政府的政绩激励。一方面,在以发展经济为首要目标的中国,以GDP作为经济发展指标进行地方官员业绩考核比以财政收入指标作为考核指标更加直接。[2]另一方面,财政税收收入的业绩指标可能使地方政府行为出现分化,导致其形成逆向软预算约束行为,

---

[1] 高凤勤,徐震寰:《"竞高"还是"竞低":基于我国省级政府税收竞争的实证检验》,《上海财经大学学报》2020年第1期。

[2] 谢贞发,范子英:《中国式分税制、中央税收征管权集中与税收竞争》,《经济研究》2015年第4期。

不利于地区的经济发展。[①] 其次，纵观历史发展，税收标尺的有效性受到中央政府质疑。1994年分税制改革之前的财政包干制度便可以说明问题。基于土地联产承包制的经验，中央政府将其应用到财政体制中，目的是通过放权让利的形式来激发地方政府的积极性。"财政包干制"虽然有效激发了地方政府的积极性，带动了经济发展，但是弱化了中央财政权。尽管中央政府通过多种财政包干制度并存、合同从五年降到年变等方式不断调整包干制度和分成比例，但还是无法改变这一困境。这一现象说明了财政包干制下以税收标尺解决委托代理产生的信息不对称问题，效果并不理想，也激发了分税制的诞生，说明中央政府希望通过税收标尺监督地方政府税收征管效率以保证自身税收收入增长是存在风险的。最后，从现实情况来看，如果以税收为标尺可以实现中央财政收入增长，那么应该发挥地税部门的征管资源，而不是加强国税部门的税收征管权进行直接控制。但是事实上，从1994年以来中央就不断进行税收征管权集中改革，最近的一次是2018年的国地税合并，这也说明了以税收收入为标尺的竞争不适用中国地方政府间税收策略互动关系。所以综合来看，辖区间税收竞争是更合适的理论基础，这也奠定了本书对地区间税收策略互动分析的基本理论逻辑。

（二）横向与纵向税收竞争的理论适用性辨析

西方联邦体制中存在不同层级政府间的纵向税收竞争问题，那么中国的税收竞争是否也存在纵向竞争，这需要进行深层次的理论分析。Dahlby、Wilson认为，如果地区之间形成自上而下的纵向税收竞争，那么必然产生纵向的税收外部性，纵向税收外部性是指不同层级的政府对相同的税基共同课税，每个层级政府的税基潜在地受到其他层级政府实施的税收政策的影响。[②]

[①] 周雪光：《"逆向软预算约束"：一个政府行为的组织分析》，《中国社会科学》2005年第2期。
[②] Dahlby, B., Wilson, L. S., 2003: "Vertical Fiscal Externalities in a Federation", *Journal of Public Economics*, 5.

这一研究也支持了 Keen[①] 和 Dahlby[②] 的研究结论。因此，纵向税收外部性的界定就意味着：首先，不同层级的政府对共同税基拥有征税权力而不是分享税收收入，仅仅分享税收收入不能称为严格意义上的共同课税。例如德国的增值税收入是不同层级政府共享，联邦政府设定税率和税基，州政府无权设定税收政策，这不是共同课税。而美国的不同层级政府对公司所得征税，且在税率设定上均具有自由裁量权，从而形成共同课税的情形。其次，税收必须是扭曲性的，税基会因为税收政策的变化而产生相应的变化。纵向税收竞争导致税基重叠，从而造成公共部门的公共地悲剧问题，联邦政府增加税率将导致州政府税收收入降低。如果这个外部性被忽略，那么两个层级政府就低估了从共同税基中增加税收收入的社会边际成本，导致均衡税率过高。因而与横向税收竞争的正外部性不同的是，纵向税收竞争的外部性为负。Keen、Kotsogiannis 认为，联邦体制中税收竞争同时存在横向和纵向外部性问题，而最终的均衡税率来自两者策略互动的结果。[③]

那么结合纵向税收竞争的内涵界定，中国是否存在纵向税收竞争呢？首先，中国是税权高度统一的国家，中央统一制定税收政策，地方政府没有对相同税基进行共同课税的权力，以征管权表示的有限的税收权力不能作为共同课税的税收权，而分税制改革以后中央与地方分享税收收入也不能被列为共同课税的情形。其次，纵向税收竞争所引起的税基重叠下的公共地悲剧问题在中国是不存在的，因为中国央地税收征管范围是有严格划分的，且中央对共享税具有绝对的税收征管权，由国税部门负责征收，2018 年的国地税机构合并改革，进一步将征管权收归中央，这些都阻碍了地方政府通过征管

[①] Keen, M. J., 1998: "Vertical Tax Externalities in the Theory of Fiscal Federalism", *International Monetary Fund Staff Papers*, 3.

[②] Dahlby, B., 1996: "Fiscal Externalities and the Design of Intergovernmental Grants", *International Tax and Public Finance*, 3.

[③] Keen, M. J., Kotsogiannis, C., 2003: "Leviathan and Capital Tax Competition in Federations", *Journal of Public Economic Theory*, 2.

效率来侵蚀中央政府财政利益空间。

以企业所得税为例，在 2002 年改革之前，企业所得税收入和税收征管范围都是按照行政隶属关系进行划分，上下级政府之间税基分开，因此地方政府对企业所得税实际税率的影响不会损害中央政府税基。而如果税基在地方和中央企业流动，那么地方政府提高实际税率会增加中央政府税基，不同于纵向竞争的负外部性情形。2002 年之后，企业所得税改革，征管权集中到中央，从而压缩了地方政府征管空间，地方政府在企业所得税上的征管权缩小。2018 年国地税合并，地方政府税收征管权被中央收回。另外，中国无法出现纵向负外部性的问题，原因在于中国的共享税制是对同一个税基制定统一的税率，并将税收收入在各级政府间分成，一级政府提高实际税率会导致所有层级政府收入增加，因此，西方联邦体制下的纵向税收竞争不适用于解释中国央地税收策略互动。

（三）中国地区间不对称税收竞争的理论适用性分析

标准税收竞争理论模型是假设地区同质化，从而形成地区之间同步行动的纳什均衡。不对称税收竞争理论模型放开了同质化地区的假设，认为地区之间因经济发展、区位禀赋等差异，使地方政府的税收决策可能先于或晚于其他地区的决策。Gordon 认为，如果地区先于其他地区选择税收决策，那么其在竞争中扮演的就是斯塔克尔伯格领导者角色，其资本收入税税率可能会持续大于 0，这与标准税收竞争模型中税率最终都为 0 的结论不同。[1]Wang 进一步将地区差异设为规模大小，认为规模较大的地区以斯塔克尔伯格领导者的身份行动。[2]Baldwin、Krugman 则将是否形成集聚经济设为地区间差异属性，认为集聚经济的作用使经济发展核心地区可以作为领导者先行行动选

---

[1] Gordon, R. H., 1992: "Can Capital Income Taxes Survive in Open Economics?", *Journal of Finance*, 3.

[2] Wang, Y. Q., 1999: "Commodity Taxes under Fiscal Competition: Stackelberg Equilibrium and Optimality", *American Economic Review*, 4.

择税率,这解释了为什么核心地区的税率可以长期高于边缘地区,该研究促成了新经济地理学与税收竞争模型的结合。[1] 这种地区间差异导致的不对称税收竞争也得到了经验证据。[2]

改革开放以来,中国经济发展水平在东西部之间、地区内部之间、城乡之间发展不均衡已为常态,不满足标准税收竞争模型中的地区同质化假设。正如第一章测算税收竞争强度指数所发现的,地区间税收竞争差异明显,发达地区与欠发达地区的竞争异质性更加显著。周黎安[3],李永友[4],杨龙见、尹恒[5]也肯定了中国地区间发展不均衡使地方政府受到异质性约束,从而导致不对称税收竞争下的实际税率分化。程风雨进一步研究中国的八个城市群税收竞争情况,发现中国不同的城市群也存在横向税收竞争不对称的问题,总体上,地方政府间税收竞争绝对差异呈现扩大化的趋势,其绝对差异的个体异质性较为显著。[6] 异质性地区间的税收竞争可能因为地区规模、经济水平不同而出现领导者和跟随者,从而形成斯塔克尔伯格博弈。因此构建不对称税收竞争模型,分析各地区在税收竞争行动中的异质性策略博弈行为,对于中国地区税收竞争问题的解决更具有实际意义。

二、地区间不对称税收竞争博弈模型构建

本部分构建三个基本的博弈模型:一个静态的博弈模型和两个动态的

---

[1] Baldwin, R. E., Krugman, P., 2004: "Agglomeration, Integration and Tax Harmonization", *European Economic Review*, 1.

[2] Altshuler, R., Goodspeed, T. J., 2015: "Follow the Leader? Evidence on European and U.S. Tax Competition", *Public Finance Review*, 4; Redoano, M., 2014: "Fiscal Interactions Among European Countries. Does the EU Matter?", *European Journal of Political Economy*, 4.

[3] 周黎安:《中国地方官员的晋升锦标赛模式研究》,《经济研究》2007年第7期。

[4] 李永友:《财政分权、财政政策与需求结构失衡》,北京:中国人民大学出版社,2012年,第107~109页。

[5] 杨龙见,尹恒:《中国县级政府税收竞争研究》,《统计研究》2014年第6期。

[6] 程风雨:《中国城市群地方税收竞争发展:分布动态、区域差异及空间收敛》,《税收经济研究》2021年第2期。

斯塔克尔伯格博弈模型。其中，静态的博弈模型为博弈双方同时行动的纳什博弈，两个动态的博弈模型分别是一方在税收决策方面先行动而另一方后行动（或者两者行动顺序调换）后形成的序贯博弈。假设在这些博弈模型中税率在地区之间是策略互补的，策略互补即为斜率向上的策略反应函数。[1] 税率在地区间为策略互补性质的特征在大量地区间税收竞争反应函数的实证研究中被证实[2]，并且这也符合中国的情况，在本书第一章对中国地区间企业所得税税负空间自相关的统计分析中可以发现，中国地区间的企业所得税税负主要倾向于显著的正向空间自相关，即显著的策略互补特征。博弈模型构建的基础是标准的横向税收竞争模型[3]，这个模型显示出集中聚焦策略互动的优势，而且严格满足了在标准税收竞争博弈下纳什均衡的存在性和唯一性条件。后续的领导者识别是基于Hamilton、Slutsky[4]提出的两时期行动承诺博弈：每个地区在两个时期中的任意一个时期必须行动；如果一个地区选择先行动，即在第一个时期确定它的税率，其他地区作为斯塔克尔伯格跟随者选择在第二个时期确定它的税率，那么前者为领导者，后者为跟随者；否则，如果税率选择是同时的，那么参与税收竞争的地区间服从标准税收竞争博弈。这种某个地区先行动，另一个地区跟随的博弈被称为领导力博弈。

---

[1] Wildasin, D. E., 1988: "Nash Equilibria in Models of Fiscal Competition", *Journal of Public Economics*, 2; Laussel, D., Le Breton, M., 1998: "Existence of Nash Equilibria in Fiscal Competition Models", *Regional Science and Urban Economics*, 3; Bulow, J. I., Geanakoplos, J. D., Klemperer, P. D., 1985: "Multimarket Oligopoly: Strategic Substitutes and Complements", *Journal of Political Economy*, 3.

[2] Devereux, M., Lockwood, B., Redoano, M., 2008: "Do Countries Compete over Corporate Tax Rates?", *Journal of Public Economics*, 5.

[3] Wildasin, D. E., 1988: "Nash Equilibria in Models of Fiscal Competition", *Journal of Public Economics*, 2; Laussel, D., Le Breton, M., 1998: "Existence of Nash Equilibria in Fiscal Competition Models", *Regional Science and Urban Economics*, 3.

[4] Hamilton, J. H., Slutsky, S. M., 1990: "Endogenous Timing in Duopoly Games: Stackelberg or Cournot Equilibria", *Games and Economic Behavior*, 1.

(一) 税收竞争基本模型

首先在税收策略互补的假设下建立税收竞争基本模型。[①] 依据税收竞争的行为特征，假设一个经济体中有两个地区，资本在地区之间是完全流动的，劳动要素则固定不变，两个地区能够通过税收决策影响实际有效资本税税率以吸引资本流入或阻止资本流出。事实上，中国各地区可以通过税收优惠、放松或收紧税收征管等方式影响实际税负。因此，定义两个辖区分别为 i 和 j，每个地区 m（m=i,j）都具有一个代表性的公司使用资本和劳动力以生产消费物品，物品的价格被标准化为 1，每个地区的居民供给 1 单位的刚性劳动力。假设两个地区生产同质化的私人物品，这些物品要么被消费，要么被用于地方政府对公共物品的投入要素。地区的生产函数是 $Y_m(K_m, L_m)$，其中 K_m 表示的是资本这个流动生产要素的数量，L_m 表示的是劳动或者土地这种固定生产要素的数量，假设两个地区的劳动要素禀赋相同，且标准化为 1，即 $L_i = L_j = 1$，那么地区 m 的私人物品生产函数可以改写成 $Y_m(K_m)$。假设生产函数 $Y_m(K_m)$ 具有以下特征：

$$Y_m'(K_m) > 0 > Y_m''(K_m),$$
$$Y_m''(0) > -\infty, \qquad (2-1)$$
$$Y_m'''(.) \geq 0.$$

这些假设保证了纳什均衡的存在性。[②] 每个地区都是通过对资本在税率 t_m 上征收的每单位税收和对劳动或者土地（固定生产要素）在税率 τ_m 上征收的 1 单位税收的方法获取财政收入，从而为地区的公共支出提供资金支持。对非流动要素所征收的非扭曲税收（τ_m）对于公共部门来说是刚性供

[①] Laussel, D., Le Breton M., 1998: "Existence of Nash Equilibria in Fiscal Competition Models", *Regional Science and Urban Economics*, 3; Wildasin, D. E., 1988: "Nash Equilibria in Models of Fiscal Competition", *Journal of Public Economics*, 2.

[②] Laussel, D., Le Breton M., 1998: "Existence of Nash Equilibria in Fiscal Competition Models", *Regional Science and Urban Economics*, 3.

给，为地区最优化供给公共物品（g_m）提供资金。地区 m 的标准工薪阶层获得的效用可以通过 $U_m(c_m, g_m) = c_m + g_m$ 被描述，其中 c_m 是私人物品消费及其对应获得的净回报，因此得到 $c_m = w_m - \tau_m$，其中 w_m 为所赚取的工资，即劳动的边际生产率；τ_m 代表对劳动所征收的所得税，即劳动要素所得成本。政府预算：$g_m = \tau_m + t_m K_m$。定义地区 m 的福利函数是固定要素收入和资本税收收入总和 W_m：

$$W_m(t_i, t_j) = Y_m(K_m) - K_m Y_m'(K_m) + t_m K_m \tag{2-2}$$

假设资本在辖区间完全流动，最初的总资本禀赋等于 $\bar{K}$。那么市场出清条件是：

$$\begin{aligned} Y_i'(K_i) - t_i &= Y_j'(K_j) - t_j \\ K_i + K_j &= \bar{K} \end{aligned} \tag{2-3}$$

这些条件依赖的前提假设是：资本可以自由选择流动方向，因而 $Y_m'(K_m) - t_m \geq 0$。在均衡情况下，如果满足 $Y_m'(K_m) - t_m > 0$，那么方程（2-3）的第二个等式关于资本供给没有剩余的假设是正确的，两个地区的资本之和为总的资本存量。因此假设对于任意的 m=i,j，

$$Y_m'(K_m) - t_m > 0 \tag{2-4}$$

这个假设保证了纳什均衡的唯一性。从方程（2-3），可以得到：

$$\frac{\partial K_m}{\partial t_m} = \frac{1}{Y_i''(K_i) + Y_j''(K_j)} = \frac{\partial K_i}{\partial t_i} = \frac{\partial K_j}{\partial t_j} = -\frac{\partial K_i}{\partial t_j} < 0 \tag{2-5}$$

地区 i 的资本存量随着它的税率（t_i）的增加而减少，随着其他地区的税率（$t_{j \neq i}$）的增加而增加。应该注意到的是，税收外部性通常是正值，如下：

$$\frac{\partial W_i(t_i, t_j)}{\partial t_j} = -K_i Y_i''(K_i) \frac{\partial K_i}{\partial t_j} + t_i \frac{\partial K_i}{\partial t_j} > 0 \tag{2-6}$$

在假设（2-1）下，当 t_i 被最优设置时，$W_i(t_i, t_j)$ 的二阶偏导数是正值。即税收竞争的税率在地区之间是策略互补的，满足这个条件是进一步理论假

设的前提。如果地方政府 j 增加它的税率，这个税收决策降低了资本从地区 i 移动到地区 j 的动机，从而缓解了施加在政府 i 的竞争压力，那么 i 地区就会跟随 j 地区增加本地区实际有效税率。由于辖区 i 增加税率的决策产生了更多的财政收入，为更多的额外公共物品供给提供了财政支持，从而导致边际效用增加。

（二）同步博弈均衡和序贯博弈均衡

基于地区税收竞争下地区税率设置的顺序研究三个不同的博弈行为。设定 G^n 为两个地区同时选择税率的纳什博弈；G^i 为 i 地区领导、j 地区跟随的斯塔克尔伯格序贯博弈；G^j 为 j 地区领导、i 地区跟随的斯塔克尔伯格序贯博弈。

在同步非合作均衡中，每个地区在不考虑其对其他地区的外部影响下设置本地区的实际有效税率，设定 (t_i^n, t_j^n) 为这个博弈的纳什均衡税率组合，这个组合必须满足，在 t_i 和 t_j 分别给定的情况下：t_j，$t_j^n = argmax W_j(t_j, t_i), t_j \in [0,1]$。在假设（2-1）下，确立了纳什均衡的存在性。

在两个地区进行博弈的过程中，根据领导者的身份判定可能存在两个斯塔克尔伯格博弈。在博弈 G^i 中地区 i 是领导者，因而首先选择税率决策，地区 j 作为跟随者随后选择税率 t_j。采用逆推法分析，在地区 j 作为跟随者反应的时候，使地区 j 的福利水平最大化的税率为 $t_j^f(t_i) = argmax W_j(t_j, t_i), t_j \in [0,1]$。其中 $t_j^f(t_i)$ 表示的是，地区 i 税率给定的情况下地区 j 作为跟随者的税率。定义函数 $\Phi_i(t_i, t_j) = t_i + K_i Y_i''(K_j), j \neq i$，跟随者地区 j 的一阶条件是：$\Phi_j(t_j^f(t_i), t_i) = 0$，考虑地区 i 作为领导者的时候，福利最大化的税率为 $t_i^l = argmax W_i(t_i, t_j^f(t_i)), t_i \in [0,1]$，其中 t_i^l 表示的是，地区 i 作为领导者的税率。因此获得对应的领导者地区 i 的一阶条件：$\Phi_i(t_i^l, t_j^f(t_i^l)) + (K_i Y_i''(K_i) - t_i^l) \frac{dt_j^f}{dt_i} = 0$，从税率的策略互补性特征来看，可以推断出第一项是正值，第二项是负值，这为对比分析不同博弈模型下均衡税率的大小奠定了基础。

以上分析得出不同的博弈模型产生不同的均衡税率情形，领导力博弈中获得的均衡税率高于当两个辖区同时行动的纳什博弈下的均衡税率。依据税率策略互补的特征，竞争者政府税率的增加将导致本地区政府增加自己的税率。在已知税率的策略互补性特征后，能够对不同模型下的均衡税率排序。对于不完全相同的地区，纳什博弈下的均衡税率通常比序贯博弈下的均衡税率低。与策略互补性特征以及正外部性的存在性一致，在任何斯塔克尔伯格均衡下的税率均高于纳什均衡下的税率。领导者地区 i 增加它的相对于纳什均衡的税率，导致跟随者 j 由于策略互补特征而增加它自己的税率，税收竞争中领导者的存在缓和了纳什均衡企业所得税税负逐底竞争的压力。

三、地区间不对称税收竞争的序贯策略

（一）内生时机博弈模型构建

以上构建的不对称税收竞争博弈模型显示领导者具有存在性和唯一性，那么在竞争中的领导者具备什么特征，地区 i 还是 j 会成为税收竞争中的领导者？为了识别内生时机博弈模型中的领导者，通过内生时机博弈模型将税收竞争中地区税收决策的行动顺序内生化。[①] 将内生时机博弈标注为 $G^\sim$ 并且定义如下：在第一阶段或事前阶段，参与博弈的双方对是否先动或后动同时进行非合作决策，博弈双方对这次选择的承诺都是精练的。每个博弈者的时机选择在事前的最后阶段被告知。税收竞争博弈的第二阶段是由第一阶段的时机决策推导而来：博弈双方选择同时先动或者后动的博弈（G^n）；地区 i 策略先行，地区 j 后动的斯塔克尔伯格博弈（G^i），反之为（G^j）。将博弈 $G^\sim$ 简化为单阶段博弈，具有如下标准形式，其中 $W_i^n = W_i(t_i^n, t_j^n)$，$W_i^l = W_i(t_i^l, t_j^f(t_i^l))$，$W_i^f = W_i(t_i^f(t_j^l), t_j^l)$。

[①] Hamilton, J. H., Slutsky, S. M., 1990: "Endogenous Timing in Duopoly Games: Stackelberg or Cournot Equilibria", *Games and Economic Behavior*, 1.

表 2-1　单阶段博弈形式

		地区 j	
		先动	后动
地区 i	先动	(W_i^n, W_j^n)	(W_i^l, W_j^f)
	后动	(W_i^f, W_j^l)	(W_i^n, W_j^n)

从博弈为 $\tilde{G}$ 的前述标准形式，推导出以下命题：内生时机博弈的子博弈精练均衡（SPEs）是斯塔克尔伯格均衡；对于参与博弈的双方，序贯行动代替同时行动可以实现帕累托的改善。由于税率在博弈双方之间是策略互补的，内生时机博弈为 $\tilde{G}$ 有两个对应的可能的斯塔克尔伯格均衡。这来自于这样的一个前提，即在任何情况下，先动和后动得到的博弈均衡都比纳什均衡更优。税收决策的外部性通常为正值，在博弈的子博弈完美均衡 SPEs 下参与博弈的两个地区的税率都比纳什均衡下（即在标准税收竞争博弈中）确立的税率更高。内生时机博弈下的子博弈完美均衡 SPEs 帕累托优于同步纳什均衡，即 $W_i^n > W_i^n$。在内生时机博弈下的税收竞争的均衡税率的下行压力没有标准税收竞争模型中预测得那么弱，因为均衡税率在序贯博弈中通常高于纳什均衡，博弈双方有动机承诺避免纳什均衡税率，他们能够通过非同步行动达到这个目的，即接受其中一个博弈者为领导者领导税收竞争。

（二）地区间策略互动行为选择准则

内生时机博弈为 $\tilde{G}$ 对应两个子博弈完美均衡 SPEs，如何选择两个可能情形中的一个，这存在均衡的协调问题。为了解决这个问题，通过两个准则对 SPEs 进行排序：帕累托最优和风险最优，从而得到推断的选择依据，假设博弈双方的选择标准一致[①]，其中风险最优标准的定义是，一个均衡风险优

---

① 此处没有尝试解释决策制定者如何接受这一致的标准，这个方法与推断选择标准形成对照，这个标准主要通过学习和动态演化去预测均衡选择。

于另一个均衡意味着前者风险小于后者，即风险优势均衡是一个生产的偏差减小值达到最大时候的均衡。

在本部分的研究框架中，均衡（先动，后动）（地区 i 领导，地区 j 跟随）风险优于均衡（后动，先动）（地区 i 跟随，地区 j 领导），如果前者与较大的偏差减小相联系，标注为 $\prod$。即当且仅当 $\Pi=\left(W_i^l-W_i^n\right)\left(W_j^f-W_j^n\right)-\left(W_i^f-W_i^n\right)\left(W_j^l-W_j^n\right)>0$，均衡（先动，后动）风险优于（后动，先动），这个标准的使用机理为假设 $W_i^f-W_i^n=W_j^f-W_j^n$，那么当地区 i 扮演领导者角色与纳什均衡的福利差大于地区 j 从领导者与纳什均衡的福利差：$W_i^l-W_i^n>W_j^l-W_j^n$。即地区 i 在顺序选择中将失去更多，这就使其在面临来自地区 j 的压力时更加脆弱。因此，在预料到地区 i 不会选择后动的情况下地区 j 选择后动，这将导致同时行动的纳什博弈以及更高的福利损失 $W_i^l-W_i^n$。

中国地区间经济发展不均衡导致地区间因为博弈前禀赋的不同而存在规模不对称，规模不对称也可以理解为人口规模不对称、生产力水平不对称等，这些不对称使地区之间规模有大有小，尤其是中国国情决定了地区之间经济水平差异明显，这种不对称导致竞争中市场势力的存在，市场势力影响规模不对称下的税收竞争均衡协调结果，使地区间在进行税收竞争时的资本对税负弹性存在差别，从而在竞争中表现出不同的行为特征。

在分析规模不对称下税收竞争的策略互动机制时，需要考虑因为规模不对称使市场势力存在于竞争中从而对竞争均衡产生影响，市场势力大的地区有更大的市场话语权，允许它自己从更高税率中获益，而不担心资本外流，因此本部分提到的规模不对称下的税收竞争也是市场势力存在下的竞争均衡，市场势力与资本需求函数的截距相关。在这个视角下，市场势力小的地区通常面临的资本需求弹性更高，因此有较强的动机提供更低的税率。一个垄断者面临一个线性需求曲线 $p=a-bq$，常数边际成本 c 满足 0<c<a。垄断者使收入最大化的价格是 $p^m=\dfrac{(a+c)}{2}$，存在利润 $\dfrac{(p^m-c)}{p^m}=\dfrac{(a-c)}{(a+c)}$，这依赖需求函数的纵截距 a 而不是斜率 b。将其应用到地区之间的规模不对称时同

样是适用的，不同的市场势力具有不同的纵截距。

（三）规模不对称下的地区间税收竞争策略行为

在生产函数的基本框架下，考虑规模不对称的影响，假设地区 i 的生产函数是：

$$Y_i(K_i) = (a_i - bK_i)K_i \tag{2-7}$$

其中 K_i 是地区 i 的资本数量，a_i 代表的是资本需求的纵截距。假设 $a_i > a_j$，其中两个地区的斜率完全相同，即 b>0。在这一部分设定地区 i（具有更高截距的地区）为规模较大地区，地区 j 为规模较小地区。

地区 i 的福利函数为：

$$W_i = Y_i(K_i) - K_i Y_i'(K_i) + t_i K_i \tag{2-8}$$

也就是说，福利函数是劳动力收入 $Y_i(K_i) - K_i Y_i'(K_i)$ 和资本税收收入 $t_i K_i$ 的和。总资本供给 $\overline{K}$ 是固定的，资本在地区间完全流动。市场出清的条件是 $Y_i'(K_i) - t_i = Y_j'(K_j) - t_j, K_i + K_j = \overline{K}$，从而得到：

$$K_i(t_i, t_j) = \frac{1}{4} \frac{a_i - a_j + t_j - t_i + 2b\overline{K}}{b} \tag{2-9}$$

在均衡税率时评估，资本需求弹性（税基对税率的敏感度）高于地区 j[①]，这与规模较小地区有更高税基弹性的标准方法一致。为了求解模型，给出以下假设：

$$a_i - a_j < 4b\overline{K} \tag{2-10}$$

为了导出内生时机博弈的均衡，首先推导三个博弈的均衡：（1）同步博弈 G^n，每个地区同时选择税率 t_i，且地区之间不合作；（2）斯塔克尔伯格博弈 G^i，地区 i 是税率选择中的领导者；（3）斯塔克尔伯格博弈 G^j，地区 j 是领导者。对于给定的组合 (a_i, a_j)，表 2-2 列出了三种博弈均衡下的税率和福利水平。

---

① 资本需求弹性在 $t_i = t_j = t$ 时是 $|\varepsilon_{K_i/t_i}| = -\frac{\partial K_i}{\partial t_i} \frac{t_i}{K_i} = \frac{t}{a_i - a_j + 2b\overline{K}}$ 和 $|\varepsilon_{K_j/t_j}| = -\frac{\partial K_j}{\partial t_j} \frac{t_j}{K_j} = \frac{t}{a_j - a_i + 2b\overline{K}}$。

表 2-2　三种博弈均衡下的税率和福利水平

地区 i	G^n	G^i	G^j
t_i	$\frac{1}{4}(a_i-a_j)+b\bar{K}$	$\frac{2}{5}(a_i-a_j)+\frac{8}{5}b\bar{K}$	$\frac{1}{5}(a_i-a_j)+\frac{6}{5}b\bar{K}$
W_i	$\frac{3}{64}\frac{(a_i-a_j+4b\bar{K})^2}{b}$	$\frac{1}{20}\frac{(a_i-a_j+4b\bar{K})^2}{b}$	$\frac{3}{100}\frac{(a_i-a_j+6b\bar{K})^2}{b}$
地区 j	G^n	G^i	G^j
t_j	$-\frac{1}{4}(a_i-a_j)+b\bar{K}$	$-\frac{1}{5}(a_i-a_j)+\frac{6}{5}b\bar{K}$	$-\frac{2}{5}(a_i-a_j)+\frac{8}{5}b\bar{K}$
W_j	$\frac{3}{64}\frac{(-(a_i-a_j)+4b\bar{K})^2}{b}$	$\frac{3}{100}\frac{(-(a_i-a_j)+6b\bar{K})^2}{b}$	$\frac{1}{20}\frac{(-(a_i-a_j)+4b\bar{K})^2}{b}$

时机博弈包括事前阶段,这个阶段地区决定是否先行动或者后行动。如果两个地区都选择先行动或者后行动,导致的税收竞争是 G^n。如果一个地区 i 选择先行动,其他地区 j 选择后行动,税收竞争是一个序贯博弈 G^m（m=i 或者 j）,以斯塔克尔伯格均衡福利水平 (W_i^l, W_j^f) 结束。表中时机博弈的子博弈完美均衡 SPEs 是税收竞争的两个斯塔克尔伯格均衡。

为了处理时机博弈均衡多重性的协调问题,使用风险优势标准,考虑竞争中均衡风险,当且仅当 $\Pi=(W_i^l-W_i^n)(W_j^f-W_j^n)-(W_i^f-W_i^n)(W_j^l-W_j^n)>0$,均衡（先动,后动）风险优于（后动,先动）。由此得出,规模较大的地区领导下是时机博弈的风险优势均衡,而且在地区之间规模非常不对称的情况下,风险优势均衡（先动,后动）优于帕累托优势（后动,先动）,也就是说,规模较小的地区 j 对于所有的 (a_i,a_j) 有后动优势,但是大地区 i 在足够不对称的情况下有先动优势。

由此推导出命题：如果市场势力可以表达成资本需求的纵截距不同,那么在规模不对称地区博弈中,规模大的地区领导博弈下的均衡是风险优势；如果地区之间足够不对称,规模大的地区领导时帕累托最优。值得注意的是,风险优势均衡下,地区 i（领导者）设置比 j（跟随者）更高的税率。推导出的税收反应函数是：

$$\hat{t}_i(t_j) = \frac{b_j}{b_i + 2b_j} t_j + \frac{2\bar{K}b_j^2}{b_i + 2b_j}$$

$$\hat{t}_j(t_i) = \frac{b_i}{b_j + 2b_i} t_i + \frac{2\bar{K}b_i^2}{b_j + 2b_i}$$

(2-11)

规模大的地区对小的地区的税收选择回应度更高，因此，规模小的地区税收领导力是更好的导致大地区税率中更大的正向反应。在规模不对称的税收竞争模型中，边际税收反应是完全相同的，规模大的地区作为领导者进行博弈。因此，基于内生时机博弈模型确立地区间不对称税收竞争均衡时机，得出规模大的地区的领导者成为风险优势均衡点，甚至可以达到帕累托最优，规模大的地区应该依据其开发市场势力的能力，因为具有更高的市场势力会使其在高税率中获利。在这个情况下，规模小的地区面临资本的需求弹性更高，更会提供较低的税率。在这样的均衡中，规模大的地区具有先动优势，在竞争中承担领导者角色。

（四）中国地区间不对称税收竞争的策略互动激励

通常情况下，税收竞争文献有一个公认的隐含的假设，即税率决策的同步性。考虑到中国地区间经济不均衡发展的现状，参与中国税收竞争的地方政府存在较大的异质性，因而，在进行税收竞争时同质化的假设不再适用，本部分通过放松同质化假设，允许异质性地方政府参与不对称税收竞争，分析在此背景下地区间的策略互动机制。受到工业企业研究成果的启发，本部分构建税收竞争博弈时引入一个时机行动模型，认为税收政策的设定行为是内生的，只要地区之间的税收决策是策略互补的，研究的主要结论就适用于任何地方政府目标函数的形式。

地方政府间采取序贯博弈在税收竞争中有序行动的均衡税率高于同步行动下纳什均衡税率，参与博弈的地区之间至少有一个地区存在后动优势，税收竞争的序贯行动属于帕累托行动。规模较大的地区具有先动优势，这种先动优势强化了博弈前的规模优势，从而使其在竞争中倾向选择领导者角色。规模较大的地区有更大的市场势力，允许自己从更高税率中获益而不担心资本外流，市场势力小的地区通常面临的资本需求弹性更高，因此有较强的动机提供更低的税率。拥有市场势力的地方政府在竞争中具有先动优势，充当领导者角色，保持较高税率。以上内生时机博弈模型将税收竞争模型中的政府决策内生化，分析地方政府间税收竞争中序贯行动和同时行动下竞争均衡状况，假设具体生产函数分析在规模不对称情况下地区间参与税收竞争可能的行动激励，考察地区间行动激励情况以及市场势力因素对竞争均衡的影响，为后续地区间税收竞争策略互动的实证研究提供理论依据。

第二节　税收决策信息在地区间的不对称流动

基于以上理论分析，本部分进一步通过转移熵测算方法探究地区间不对称税收竞争的信号传递机理与方向。在税收竞争中，竞争双方依据对方的税收政策信息做出本地区税收决策，从而影响实际税负的相对差异，以形成相对竞争优势。因此，需要探究在中国不对称税收竞争中，信号传递如何在竞争者双方之间动态呈现，以识别中国地区间不对称税收竞争中领导者和跟随者的特征。

一、税收决策信息流动不对称性的理论逻辑

1. 要素的流动性约束了地区制定财政政策的空间，结果是地区政策的改变可能激发税收政策信息在竞争性地区之间流动。地方政府有动机观察"邻居"[①]税负变化情况以调整本地区税负水平，并通过差异化税负阻止资本或劳

---

① 此处的"邻居"是空间权重下的相邻概念，比传统的地理相邻含义更广泛。

动力流出或吸引其流入。参与税收竞争的地方政府在竞争中必须考虑到竞争者地区税收决策对本地区资本和劳动要素流动的影响，以及本地区税收决策对要素流动的影响，这种税收决策外部性的存在使其不能够完全自主选择税收策略。参与税收竞争的地区之间的策略互动导致的一个典型的结果是，竞争者地区税收政策的改变可能激发不对称信息在本地区与竞争者地区之间流动。因此，假设生产要素可以自由流动的情况下，进行税收竞争的地区之间将无法完全自主地选择税收制度，因为它们必须阻止资本和劳动要素流出，因而税收制度在地区之间将具有依赖性，一个典型的结果将是某个地区财政政策的改变可能引发信息在地区之间的不对称流动，即竞争双方存在信息完全流出方和信息完全流入方。

2. 竞争双方差异程度影响竞争中的策略互动行为。[①] 地区之间因为规模不同产生异质性使其在参与税收竞争时形成不对称的信息流动，在不对称税收竞争中某些地区因为其自身或者环境优势形成信息优势网络，成为竞争中税收决策信息的完全流出方，因而在竞争中先行行动并承担领导者角色，而另一部分地区成为信息完全流入方，在竞争中根据领导者的税收决策信息而做出自身决策反应，成为跟随者，因此异质性地区间税收竞争中税收政策信息不对称流动是不对称税收竞争形成的重要动态机制。地区之间的相对税率发生变动会引起资本从一个地区向另一个地区的流动，当两个地区对税率反应函数不同时，两者之间就产生了因为税率差异而导致的不对称的信息流动。中国地区之间经济发展水平不同，且差异明显，异质性的地方政府之间对于相对税率差异的反应函数也必定不同，因此，地区之间在进行税收竞争时产生的不对称信息流动能够真实反映地区之间的策略互动情况。

3. 政策制定的滞后性影响竞争双方在竞争中的策略互动行为。基于财政竞争理论和生产要素在地区间完全流动的假设，研究地方政府无法及时调整

---

① Kessler, A. S., Lülfesmann, C., Myers, G. M., 2002: "Redistribution, Fiscal Competition, and the Politics of Economic Integration", *The Review of Economic Studies*, 4.

税率组织要素流动时的特定征税水平效应，在财政政策制定中的某种程度的惯性也应该被考虑在内。这种政策关系，可能是因为位置偏差问题，即前一时期使用的财政政策是具有冒险性的，依据财政当局的经济、社会和政治目标，在当前时期会比无风险时期需要权衡的因素更多。[1] 针对地区间税收竞争导致的信息流动不对称，主要聚焦的问题是如果地区甲和地区乙之间存在税收竞争，即使各个地区在税收决策上均有一定程度的自由裁量权，地区甲的地方政府也不能够在完全自主的情况下选择本地区征税制度，因为需要考虑到地区乙的相关税收制度特征。否则，只要地区甲的税收政策设计不如地区乙有竞争力，生产要素的拥有者将有动机从地区甲流动到地区乙。描述这些地区间溢出效应的一个简单方法就是，推测财政当局选择的不是税率的绝对水平，而是与竞争者地区的税率相对差异水平。

在财政竞争情况下，地方政府在考虑本地区的税收优惠政策时不仅仅考虑自己的目标，同时考虑来自其他地区的财政政策特征，尤其是本地区与竞争者地区的相对税率水平。在税收竞争中，当地区乙的税率发生改变时，税收优惠政策信息从地区乙向地区甲转移。如果地区乙税收政策信息的选择通过相同的机制进行，将出现相反的信息流动。然而，如果反应函数的参数不一样，就存在税收竞争中税收政策信息在地区间的不对称流动。这就导致不对称税收竞争中税收政策信息在税收竞争双方之间产生信号效应，竞争双方中承担领导者角色的地区的税收优惠政策信息传递到竞争中的跟随者一方，跟随者根据接收到的政策信息做出自己的税收优惠决策，最终竞争双方之间形成差异化税率。

如果地区之间因为规模不同而在参与税收竞争时形成不对称的信息流动，那么，在竞争中一些地区就会因为自身的优势形成信息优势网络，从而形成税收决策信息的完全流出方，在竞争中承担领导者角色，信息流入方则

---

[1] Tversky, A., Kahneman, D., 1991: "Loss Aversion in Riskless Choice: A Reference-Dependent Model", *The Quarterly Journal of Economics*, 4.

根据竞争中处于领导者地位地区的税收决策做出相应的反应，这种异质性地区因为规模不同导致的税收政策信息不对称流动是造成地区间不对称税收竞争的重要原因。中国地方政府之间为争夺晋升位次，通过吸引生产要素发展地区经济而展开竞争，在经济全球化的时代，这种地区间的策略互动形成了复杂的要素流动网。

二、地区间税收策略信息流动的转移熵测算

中国地区间税收竞争是否存在税收政策改变引起的信息流动以及这种信息流动的方向和大小需要数值化计算，转移熵就是考察地区之间税收竞争时信息流动大小和方向的一种方法，从数值模拟的角度对税收竞争的策略互动行为顺序提供数量化解释。研究使用转移熵的方法来描述这种不对称信息的流动，这种信息交换的衡量方法是有用的，尤其是在检测两个系统之间的策略互动中多样化的非对称形式，以及在区分趋势因素和反应因素时也是非常重要的。结合前述分析一个地区的税负存在路径依赖，同时受到往期税负和其他地区税负的影响，即：

$$P(T_t^i) = p(T_t^i | T_{t-1}^i, T_{t-2}^i, \ldots, T_t^j) \tag{2-12}$$

其中 T_t^i 表示 i 地区 t 时期的税负水平，T_{t-1}^i 表示 t-1 时期 i 地区的税负水平，T_{t-2}^i 为 i 地区 t-2 时期的税负水平，以此类推，为 t 时期 i 地区税负的滞后项。T_t^j 为 j 地区 t 时期的税负水平。

公式（2-12）反映出当 j 地区税负发生变化时，这一信息从地区 j 转移到地区 i，从而影响 i 地区的税收政策制定。考虑到中国地区间发展的差异显著，对税负变动的反应函数也不同，因此可能存在不对称的信息流动。为了辨别参与税收竞争的地区税收政策之间随机的互动，必须对信息流动的不对称情况进行数量化衡量，采用转移熵的方法[1]进行检测。转移熵的测算原理是通过两个离散和平稳过程的转移熵 I 和 J，衡量过程 J 的动态变动影响

---

[1] Schreiber, T., 2000: "Measuring Information Transfer", *Physical Review Letters*, 2.

过程 I 转移的概率有多大[1],能够用于检测两个系统之间互动的不对称性以及区分驱动因素与影响因素。[2] 转移熵是一种数量化衡量方法,关键步骤是估计转移概率之间的 Kullback-Leibler 距离。这种衡量方法的主要优势是在没有线性动态约束的情况下允许量化信息转移程度和方向。[3] 参考 Jizba 等的研究[4],将转移熵定义如下:

$$
\begin{aligned}
T_{T^j \to T^i}(m,l) &= H\left(T^i_{t_{m+1}} \middle| T^i_{t_1} \cap T^i_{t_2} \cap T^i_{t_3} \ldots \cap T^i_{t_m}\right) \\
&\quad - H\left(T^i_{t_{m+1}} \middle| T^i_{t_1} \cap T^i_{t_2} \cap T^i_{t_3} \ldots \cap T^i_{t_m} \cap T^j_{t_{m-l+1}} \ldots \cap T^j_{t_m}\right) \\
&= I\left(T^i_{t_{m+1}}; T^i_{t_1} \cap T^i_{t_2} \cap T^i_{t_3} \ldots \cap T^i_{t_m} \cap T^j_{t_{m-l+1}} \ldots \cap T^j_{t_m}\right) \\
&\quad - I\left(T^i_{t_{m+1}}; T^i_{t_1} \cap T^i_{t_2} \cap T^i_{t_3} \ldots \cap T^i_{t_m}\right)
\end{aligned}
\quad (2\text{-}13)
$$

设定零假设为 T^j 对 T^i 没有影响,如果地区 j 的财政政策与地区 i 的财政政策设计相关,那么 T^j 的信息内容应该与 T^i 的设置相关,地区 i 和地区 j 之间的税率不存在相互影响的零假设应该被拒绝。对于两个同时抽样的时间序列税率数据 T^i 和 T^j,从 T^j 到 T^i 的转移熵 $T_{T^j \to T^i}(k,l)$ 能够推导出如下式:

$$T_{T^j \to T^i}(k,l) = \sum p\left(T^i_{t+1} \middle| T^{i(k)}_t, T^{j(l)}_t\right) \log_a \frac{p\left(T^i_{t+1} \middle| T^{i(k)}_t, T^{j(l)}_t\right)}{p\left(T^i_{t+1} \middle| T^{i(k)}_t\right)} \quad (2\text{-}14)$$

本部分假设 $k=l=1$,并以 2 为底求对数,即设 $a=2$。为了完成转移熵的估计,把概率比作一个时间序列中数据出现的频率,采用符号编码方法,将既定的数据集合范围分成不相交的时间区间并为每个区间赋值。整个序列被分成 N 个离散的模块,且每个模块被赋予一个样本数据值,估计结果依赖

---

[1] Kwon, O., Yang, J. S., 2008: "Information Flow between Composite Stock Index and Individual Stocks", *Physica A*, 12.

[2] Kwon, O., Oh, G., 2012: "Asymmetric Information Flow between Market Index and Individual Stocks in Several Stock Markets", *Europhysics Letters*, 2.

[3] Dimpfl, T., Peter, F. J., 2013: "Using Transfer Entropy to Measure Information Flows between Financial Markets", *Studies in Nonlinear Dynamics and Econometrics*, 1.

[4] Jizba, P., Kleinert, H., Sheefat, M., 2012: "Rényi's Information Transfer between Financial Time series", *Physica A*, 10.

模块数值的选择。由于考察的是信息流动转移熵的相对值，分析地区之间信息流动的相对情况，因此绝对值的大小不作为主要参考标准。为了从离散数据集中计算熵，使用符号编码的方法，并且在这个情形下对结果的解释也更加明确和直接。

表 2-3　数据编码表

区间	编码	区间	编码
(0.0, 0.5)	1	(2.5, 3.0)	6
(0.5, 1.0)	2	(3.0, 3.5)	7
(1.0, 1.5)	3	(3.5, 4.0)	8
(1.5, 2.0)	4	(4.0, 4.5)	9
(2.0, 2.5)	5	>4.5	10

本部分测算中国除西藏、港澳台外的 30 个省级单位在 1998～2019 年间的面板数据，参考 Shannon 转移熵测算方法测算中国地区之间税收竞争互动的转移熵，从而得出地区之间税收决策的不对称信息流动情况。从第一章的研究发现企业所得税税负具有显著的空间自相关特征，因此本部分以企业所得税税负水平代表税收竞争中税收政策在竞争双方传递出的信息。利用符号编码方法，结合企业所得税税负的数据大小分布，将整个序列分成 N = 10 个离散的模块，分别赋值 1～10，即对企业所得税税负数值进行编码。基于以上构建的理论模型和转移熵的测算方法，根据公式（2-14）测算税收信息在地区间流动的转移熵值。

三、税收策略信息传递中的领导者与跟随者

基于 Shannon 转移熵方法计算中国地区间税负不均衡概率，反映的是税收竞争下的信息转移内在机制。测算得到信息流动转移熵结果见附录 2-1 和附录 2-2 所示。对所观测地区的信息流出和流入转移熵值进行描述统计，得

到结果如表 2-4 所示。

表 2-4 各地区信息流出转移熵描述统计结果

地区	信息流出转移熵 均值	标准差	最小值	最大值	信息流入转移熵 均值	标准差	最小值	最大值
北京	6.022	2.330	2.170	12.142	3.940	2.015	0.768	9.184
上海	5.271	2.614	0.000	11.848	4.697	2.768	0.940	12.142
天津	3.272	2.009	0.218	8.259	2.873	2.264	0.442	9.418
山西	2.963	1.547	0.638	6.051	2.113	1.435	0.178	5.248
重庆	2.928	1.867	0.369	7.525	2.559	1.946	0.225	8.805
吉林	2.796	2.196	0.233	8.584	2.048	2.523	0.174	11.848
宁夏	2.601	2.303	0.462	9.304	3.269	2.085	0.377	8.444
新疆	2.554	1.505	0.000	5.058	1.469	1.091	0.140	4.460
青海	2.459	1.994	0.124	7.799	2.053	1.500	0.337	5.901
海南	2.366	1.227	0.822	5.061	4.335	2.426	0.515	8.805
内蒙古	2.356	1.578	0.448	5.507	2.183	1.915	0.211	6.601
浙江	2.332	1.358	0.185	5.535	3.169	2.133	0.224	7.799
贵州	2.323	1.671	0.042	5.734	1.084	1.150	0.002	4.220
湖南	2.274	2.246	0.016	6.710	0.918	1.133	0.042	4.577
四川	2.208	1.855	0.112	6.652	1.779	1.539	0.189	6.333
安徽	2.199	1.625	0.255	7.822	2.195	1.802	0.248	7.837
广西	2.098	1.502	0.137	7.412	2.570	1.813	0.060	6.170
黑龙江	2.013	1.655	0.140	4.468	0.715	0.898	0.000	4.228
福建	1.807	1.530	0.242	5.642	0.902	0.891	0.000	3.400
甘肃	1.788	1.193	0.225	6.053	1.150	1.715	0.005	6.241
湖北	1.773	1.942	0.088	5.432	1.861	1.497	0.166	5.422

续表

地区	信息流出转移熵				信息流入转移熵			
	均值	标准差	最小值	最大值	均值	标准差	最小值	最大值
广东	1.750	1.843	0.005	6.533	2.544	2.255	0.206	9.975
辽宁	1.618	1.263	0.021	6.534	1.006	1.267	0.057	5.029
云南	1.599	1.535	0.277	6.738	1.609	1.729	0.010	6.390
江苏	1.588	1.632	0.101	4.215	1.703	1.474	0.088	6.755
江西	1.224	1.006	0.138	3.346	3.472	1.664	0.191	7.162
河南	1.197	1.564	0.181	7.039	2.412	1.764	0.163	6.755
河北	1.003	1.546	0.181	7.374	2.187	2.001	0.088	7.497
山东	0.626	0.869	0.163	4.487	2.335	1.882	0.138	6.041
陕西	0.301	0.264	0.002	0.979	2.162	1.591	0.322	5.636

根据转移熵测算结果的描述统计分析，北京对其他 29 个地区的税收策略信息流动平均强度最高，流出熵为 6.022，流入熵为 3.940，表现为信息优势方，具有领导者作用。其中北京对新疆、黑龙江地区的信息流出强度最弱，熵值为 2.170，不过仍然比其他地区流出熵的最小值高。北京对上海的信息流出熵最大，为 12.142。从信息流入来看，上海对北京的信息流入熵为 9.184，比其他地区高，税收信息流入北京强度最弱的地区是陕西，流入熵为 0.768。不过从标准差来看，北京的税收政策信息无论是流出还是流入，地区差异度均较大。与北京特征相近的还有上海和天津，同样表现出较强的税收政策信息流动。相比较来看，陕西、山东、河北、河南等地区的信息流动强度倾向于流入而不是流出，陕西的税收政策信息流出平均熵值为 0.301，流入平均熵值为 2.162，主要以信息流入为主，在竞争中处于信息劣势方，倾向于跟随领导者做决策。从其标准差来看，陕西税收政策流出地的熵值标准差相对流入地较低，说明差异不显著。

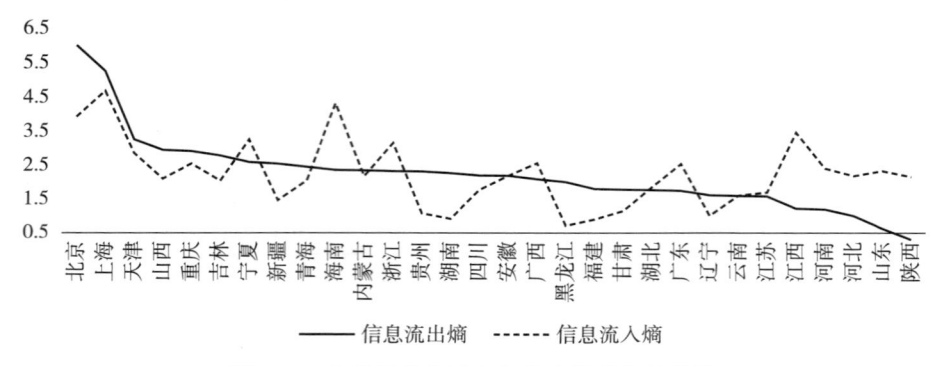

图 2-1　各地区信息流入与流出转移熵的均值

图 2-1 显示出各地区信息流入与流出转移熵的均值，可以看出信息流出熵值较高的北京、上海、天津、山西、重庆等地区流入熵值也较高，税收政策信息流动强度大，同时净流动值为正，为信息净流出。而信息流出熵值最低的陕西、山东、河北、河南、江西、江苏等地区，信息流入熵值非常高，净信息流动值为负，表现出跟随者的特征。因此在流动转移熵测算结果的基础上进一步测算净信息流动值 NIF（Net Information Flows），即将信息流出转移熵减去信息流入转移熵。得到净信息流动矩阵见附录 2-3 和附录 2-4 所示。绘制各地区平均的净信息流动值分布如图 2-2 所示。

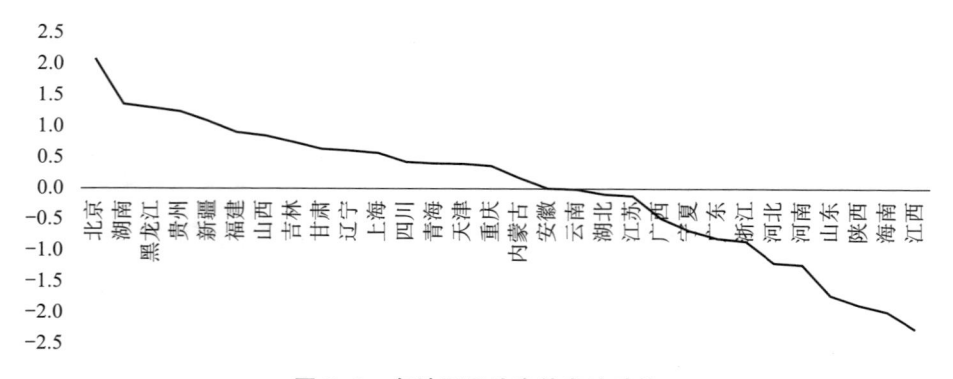

图 2-2　各地区平均净信息流动值

图 2-2 中各地区平均净信息流动值分布差异显著，其中正值代表信息净

流出，负值代表信息净流入，净信息流动值的绝对值越大，信息流动的程度越高。领导者在税收竞争中为信息流出方，税收政策变化流动到跟随者地区，影响其税收决策。可以看出有北京、湖南、黑龙江等 17 个地区的净信息流动值为正，表现为税收政策信息净流出，而江西、海南、陕西、山东、河南等 12 个地区的净信息流动值为负，表现为信息净流入。其中发达地区的净信息流动平均值为 0.027，欠发达地区为 −0.010，比较来看，发达地区更倾向于信息流出，在竞争中处于信息优势方。因此进一步将各地区的净信息流动区分为对发达地区和欠发达地区的流动，以判断是否具有一定的聚类特征。

表 2-5 各地区净信息流动情况

类别	地区	总体	发达地区	欠发达地区	类别	地区	总体	发达地区	欠发达地区
发达地区	北京	2.082	3.131	1.749	欠发达地区	甘肃	0.638	0.482	0.698
	辽宁	0.612	0.433	0.669		四川	0.429	0.435	0.426
	上海	0.574	0.448	0.614		青海	0.407	0.843	0.241
	天津	0.399	0.096	0.496		重庆	0.368	0.515	0.313
	江苏	−0.115	0.357	−0.266		内蒙古	0.173	−0.250	0.335
	广东	−0.793	−1.298	−0.633		安徽	0.004	−0.166	0.069
	浙江	−0.837	−1.380	−0.665		云南	−0.010	−0.729	0.265
	山东	−1.709	−1.788	−1.683		湖北	−0.089	0.530	−0.324
欠发达地区	湖南	1.356	1.535	1.288		广西	−0.472	−1.001	−0.271
	黑龙江	1.298	2.115	0.987		宁夏	−0.668	−0.924	−0.570
	贵州	1.239	1.456	1.157		河北	−1.184	−1.800	−0.949
	新疆	1.084	1.435	0.951		河南	−1.214	−1.567	−1.080
	福建	0.905	1.876	0.535		陕西	−1.861	−2.264	−1.708
	山西	0.850	1.270	0.690		海南	−1.969	−2.296	−1.844
	吉林	0.748	−0.167	1.096		江西	−2.248	−2.100	−2.304

表 2-5 中结果显示，整体上，发达地区倾向于信息净流出，强度高于

欠发达地区。信息净流入则主要集中在欠发达地区，强度高于发达地区，集中反映出发达地区在竞争中的领导者角色。表中显示，发达地区的北京、上海、辽宁和天津为净信息流出地，北京对发达地区和欠发达地区的流动强度均非常高，其他三个地区主要是信息流向欠发达地区，欠发达地区成为这三个地区的税收政策信息跟随者，在竞争中处于被动反应地位。湖南、黑龙江、贵州、新疆等欠发达地区也表现出显著的信息净流出特征，其对发达地区和欠发达地区的信息流动相近，对发达地区的流动略高于欠发达地区。从信息净流入角度来看，发达地区的江苏、广东、浙江、山东为信息净流入地，除了江苏外，其他地区主要来自发达地区的信息流入。江西、海南、陕西、河南、河北等净信息流入值较高的欠发达地区，其税收政策信息也主要来自发达地区。以上对税收竞争中税收政策信息流动的测算与分析，反映出地区间税收决策的领导者与跟随者角色特征，对于进一步的不对称税收竞争程度估计具有重要参考意义。

第三节　地区间实际税负变化的策略互动检验

不对称税收竞争中存在领导者和跟随者，领导者地区税负变化的信号传递到跟随者地区后，会影响其税收策略选择，激励其选择相对更低的税负以提高相对竞争优势，那么地区间税负的变动会产生怎样的反应函数，由此反映出的竞争程度如何，则需要进一步实证检验来获得经验证据。本节通过动态空间模型估计中国地区间实际税负变化引起的策略互动行为，并由此评估不对称税收竞争的程度。

一、理论分析与研究假设

1. 中国地理相邻的地区间存在为争夺资本而展开的税收优惠的税收竞

争，并且地区间税收优惠行为是具有空间正相关性的，流动资本在受到本地区税负影响的同时也受到其他地区税收政策的影响。[①] 资本具有空间联动特征，其更容易在空间相邻的地区间流动，地方政府在制定本地区的税收优惠政策时需要观察周边地区的税收优惠政策并做出反应，本地区相对于周边地区的企业所得税税负较低时更容易吸引资本，从而在竞争中占据主动地位。通过税收竞争可以向企业表明本地区的经济实力，吸引资本的激励是相对的，税负的高低也是相对的，因此决定本地区对资本吸引力的不仅是本地税负，周边地区税收政策也会对本地区产生重要影响，由此引起了空间地理相邻地区间的税收竞争。

2. 中国经济水平差异较大的地区间合作程度更高，经济水平越接近的地区间越可能存在税收竞争，且比地理相邻的地区间竞争更激烈。随着区域间开放透明度的逐渐增加，地区之间出现相互借鉴和取经使合作关系变得紧密，然而根据晋升锦标赛理论，地区之间进行合作的同时，官员可能因为对晋升位次的争夺而展开竞争，尤其是在经济实力相当的地区之间，这种现象更加明显。因此，结合已有学者研究成果和地区间整合现状，我们预期经济实力越相近的地区之间越可能存在竞争，相对来说，合作也越困难。已有研究认为，在国家内部地区间的整合主要根据地区的经济发展水平分为强强型整合、弱弱型整合和强弱型整合，其中强强型整合模式的整合基础好，组织机构没有超行政区功能，然而这种模式因为容易受到主导城市的影响，行政阻碍较大，地区间竞争非常激烈，最终整合的质量较低。弱弱型整合模式以淮海经济区为例，整合过程中基础不高，组织机构也不具有超行政区的功能，不存在明显的主导城市作用，整合的地区间仍处于初级阶段的竞争，整合动力弱，进程慢，整合的质量不高。强弱整合型以江阴－靖江工业园区为

[①] Mintz, J., Tulkens, H., 1986: "Commodity Tax Competition between Member States of a Federation: Equilibrium and Efficiency", *Journal of Public Economics*, 2; Wildasin, D. E., 1988: "Nash Equilibria in Models of Fiscal Competition", *Journal of Public Economics*, 2; 沈坤荣，付文林：《税收竞争、地区博弈及其增长绩效》，《经济研究》2006年第6期。

例，这种整合的基础介于强强型整合和弱弱型整合之间，这种模式下的地区间整合动力大，具有明显的主导城市作用，整合组织机构较少，不具有超行政区功能，整合质量高于前两种模式。[①]

强强型地区间竞争激烈的原因可能来自中央集权下地方政府官员的激励机制——政治晋升锦标赛，周黎安提出政治晋升锦标赛理论，认为异质性地方政府参与税收竞争的主要激励来自地方官员为了政治晋升而与竞争者地区官员所竞争的相对位次[②]，晋升锦标赛理论成为研究中国财政问题的主要路径，基于这样的中国现实分析中国异质性地区税收竞争的主要特征。中国区域合作困难，难以进行经济整合，地方保护主义现象凸显。相对于地理邻接的竞争强度而言，经济实力越是接近的地区越不容易合作，这导致不同经济带区域整合程度存在差异，京津地区的区域整合程度就低于长三角和珠三角地区，经济实力越相近的地区，官员面临晋升位次的竞争就越激烈，难以合作，而发达地区与欠发达地区的区域合作则相对更容易一些。

3. 人口集聚、工业化、对外开放水平与地区税负具有显著正向相关性，主要通过促进要素集聚形成集聚经济影响地区间税收竞争中的税收优惠策略选择。不对称税收竞争模型最初的假设多是基于地区人口规模不同而进行的，在不对称税收竞争模型中，主要有以下几方面假设：地区之间非流动要素人口规模不同，其他方面完全相同；每个地区的人口数量保持稳定；资本在地区之间完全流动；私人产品和公共品的消费数量决定地区居民效用，其中地方政府提供公共物品。设 $f'(k_i)$ 为资本边际产品，扣除税后，$f'(k_i)-t_i$ 为资本在 i 地区的税收净回报，那么在辖区间税收竞争达到均衡时的资本回报率就是 $r = f(k_1)-t_1 = f(k_2)-t_2$。其中 t_1 和 t_2 就是竞争辖区 1 和 2 在均衡时的税率。当增加辖区 1 的税率时将导致资本从辖区 1 进入辖区 2，直到两个辖区的资本税收净回报率相等时，两辖区税率为均衡税率。结论是规模大的

[①] 姜海宁，谷人旭:《边界区域整合理论研究综述》,《工业技术经济》2010 年第 3 期。
[②] 周黎安:《中国地方官员的晋升锦标赛模式研究》,《经济研究》2007 年第 7 期。

辖区设置较高的税率导致资本外流，而这种外流程度相对小的辖区较轻，这是由于高税率被资本化为资本税收净回报，因此规模大的辖区相对设置的税率更高，而规模小的辖区由于受到正外部性的影响，有较强的动机降低税率。

人口规模在一个地区的增长促进劳动力要素形成空间集聚的同时，也对城市聚集发挥经济效应奠定基础。[1] 因为城市人口规模增长而形成的集聚经济主要是通过城市化经济和地方化经济两方面表现出来，地方化经济指的是产业发展形成的内部规模经济，原因是专业化分工提高了生产效率，劳动力市场共享降低了企业招聘成本和寻找劳动力的成本，同时在产业内形成知识共享与溢出等。城市规模越大，同一产业的企业聚集越多，地方化经济越明显。城市化经济指的是在产业间形成的规模经济，主要表现在产业间协同与知识溢出，以及公共产品供给的经济性。城市人口规模越大，产业数目越多，城市化经济越显著，人口聚集与经济要素集聚具有相辅相成、相互影响的作用。[2]

工业化发展具有要素集聚效应[3]，工业集聚作为产业集聚的主要表现形式之一，发生在工业产生和发展的整个过程中，工业生产较少依赖地区的自然条件，容易形成规模经济，具有正反馈作用，因此工业活动通常集中在具备优势条件的地区，这些地区交通便利，自然资源相对丰富，从而形成最为显著的空间集聚效应。具体来看，中国地区间工业化形成的集聚效应更多来源于资本要素工业集约式发展，因此应该重视和发挥资本集聚的正面功能。[4]

对外开放对税收竞争的作用机制方面，Krugman等学者通过建立空间集聚模型分析地区间经济对外开放对地区产业布局的影响，发现在贸易成本逐

---

[1] 高健，吴佩林：《城市人口规模对城市经济增长的影响》，《城市问题》2016年第6期。
[2] 孟向京：《中国人口分布合理性评价》，《人口研究》2008年第3期。
[3] 邓若冰，刘颜：《工业集聚、空间溢出与区域经济增长——基于空间面板杜宾模型的研究》，《经济问题探索》2016年第1期。
[4] 孙晓华，郭旭：《工业集聚效应的来源：劳动还是资本》，《中国工业经济》2015年第11期。

渐下降的时候，产业在具有初步优势的地区形成集聚，然后通过累积循环机制形成中心－外围的制造业－农业产业布局，这为后续的实证分析奠定了基础。① 有学者研究中国各地区的对外开放程度对产业集聚的促进作用，认为对外开放对产业集聚的促进作用主要来自两个方面，一方面是通过扩大出口市场规模放大本地市场效应以实现规模经济和产业集聚；另一方面是通过促进资本积累，实现技术扩散和创新，以推动产业集聚的形成，发挥累计循环机制的作用。② 毛其淋、盛斌从对外经济开放对促进区域市场整合及全要素生产率提高的角度论证了对外开放有助于区域市场一体化的形成，实现产业集聚。③ 而产业集聚形成的集聚经济对地区税负具有正向影响是以新经济地理学为基础的，有学者将新经济地理学与税收竞争结合建立序贯博弈模型，认为处于核心区的企业由于产业集聚形成集聚经济，企业因此获得集聚租，地方政府可以从集聚租中征税，因此其提出假设认为，经济越发达的地区越可能成为税收竞争中的领导者角色，保持较高税负，所以产业集聚的存在对税负具有正向影响，有助于缓解竞赛到底的税收竞争，这已经得到国内外学者的论证认可，前述文献综述部分已有梳理。

二、模型构建与变量说明

地方政府间为争夺流动税基而展开竞争，一个地区的税收政策可能影响与其产生竞争地区的财政预算约束。税收竞争模型是典型的通过财政反应函数估计方法进行实证研究的模型，在这个模型中地区的最优均衡税率大小依赖竞争者地区的税率政策。

---

① Krugman, P., 1991: "Increasing Returns and Economic Geography", *Journal of Political Economy*, 3; Krugman, P., Venables, A. J., 1995: "Globalization and the Inequality of Nations", *Quarterly Journal of Economics*, 4.
② 袁冬梅，魏后凯：《对外开放促进产业集聚的机理及效应研究——基于中国的理论分析与实证检验》，《财贸经济》2011 年第 12 期。
③ 毛其淋，盛斌：《对外经济开放、区域市场整合与全要素生产率》，《经济学（季刊）》2011 年第 1 期。

假设辖区 i 执行的税收政策 t_i 和附近辖区的税收政策 $\bar{t}_i$ 影响辖区 i 的税基规模 b_i，除辖区 i 的外生特征向量（标注为 Y_i）之外：

$$b_i = b(t_i, \bar{t}_i, Y_i) \quad (2-15)$$

其中 Y_i 涉及的变量包括自然资源、基础设施、总的经济环境等，依据模型设定，$\bar{t}_i$ 应该被解释为相关辖区税率的空间权重均值：

$$\bar{t}_i = \Sigma_{j=1}^{N} W_{ij} t_j \quad (2-16)$$

通常 $\frac{\partial b_i}{\partial t_i} < 0$，$\frac{\partial b_i}{\partial \bar{t}_i} > 0$ 是因为辖区 i 的税收增长（对应的附近辖区税收减少）使地区 i 相比于其他地区对流动资本具有较小吸引力。

辖区 i 的福利水平 u_i 依赖居民的私人消费 c_i 和地方政府提供的公共物品 g_i，两者依赖位于辖区 i 的资本要素的规模 b_i：

$$u_i = u(c_i(b_i), g_i(b_i), X_i) \quad (2-17)$$

其中方程（2-17）中的 X_i 表示辖区的特征向量。将（2-15）引入（2-17）使其地区福利最大化，得出辖区 i 的最优税收政策，依据辖区的外生特征 (X_i, Y_i) 和邻近辖区的税收政策，得到：

$$t_i = t(\bar{t}_i, X_i, Y_i) \quad (2-18)$$

因此，通过估计简化的反应函数（2-18）检验税收竞争行为，通常情况下通过线性或者 log 线性形式表达如下：

$$t_i = \rho_0 + \rho_1 \bar{t}_i + X_i' \rho_x + Y_i' P_y + \varepsilon_i \quad (2-19)$$

其中 ρ_0 是常数项，ρ_x，ρ_y 是参数向量，ε_i 是随机项，ρ_1 是标量参数，空间反应函数的斜率（参数 ρ_1）可能是正值或者负值。

本书基于以上基本模型，构建空间模型，由于所采用的数据含有 n 年在时间 t 内的面板数据，因此构建空间面板杜宾模型。考虑到地区税收决策的路径依赖特征，因此构建的线性动态空间面板杜宾模型如下：

$$Tax_{it} = \delta_{it} + \beta Tax_{it-1} + \rho \Sigma_{j \neq i} W_{ij} Tax_{jt} + X_{i,t} \theta + \eta \Sigma_{j \neq i} W_{ij} X_{i,t} + \varepsilon_{it} \quad (2-20)$$

其中 Tax_{it} 为 i 地区在 t 年的实际有效税负，测算方法在第一章已有说明，此处不再赘述。Tax_{it-1} 为 Tax_{it} 的时间滞后项，其系数 β 反映的是税收决策的路径依赖程度。$W_{ij}Tax_{jt}$ 为 Tax_{jt} 的空间滞后项，反映的是空间相邻地区的税负水平，相应的估计系数 ρ 表示的是地区税负在空间上的溢出效应。$\Sigma_{j\neq i}W_{ij}X_{jt}$ 表示解释变量 $X_{i,t}$ 在空间上滞后项，表示空间相邻地区的人口规模、工业化水平、对外开放水平，对应的系数 η 表示空间相邻地区的人口规模、工业化水平、对外开放水平对本地区税负影响的空间溢出效应。其中为了捕捉地区人口规模形成的集聚效应，考虑到中国各个省级地区土地面积差异较大，因此使用人口密度体现地区人口集聚情况，测算方法是年末人口数/地区土地面积，单位为人/平方公里；工业化水平可以用来呈现地区的经济规模，经济发展水平越高的地区规模也越大，使用非农业 GDP／农业 GDP 后取对数表示[1]；经济开放水平使用地区进出口总额占地区 GDP 的比重来表示。ε_{it} 为随机扰动项，δ_{it} 为各地区不可控的固定效应。模型中引入空间地理权重和空间经济权重考察是否地理相邻或经济相当的地区间存在税收竞争，并估计其程度，权重的构建方法在第一章已有说明，此处不再赘述。本部分样本是中国除西藏、港澳台外的 30 个省级单位，样本考察期为 2000～2019 年，研究数据主要来自历年的《中国统计年鉴》和各省级单位的财政局。

三、估计结果及异质性分析

在空间计量模型中，由于空间滞后因变量和空间滞后误差变量的存在分别违背了传统计量模型中解释变量严格外生和残差扰动项独立同分布的假设，因此可能在估计过程中产生内生性问题，导致在估计方程时最小二乘回归的 ρ 估计产生偏差[2]，通过工具变量法和极大似然估计法（MLE）均可以得到参数 ρ 的一致性估计。[3] 龙小宁等认为相比极大似然估计法，工具变量

---

[1] 另外使用非农业 GDP／总 GDP 衡量工业化水平进行稳健性检验，检验结果没有显著变化。
[2] Anselin, L., 1995: "Local Indicators of Spatial Association—LISA", *Geographical Analysis*, 2.
[3] Brueckner, J. K., 2003: "Strategic Interaction Among Governments: An Overview of Empirical Studies", *International Regional Science Review*, 2.

方法虽然不需要假定回归方程中残差扰动项的分布，但是参数的估计值往往会超出其定义域的范围，而且在实际分析中很难选择出"好"的工具变量，而极大似然估计方法则不存在此类问题。① 因此，为尽量减小估计误差，此处选择极大似然估计法估计空间面板杜宾模型。

本书采用空间计量经济学 MATLAB 工具包中的 MLE 方法，分别在空间地理权重和空间经济权重下，对本部分构建的线性动态空间面板杜宾模型（2-20）进行估计，得到估计结果如表 2-6 所示。

表 2-6　线性动态空间杜宾模型估计结果

	空间地理权重		空间经济权重	
	模型 1	模型 2	模型 3	模型 4
空间加权的地区税负	0.127*(1.765)	0.122*(1.708)	0.446***(5.163)	0.482***(5.576)
税负时间滞后	0.532***(13.095)	0.505***(12.509)	0.611***(16.221)	0.554*** (14.380)
空间加权的税负时间滞后	−0.202***(−2.591)	−0.184**(−2.381)	−0.396***(−3.796)	−0.415*** (−4.001)
两税并轨的政策效应		−0.015**(−2.293)		−13.086***(−3.421)
open	0.266***(3.381)	0.259***(3.317)	0.249***(2.795)	0.234***(2.643)
ind	−0.0004(−0.318)	−0.0005(−0.580)	−0.001(−0.548)	−0.002(−1.356)
md	0.0004***(4.172)	0.0003***(3.060)	0.0004***(3.812)	0.0006***(4.935)
W*open	−0.562***(−5.345)	−0.517***(−4.893)	−0.278(−1.215)	−0.470**(−2.184)
W*ind	0.002*(1.692)	0.002*(1.811)	0.001(1.171)	0.003(0.837)
W*md	−0.0003(−1.121)	−0.0002(−0.582)	0.00005(0.482)	0.0003(1.457)

---

① 龙小宁，朱艳丽，蔡伟贤，李少民：《基于空间计量模型的中国县级政府间税收竞争的实证分析》，《经济研究》2014 年第 8 期。

续表

	空间地理权重		空间经济权重	
	模型 1	模型 2	模型 3	模型 4
sigma^2	0.028	0.027	0.028	0.026
log-likelihood	213.106	223.028	205.494	222.860

注："*、**、***"分别表示 P 值通过了 10%、5%、1% 的显著性检验，括号内为统计量 t 值。

1. 地区企业所得税税负具有显著的路径依赖特征。地区企业所得税税负的一阶时间滞后项对税负具有显著正向影响，在空间地理权重下的系数为 0.532，在空间经济权重下的系数为 0.611，均通过了 1% 的显著性检验，这说明地区制定税收相关政策倾向于参考往年的政策，存在显著的路径依赖特征。同时根据空间加权的税负时间滞后项系数来看，地区税收决策不仅受到本地区往期决策的影响，空间相邻地区往期的税收决策也会对本地区产生显著影响，这种影响在经济相当的地区间更加显著。因此在模型中加入税负的时间滞后项是合理的，动态空间杜宾模型更符合中国的现实情况。

2. 空间地理相邻的地区间存在税收竞争。从动态空间模型估计结果来看，地区间税负的空间策略互动，在地理权重下税收空间反应系数为正值且显著，这论证了假设命题 1，即地理相邻的地区间存在围绕资本展开的税收竞争，一个地区放松税收征管或者提高税收优惠力度会导致地理相邻的周边地区也放松征管或调整优惠政策以做回应，地理相邻主要是相邻省份之间由于资源等的趋同导致在吸引资本方面竞争力不具有明显差距，只能依靠税收优惠作为竞争手段进行招商引资，这就使政府对相邻省份的税收政策非常敏感。第一章测算了中国地区间企业所得税税负的全局空间自相关特征，发现多数地区呈现出税负的空间低-低集聚特征，结合地区间策略互动回归结果，可见中国目前多数地区处于税负逐底的恶性税收竞争中，处于低-低集聚中的地区基本位于中国的东北部和中西部，经济发展水平相对处于中低水平，结合测算出的各地区企业所得税税负结果来看，这些地区的企业所得税税负相对较低，而低－低集聚的特征说明其相邻地区税负也处于较低水平，地理相邻地区之间的税收竞争倾向于逐底的空间竞争态势。

3. 空间经济相近的地区间税收竞争更加激烈。在经济权重下税负的空间反应系数为正值且显著，这论证了假设命题2，即在经济权重下地区间存在税收竞争，这是基于晋升锦标机制下的地方官员晋升博弈理论。地方政府官员为了晋升位次而在经济发展水平相近的地区之间展开竞争，而由于涉及经济相近地区间地方官员晋升位次的波动，因此竞争更加激烈。说明Janeba、Osterloh关于辖区不仅与地理相邻地区竞争，同时与远距离的非相邻经济相近的地区之间竞争的结论在中国同样适用。[①] 另外，从系数结果来看，经济权重下的税收竞争比地理相邻地区间的竞争更激烈，经济权重下的策略互动程度明显高于地理权重，地理相邻的地方政府间税收竞争的反应系数为0.127，通过了10%的显著性检验，而经济相近的反应系数为0.446，通过了1%的显著性检验。相对于地理相邻地区间的竞争强度而言，经济实力越是接近的地区越不容易合作，这导致不同经济带区域整合程度存在差异，也可以解释为何京津地区的区域整合程度要低于长三角和珠三角地区，经济实力越是接近的地区将越难合作，而发达地区与欠发达地区的区域合作则相对更容易一些。

4. 从税收竞争的影响因素来看，在动态空间杜宾模型的估计结果中，人口规模、工业化水平和对外开放水平对地区税负的影响呈现出异质性特征，对外开放水平和人口规模显著刺激税负的提高，缓解了地区参与的恶性税收竞争。从系数来看，对外开放水平的影响程度更高，同时地理相邻地区的对外开放水平提高，可能导致本地区的税负显著降低，提高了本地区税负逐底的竞争态势。可见，相对而言对外开放水平无论是对本地区还是地理相邻地

[①] Janeba, E., Osterloh, S., 2013: "Tax and the City — A Theory of Local Tax Competition", *Journal of Public Economics*, 10.

区的税收决策，都具有显著影响。这种缓解作用对地理相邻的地区间竞争更有效，原因在于，在地理相邻的地区间进行税收竞争时更容易以税收优惠为主要筹码吸引资本，而一个地区对外开放水平的提高，必然形成除税收优惠外的相对竞争优势，改变单纯依靠税收优惠进行招商引资的竞争格局，从而使其保持较高税负而不担心资本外流。经济相近的地区间进行税收竞争，如果一个地区通过提高人口规模或者对外开放水平增强产业集聚，产生了相对于竞争者地区的竞争优势，并且地方官员注重对政治晋升位次的争夺，那么税收竞争更激烈，其在竞争中对竞争对手的税收优惠政策和相对税负水平仍然保持敏感，人口规模和对外开放水平因素对其影响程度相对弱于地理相邻的地区间。工业化水平对本地区税负为负向影响，这与钱学锋等的研究相近，可能是因为产业结构中第二、第三产业所占的比重越大，相应的企业数量越多，在微观上分担了单个企业的税收负担，企业的税收负担相对也越小。[①] 不过系数未通过显著性检验，这种影响尚未释放出来。

5. 地区间税收竞争在两税并轨政策实施后有所缓解，且经济相当的地区间竞争被缓解的程度更高。2008 年我国开始实施两税并轨的《中华人民共和国企业所得税法》，两税并轨指的是将《外商投资企业和外国企业所得税法》和《企业所得税暂行条例》统一成一部所得税法，在税率等方面对内资企业和外资企业一视同仁。外资企业不再享受"超国民待遇"的税收优惠，内资企业和外资企业所得税税率统一为 25%。而以往地区间税收竞争的重要对象便是流动性非常大的外资企业，因此这一税法的实施很有可能会影响税收竞争强度，进一步影响税收政策信息在地区间的流动强度。为此，引入两税并轨政策虚拟变量，与税负的空间滞后项形成交叉项，估计 2008 年之后政策的实施对税收竞争系数的影响。估计模型 3 和模型 4 得到结果如表 2-6 中所示。可以看出，无论是在空间地理权重还是空间经济权重下，两税并轨

---

① 钱学锋、黄玖立、黄云湖：《地方政府对集聚租征税了吗？——基于中国地级市企业微观数据的经验研究》，《管理世界》2012 年第 2 期。

政策对税收竞争的影响系数为负，且分别通过了5%和1%的显著性检验，政策的实施有效缓解了税收竞争。从缓解程度来看，空间地理权重下的影响系数为-0.015，空间经济权重下为-13.086，可见虽然经济相当的地区间比地理相邻的地区间税收竞争更加激烈，但是其对政策变化的弹性也较大，受到两税并轨政策实施的缓解程度更高。

  本部分实证研究中国地区间税收竞争行为，基于不对称税收竞争理论以人口规模、工业化水平和对外开放水平作为竞争双方的异质属性，结合已有理论提出三个假设命题。以2000～2019年中国除西藏、港澳台外的30个省级单位为研究样本，构建线性动态空间面板杜宾模型，并在地理相邻空间权重和经济相邻空间权重下利用极大似然估计法得到估计结果，检验理论假设。得出结论如下：地区税负具有显著的路径依赖特征，并且受到地理相邻或经济相近地区的税收政策影响；地理相邻的地区间存在税收竞争，地区与周边地区的税收优惠政策具有显著的正的空间相关性，多数地区的企业所得税税负表现为低-低集聚，形成逐底的恶性税收竞争；经济相近的地区间存在税收竞争，竞争程度比地理相邻的地区间更激烈，经济越相近的地区间越不容易合作，难以实现有效的区域整合；人口规模增长和提高对外开放水平有助于形成产业集聚，并通过集聚经济使地区保持高税负，缓解逐底的恶性税收竞争；两税并轨政策的实施能够有效缓解地区间恶性竞争，而且在经济相当地区之间的竞争中，缓解作用更显著。

附录 2-1 中国地区间税收信息流动转移熵

地区	安徽	北京	福建	甘肃	广东	广西	贵州	海南	河北	河南	黑龙江	湖北	湖南	吉林	江苏
安徽	0.000	5.457	0.442	1.204	1.131	1.821	0.613	5.061	2.386	1.056	0.556	1.361	3.184	3.220	0.292
北京	3.225	0.000	1.294	3.264	6.533	3.197	5.305	2.592	1.253	4.410	4.468	3.437	4.624	5.092	2.905
福建	0.425	2.170	0.000	1.490	1.113	1.897	1.609	1.044	0.278	0.553	2.215	0.091	0.016	0.361	0.101
甘肃	0.317	4.585	0.242	0.000	0.005	1.538	0.302	3.733	0.185	0.182	0.603	0.089	0.286	0.487	0.101
广东	1.126	9.975	2.981	0.284	0.000	0.270	2.967	3.781	0.423	0.206	3.897	5.344	3.904	1.237	4.215
广西	1.249	5.340	3.002	2.200	0.060	0.000	3.022	4.177	0.376	0.185	4.465	5.344	3.514	1.163	4.215
贵州	0.443	4.220	0.242	1.434	1.168	2.319	0.000	1.714	0.249	0.412	2.341	0.094	0.056	0.233	0.103
海南	4.378	8.805	3.688	3.295	5.325	7.412	5.022	0.000	0.690	7.039	4.022	0.515	6.710	6.736	1.518
河北	2.406	6.390	0.936	1.140	0.675	1.542	0.882	3.700	0.000	2.352	0.506	0.088	0.448	5.032	0.771
河南	1.512	6.755	3.226	2.252	0.409	2.000	3.290	2.370	0.363	0.000	4.120	4.262	3.445	3.085	4.006
黑龙江	0.443	2.170	0.242	1.434	1.168	1.482	4.228	0.822	0.249	0.412	0.000	0.094	0.056	0.233	0.103
湖北	1.425	5.422	0.623	1.564	3.657	3.001	0.799	1.014	1.222	3.392	0.477	0.000	0.264	1.877	2.170
湖南	2.206	4.577	0.286	0.276	0.664	0.514	0.042	1.048	0.278	0.221	0.140	0.131	0.000	0.270	0.131
吉林	2.018	7.175	1.203	1.592	0.774	1.542	0.174	2.818	0.370	0.365	0.963	0.677	0.667	0.000	0.649
江苏	1.058	6.755	2.415	2.286	1.018	1.791	2.170	1.533	0.436	0.653	1.012	0.088	0.322	3.203	0.000

续表

地区	安徽	北京	福建	甘肃	广东	广西	贵州	海南	河北	河南	黑龙江	湖北	湖南	吉林	江苏
江西	3.472	7.162	5.009	2.529	1.402	2.390	4.587	2.659	4.689	0.995	4.131	4.350	3.387	3.848	4.205
辽宁	0.255	4.962	0.384	0.225	0.702	0.137	1.617	1.880	0.436	0.196	0.178	0.192	0.772	0.787	0.184
内蒙古	1.640	5.780	0.783	2.455	0.315	1.550	1.077	1.803	0.370	0.370	0.609	1.261	3.149	5.576	0.211
宁夏	4.183	7.792	3.183	2.004	0.965	1.939	5.734	2.977	0.604	0.386	3.841	4.350	6.327	3.395	4.205
青海	2.289	5.760	1.210	2.865	1.715	2.946	1.373	1.947	0.835	1.403	0.755	1.259	0.480	5.901	0.699
山东	1.496	4.340	5.642	0.387	0.291	0.349	2.874	0.822	0.181	0.181	3.836	4.262	3.385	2.755	4.106
山西	2.857	5.248	2.543	2.285	0.959	1.976	2.262	1.365	0.592	0.734	0.553	0.187	0.419	3.037	0.205
陕西	3.403	3.671	0.916	0.390	2.506	1.378	1.041	1.926	0.365	0.363	1.346	2.257	1.031	1.649	1.702
上海	7.822	12.142	1.095	6.053	6.460	6.118	3.314	3.637	7.374	3.091	3.767	0.940	4.247	8.584	0.948
四川	2.600	4.833	0.496	1.149	0.689	1.550	0.655	1.772	0.189	2.355	0.683	0.364	0.521	3.157	1.010
天津	1.834	9.418	3.623	1.362	1.371	2.500	1.381	4.877	2.439	1.101	1.518	3.262	1.717	1.295	1.872
新疆	2.800	2.170	0.527	1.621	1.457	1.812	4.460	1.102	0.892	0.592	0.140	0.219	0.331	0.966	0.231
云南	0.660	6.390	0.733	2.271	0.427	1.708	0.703	3.309	0.189	0.332	0.189	1.176	0.205	5.008	0.702
浙江	4.221	6.375	3.382	0.710	3.168	1.891	3.467	1.412	0.582	0.423	4.214	5.432	6.345	1.300	4.215
重庆	2.002	8.805	2.066	1.829	4.629	2.282	2.408	1.714	0.602	0.767	2.837	0.279	6.145	1.601	0.283

附录2-2 中国地区间税收信息流动转移熵（续）

地区	江西	辽宁	内蒙古	宁夏	青海	山东	山西	陕西	上海	四川	天津	新疆	云南	浙江	重庆
安徽	2.823	0.631	2.270	1.727	0.248	0.504	3.242	0.285	7.837	3.690	3.330	1.476	1.194	3.187	3.425
北京	1.571	2.804	4.634	7.967	4.911	0.980	4.366	0.768	9.184	3.066	5.885	4.649	2.078	3.756	6.033
福建	0.138	0.174	0.519	3.400	0.285	0.220	2.097	0.010	0.000	0.185	1.302	2.215	0.936	0.727	0.599
甘肃	0.737	0.021	1.684	6.241	0.369	0.170	0.679	0.182	5.429	0.463	0.218	1.164	0.280	0.185	2.860
广东	0.774	2.191	0.492	0.566	3.279	0.216	3.424	0.218	6.444	1.706	2.826	4.078	0.563	2.761	3.618
广西	0.737	1.582	0.710	3.116	3.424	0.177	3.240	0.182	6.170	1.562	3.960	4.507	0.493	2.756	3.618
贵州	0.141	1.203	0.448	3.242	0.174	0.212	2.112	0.002	2.848	0.165	0.809	2.902	0.601	0.885	0.670
海南	1.088	3.316	3.703	5.853	2.795	1.078	4.975	0.781	6.610	6.652	8.259	5.058	1.167	3.989	5.225
河北	2.667	1.642	5.507	0.864	1.272	4.487	1.311	0.347	7.497	0.395	4.793	2.147	1.038	1.269	1.318
河南	0.596	1.492	1.431	0.644	2.978	0.163	2.504	0.173	6.585	1.530	2.766	3.602	0.277	0.623	3.480
黑龙江	0.141	0.023	0.448	0.756	0.174	0.212	2.112	0.002	0.670	0.165	0.742	0.000	0.601	0.885	0.670
湖北	0.934	0.480	4.996	1.491	4.994	0.166	1.098	0.173	2.000	1.278	2.202	0.477	3.226	2.623	0.934
湖南	0.217	1.190	0.804	0.980	0.156	0.275	1.958	0.190	2.837	0.112	0.658	0.286	0.442	2.704	3.043
吉林	0.880	0.955	2.461	5.521	0.647	0.331	0.951	0.360	11.848	4.777	2.516	1.247	0.933	1.340	3.649
江苏	3.030	0.552	1.185	1.333	2.935	0.177	1.566	0.182	4.830	0.614	1.942	1.012	2.768	0.670	1.863

第二章　中国地区间不对称税收竞争的策略行为　127

续表

地区	江西	辽宁	内蒙古	宁夏	青海	山东	山西	陕西	上海	四川	天津	新疆	云南	浙江	重庆
江西	0.000	2.186	1.620	1.900	4.055	1.517	4.582	0.191	4.585	1.777	4.524	3.488	6.738	3.200	5.510
辽宁	0.147	0.000	2.339	0.980	0.124	0.451	1.958	0.057	5.029	1.367	0.689	0.286	0.496	1.222	1.134
内蒙古	0.742	0.955	0.000	2.198	3.666	0.337	4.847	0.849	5.670	3.918	6.601	1.932	0.685	2.623	1.337
宁夏	0.951	2.741	2.850	0.000	3.976	0.377	3.678	0.422	8.444	3.858	4.724	3.565	0.901	2.682	3.732
青海	1.012	1.000	2.618	2.183	0.000	0.337	2.355	0.360	4.014	1.869	2.669	1.711	2.967	4.624	0.369
山东	0.138	2.000	1.019	0.462	3.252	0.000	4.986	0.170	4.170	3.420	2.000	3.878	0.662	0.599	6.041
山西	2.141	1.718	3.050	1.864	4.290	0.400	0.000	0.178	5.085	2.185	2.472	2.295	3.623	3.863	2.880
陕西	0.631	1.930	3.601	0.902	5.636	0.322	5.184	0.000	3.851	0.449	3.758	4.640	0.665	3.648	3.536
上海	1.807	6.534	3.520	9.304	2.206	2.217	4.864	0.979	0.000	5.352	6.961	3.911	4.932	5.535	2.497
四川	0.675	1.984	4.532	0.832	1.863	0.331	1.311	0.347	6.333	0.000	2.931	1.418	0.704	2.702	3.602
天津	1.769	0.642	5.255	2.403	3.056	0.442	2.897	0.674	7.444	5.882	0.000	2.570	1.328	1.854	7.525
新疆	0.295	1.821	2.845	1.879	0.857	0.643	2.800	0.178	1.340	2.662	2.969	0.000	1.381	2.669	0.946
云南	2.631	1.245	0.940	1.189	0.940	0.340	0.638	0.010	6.000	0.208	3.766	1.829	0.000	1.355	1.562
浙江	2.746	1.549	2.046	1.526	7.799	0.504	6.051	0.224	6.837	2.886	3.412	4.396	1.564	0.000	3.225
重庆	3.346	2.368	0.808	4.104	0.960	0.569	4.139	0.225	3.274	1.826	5.209	3.319	3.138	2.682	0.000

附录 2-3 中国地区间税收净信息流动值

地区	安徽	北京	福建	甘肃	广东	广西	贵州	海南	河北	河南	黑龙江	湖北	湖南	吉林	江苏
安徽	0.000	2.231	0.017	0.887	0.006	0.573	0.170	0.683	-0.019	-0.456	0.113	-0.064	0.978	1.202	-0.765
北京	-2.231	0.000	-0.876	-1.321	-3.441	-2.143	1.085	-6.213	-5.136	-2.345	2.298	-1.984	0.047	-2.083	-3.850
福建	-0.017	0.876	0.000	1.248	-1.869	-1.105	1.367	-2.645	-0.658	-2.673	1.973	-0.531	-0.270	-0.842	-2.314
甘肃	-0.887	1.321	-1.248	0.000	-0.279	-0.662	-1.133	0.438	-0.956	-2.070	-0.831	-1.474	0.010	-1.105	-2.186
广东	-0.006	3.441	1.869	0.279	0.000	0.209	1.799	-1.545	-0.252	-0.204	2.729	1.687	3.240	0.463	3.196
广西	-0.573	2.143	1.105	0.662	-0.209	0.000	0.703	-3.235	-1.166	-1.815	2.983	2.343	3.000	-0.379	2.424
贵州	-0.170	-1.085	-1.367	1.133	-1.799	-0.703	0.000	-3.308	-0.633	-2.878	-1.887	-0.705	0.014	0.059	-2.067
海南	-0.683	6.213	2.645	-0.438	1.545	3.235	3.308	0.000	-3.010	4.669	3.200	-0.498	5.662	3.918	-0.015
河北	0.019	5.136	0.658	0.956	0.252	1.166	0.633	3.010	0.000	1.989	0.257	-1.133	0.170	4.662	0.335
河南	0.456	2.345	2.673	2.070	0.204	1.815	2.878	-4.669	-1.989	0.000	3.708	0.871	3.224	2.720	3.353
黑龙江	-0.113	-2.298	-1.973	0.831	-2.729	-2.983	1.887	-3.200	-0.257	-3.708	0.000	-0.383	-0.084	-0.730	-0.909
湖北	0.064	1.984	0.531	1.474	-1.687	-2.343	0.705	0.498	1.133	-0.871	0.383	0.000	0.133	1.200	2.082
湖南	-0.978	-0.047	0.270	-0.010	-3.240	-3.000	-0.014	-5.662	-0.170	-3.224	0.084	-0.133	0.000	-0.397	-0.190
吉林	-1.202	2.083	0.842	1.105	-0.463	0.379	-0.059	-3.918	-4.662	-2.720	0.730	-1.200	0.397	0.000	-2.554
江苏	0.765	3.850	2.314	2.186	-3.196	-2.424	2.067	0.015	-0.335	-3.353	0.909	-2.082	0.190	2.554	0.000

续表

地区	安徽	北京	福建	甘肃	广东	广西	贵州	海南	河北	河南	黑龙江	湖北	湖南	吉林	江苏
江西	0.649	5.591	4.871	1.792	0.628	1.654	4.446	1.571	2.022	0.399	3.991	3.416	3.169	2.968	1.176
辽宁	-0.375	2.159	0.210	0.203	-1.490	-1.444	0.414	-1.436	-1.206	-1.297	0.154	-0.288	-0.418	-0.169	-0.369
内蒙古	-0.631	1.146	0.264	0.771	-0.177	0.841	0.629	-1.900	-5.138	-1.061	0.161	-3.735	2.345	3.115	-0.974
宁夏	2.456	-0.174	-0.216	-4.237	0.399	-1.177	2.492	-2.876	-0.260	-0.258	3.086	2.859	5.347	-2.126	2.872
青海	2.041	0.849	0.926	2.496	-1.564	-0.478	1.199	-0.848	-0.437	-1.575	0.581	-3.735	0.324	5.254	-2.236
山东	0.993	3.360	5.421	0.217	0.075	0.173	2.663	-0.256	-4.306	0.018	3.624	4.096	3.110	2.424	3.929
山西	-0.386	0.882	0.446	1.606	-2.465	-1.264	0.150	-3.610	-0.718	-1.771	-1.559	-0.911	-1.539	2.086	-1.361
陕西	3.118	2.903	0.906	0.208	2.288	1.196	1.038	1.144	0.019	0.189	1.344	2.083	0.841	1.289	1.520
上海	-0.015	2.958	1.095	0.624	0.016	-0.052	0.466	-2.974	-0.122	-3.494	3.098	-1.060	1.410	-3.264	-3.882
四川	-1.090	1.767	0.311	0.686	-1.018	-0.011	0.490	-4.880	-0.206	0.824	0.518	-0.914	0.409	-1.619	0.395
天津	-1.496	3.532	2.321	1.144	-1.455	-1.460	0.572	-3.383	-2.354	-1.665	0.776	1.061	1.059	-1.221	-0.070
新疆	1.324	-2.479	-1.688	0.457	-2.620	-2.695	1.558	-3.956	-1.255	-3.010	0.140	-0.258	0.045	-0.281	-0.781
云南	-0.534	4.312	-0.203	1.990	-0.136	1.215	0.103	2.143	-0.849	0.055	-0.412	-2.050	-0.237	4.075	-2.066
浙江	1.034	2.619	2.655	0.524	0.408	-0.865	2.582	-2.577	-0.687	-0.200	3.330	2.808	3.641	-0.040	3.545
重庆	-1.423	2.771	1.467	-1.032	1.011	-1.336	1.738	-3.511	-0.715	-2.713	2.167	-0.655	3.102	-2.048	-1.580

附录 2-4　中国地区间税收净信息流动值（续）

地区	江西	辽宁	内蒙古	宁夏	青海	山东	山西	陕西	上海	四川	天津	新疆	云南	浙江	重庆
安徽	-0.649	0.375	0.631	-2.456	-2.041	-0.993	0.386	-3.118	0.015	1.090	1.496	-1.324	0.534	-1.034	1.423
北京	-5.591	-2.159	-1.146	0.174	-0.849	-3.360	-0.882	-2.903	-2.958	-1.767	-3.532	2.479	-4.312	-2.619	-2.771
福建	-4.871	-0.210	-0.264	0.216	-0.926	-5.421	-0.446	-0.906	-1.095	-0.311	-2.321	1.688	0.203	-2.655	-1.467
甘肃	-1.792	-0.203	-0.771	4.237	-2.496	-0.217	-1.606	-0.208	-0.624	-0.686	-1.144	-0.457	-1.990	-0.524	1.032
广东	-0.628	1.490	0.177	-0.399	1.564	-0.075	2.465	-2.288	-0.016	1.018	1.455	2.620	0.136	-0.408	-1.011
广西	-1.654	1.444	-0.841	1.177	0.478	-0.173	1.264	-1.196	0.052	0.011	1.460	2.695	-1.215	0.865	1.336
贵州	-4.446	-0.414	-0.629	-2.492	-1.199	-2.663	-0.150	-1.038	-0.466	-0.490	-0.572	-1.558	-0.103	-2.582	-1.738
海南	-1.571	1.436	1.900	2.876	0.848	0.256	3.610	-1.144	2.974	4.880	3.383	3.956	-2.143	2.577	3.511
河北	-2.022	1.206	5.138	0.260	0.437	4.306	0.718	-0.019	0.122	0.206	2.354	1.255	0.849	0.687	0.715
河南	-0.399	1.297	1.061	0.258	1.575	-0.018	1.771	-0.189	3.494	-0.824	1.665	3.010	-0.055	0.200	2.713
黑龙江	-3.991	-0.154	-0.161	-3.086	-0.581	-3.624	1.559	-1.344	-3.098	-0.518	-0.776	-0.140	0.412	-3.330	-2.167
湖北	-3.416	0.288	3.735	-2.859	3.735	-4.096	0.911	-2.083	1.060	0.914	-1.061	0.258	2.050	-2.808	0.655
湖南	-3.169	0.418	-2.345	-5.347	-0.324	-3.110	1.539	-0.841	-1.410	-0.409	-1.059	-0.045	0.237	-3.641	-3.102
吉林	-2.968	0.169	-3.115	2.126	-5.254	-2.424	-2.086	-1.289	3.264	1.619	1.221	0.281	-4.075	0.040	2.048
江苏	-1.176	0.369	0.974	-2.872	2.236	-3.929	1.361	-1.520	3.882	-0.395	0.070	0.781	2.066	-3.545	1.580

续表

地区	江西	辽宁	内蒙古	宁夏	青海	山东	山西	陕西	上海	四川	天津	新疆	云南	浙江	重庆
江西	0.000	2.040	0.878	0.950	3.042	1.379	2.441	-0.441	2.778	1.102	2.755	3.193	4.107	0.454	2.164
辽宁	-2.040	0.000	1.384	-1.761	-0.876	-1.549	0.240	-1.873	-1.505	-0.617	0.047	-1.535	-0.749	-0.327	-1.233
内蒙古	-0.878	-1.384	0.000	-0.652	1.048	-0.682	1.797	-2.751	2.149	-0.614	1.346	-0.913	-0.254	0.577	0.528
宁夏	-0.950	1.761	0.652	0.000	1.793	-0.085	1.813	-0.480	-0.860	3.026	2.322	1.686	-0.288	1.157	-0.372
青海	-3.042	0.876	-1.048	-1.793	0.000	-2.915	-1.935	-5.276	1.808	0.006	-0.387	0.854	2.026	-3.175	-0.591
山东	-1.379	1.549	0.682	0.085	2.915	0.000	4.586	-0.152	1.953	3.089	1.558	3.236	0.322	0.095	5.471
山西	-2.441	-0.240	-1.797	-1.813	1.935	-4.586	0.000	-5.006	0.221	0.874	-0.425	-0.505	2.985	-2.187	-1.260
陕西	0.441	1.873	2.751	0.480	5.276	0.152	5.006	0.000	2.871	0.102	3.084	4.462	0.655	3.424	3.311
上海	-2.778	1.505	-2.149	0.860	-1.808	-1.953	-0.221	-2.871	0.000	-0.982	-0.483	2.571	-1.068	-1.302	-0.776
四川	-1.102	0.617	0.614	-3.026	-0.006	-3.089	-0.874	-0.102	0.982	0.000	-2.951	-1.244	0.497	-0.184	1.776
天津	-2.755	-0.047	-1.346	-2.322	0.387	-1.558	0.425	-3.084	0.483	2.951	0.000	-0.399	-2.438	-1.558	2.316
新疆	-3.193	1.535	0.913	-1.686	-0.854	-3.236	0.505	-4.462	-2.571	1.244	0.399	0.000	-0.448	-1.727	-2.373
云南	-4.107	0.749	0.254	0.288	-2.026	-0.322	-2.985	-0.655	1.068	-0.497	2.438	0.448	0.000	-0.209	-1.576
浙江	-0.454	0.327	-0.577	-1.157	3.175	-0.095	2.187	-3.424	1.302	0.184	1.558	1.727	0.209	0.000	0.543
重庆	-2.164	1.233	-0.528	0.372	0.591	-5.471	1.260	-3.311	0.776	-1.776	-2.316	2.373	1.576	-0.543	0.000

第三章 中国地区间不对称税收竞争的溢出效应

建设全国统一大市场是"十四五"时期畅通国内大循环的重要任务。[①] 围绕畅通经济循环深化改革，必须重视国内统一市场建设，打通阻碍全国统一大市场建设的堵点。而与此同时，党的十九大报告指出，为决胜全面建成小康社会，以习近平同志为核心的党中央做出重大决策部署，打好防范化解重大风险、精准脱贫、污染防治三大攻坚战。中国地区间存在"以邻为壑"的市场分割行为，同时地区间竞相举债导致债务规模呈指数增长，而省际环境污染的联防联控十分复杂，跨区域环境污染问题也是我国多年来持续面临的环境治理难题。本章从地区间税收竞争的视角分析影响市场分割、债务扩张和环境污染这三大问题的制度性原因，为进一步促进市场一体化和防范重大风险提供政策启发。

第一节 税收竞争与市场分割

已有研究无论是认为中国地区市场趋于整合还是分割程度在加剧，一致的观点是，中国地区之间的市场存在零碎分割的问题。[②] 高度一体化的国内

[①] 《中华人民共和国国民经济和社会发展第十四个五年规划和2035年远景目标纲要》指出，要"加快构建国内统一大市场，对标国际先进规则和最佳实践优化市场环境，促进不同地区和行业标准、规则、政策协调统一，有效破除地方保护、行业垄断和市场分割"。

[②] 陆铭，陈钊：《分割市场的经济增长——为什么经济开放可能加剧地方保护？》，《经济研究》2009年第3期。

市场有利于发挥经济增长的规模效应,但是对于政府来说,采取分割市场的地方保护政策却可能在省际之间经济竞争中形成占优策略。当竞争地区采取分割市场策略时,本地区为了避免受损失而被动选择市场分割,表面上各地区从分割市场中受益,但是这种"囚徒困境"导致中国地区经济整体上因为规模不经济而受到损失。地区间"以邻为壑"的竞争行为不利于市场整合和经济可持续增长,只有在高度的市场整合下,实现不同资源禀赋和技术专长的区域间合作,才能使各地发挥比较优势,形成规模效应,发挥经济增长潜力。很显然,市场分割阻碍中国国内市场一体化进程,扭曲经济运行机制,扰乱价格信号,不利于区域间资源的高效率配置。因此,从税收竞争的角度探索市场分割形成的制度性原因及其影响,对于促进经济高质量发展具有重要的现实意义。

一、我国地区间市场分割的时空分异

以往研究中国地区间市场分割程度多是以定性描述为主,Young 尝试从地区之间商品价格的发散现象观察市场分割程度,在此基础上,后续学者展开了对市场分割的量化探索。[1] 现有文献对地区市场分割的测算方法主要有生产法、贸易法以及相对价格法[2],生产法和贸易法都有其内在的缺陷,并且难以形成一个面板数据库[3],用价格指数构造指标衡量市场整合更为直接,其思想来源于"冰川成本"模型,任何妨碍自由贸易的政策都会影响地区间商品市场的正常套利,进而违背"两地一价"定律,导致地区间商品价格出现

---

[1] Young, A., 2000: "The Razor's Edge: Distortions and Incremental Reform in The People's Republic of China", *Quarterly Journal of Economics*, 4.
[2] 马草原、李廷瑞、孙思洋:《中国地区之间的市场分割——基于"自然实验"的实证研究》,《经济学(季刊)》2021 年第 3 期。
[3] 桂琦寒、陈敏、陆铭、陈钊:《中国国内商品市场趋于分割还是整合:基于相对价格法的分析》,《世界经济》2006 年第 2 期。

异质性。[1] 基于这样的逻辑思路，参考 Parsley 等发展起来的相对价格分析方法[2]，桂琦寒等学者将商品价格数据细分后，通过观察地区间相对价格的离散程度及其时间趋势来推断市场分割程度的演化路径。[3] 这一基于一价定律的相对价格法已经成为测算地区间市场分割的主流研究范式。[4] 因此，本书也采用相对价格法测算分析中国地区间市场分割程度。具体做法如下：

首先构建包含时间、地区、商品的三维面板数据。从历年的《中国统计年鉴》搜集 2004～2018 年我国除西藏、港澳台外的 30 个省级单位 8 类商品的零售价格指数，这 8 类商品包括食品、粮食、饮料烟酒、服装鞋帽、文化办公、体育娱乐、交通通信、中西药品及医疗保健等。由此获得含有时间、地区和商品的（15×30×8）的原始数据面板。然后计算地区 i 与地区 j 在 t 年的商品 k 的相对价格绝对值 $\left|\Delta Q_{ijt}^{k}\right|$，其中：

$$\Delta Q_{ijt}^{k} = \ln\left(p_{it}^{k} - p_{it-1}^{k}\right) - \ln\left(p_{jt}^{k} - p_{jt-1}^{k}\right) \tag{3-1}$$

马草原等研究发现，省际分界线两侧存在显著的市场分割效应。[5] 因此对中国除西藏、港澳台外的 30 个省级单位，取两两相邻测算中国 2004～2018 年省际市场分割水平。由此可形成 65 对组合，这样 2004～2018 年（共 15 年）8 类商品的数据，共产生了 7800 个差分形式的相对价格绝对值 $\left|\Delta Q_{ijt}^{k}\right|$。进一步采用去均值的处理方法剔除与商品异质性相联系的固定效应导致的系统偏误。最后计算年份 t，地区 i 与地区 j，8 类商品的相对价格波动 q_{ijt}^{k} 的方差 var(q_{ijt}^{k})，由此可获得 65 对组合 2004～2018 年的相对价格方差。考虑到

---

[1] Samuelson, P., 1954: "Theoretical Note on Trade Problem", *Review of Economics and Statistics*, 2.

[2] Parsley, D. C., Shang-Jin, W., 1996: "Convergence to the Law of One Price Without Trade Barriers or Currency Fluctuations", *Quarterly Journal of Economics*, 4.

[3] 桂琦寒，陈敏，陆铭，陈钊：《中国国内商品市场趋于分割还是整合：基于相对价格法的分析》，《世界经济》2006 年第 2 期。

[4] 马草原，李廷瑞，孙思洋：《中国地区之间的市场分割——基于"自然实验"的实证研究》，《经济学（季刊）》2021 年第 3 期。

[5] 同上。

分析的方便性，在不改变相对大小的情况下，将测算得到的原始市场分割指数都乘以10000。[①] 测算得到的地区间市场分割水平见附录3-1。

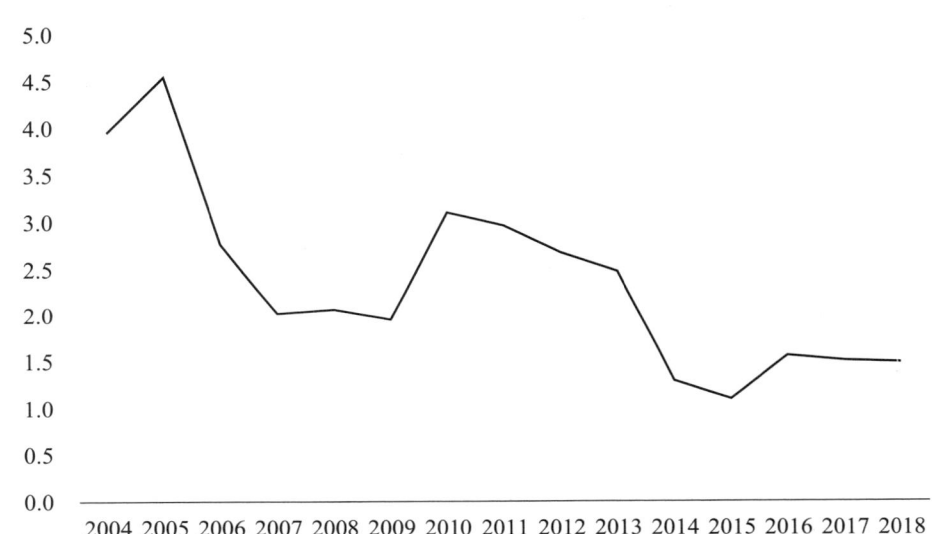

图 3-1　2004～2018年我国市场分割程度变化

根据以上测算方法，我们得到65组相邻省级单位在15年的975（=65×15）个方差值，为了进行全国市场化程度的总体趋势分析，参考桂琦寒等的测算方法，测算指标 var（q_{ijt}）逐年的均值，得到时间序列 $\overline{var(q_{ijt})}$。图3-1显示出我国自2004～2018年的观测期内，全国相对价格差总体上正在持续收窄，市场分割指数从2004年的3.954下降到2018年的1.483，可见中国地区间市场分割并非愈演愈烈，而是呈现出市场日渐整合的趋势，这与已有相关研究的主流观点比较一致，中国区域发展正在突破"行政单元"约束而走向一体化协调。其中桂琦寒等测算了1985～2001年全国的市场分割程度，也发现了自改革开放以来，国内商品市场的一体化进程逐渐收敛的证据。

[①] 陈敏等也做了相似的处理。详见：陈敏，桂琦寒，陆铭，陈钊：《中国经济增长如何持续发挥规模效应？——经济开放与国内商品市场分割的实证研究》，《经济学（季刊）》2008年第1期。

表 3-1 相邻省级单位相对价格方差 2004～2018 年内均值排名

排序	i地区	j地区	平均值	排序	i地区	j地区	平均值	排序	i地区	j地区	平均值
1	北京	天津	4.854	23	青海	新疆	2.744	45	福建	广东	1.733
2	上海	浙江	4.839	24	甘肃	青海	2.614	46	湖北	湖南	1.721
3	四川	青海	4.512	25	内蒙古	黑龙江	2.607	47	内蒙古	吉林	1.716
4	上海	江苏	4.209	26	江苏	山东	2.600	48	内蒙古	辽宁	1.703
5	贵州	云南	3.891	27	安徽	湖北	2.544	49	河北	河南	1.664
6	天津	河北	3.753	28	安徽	山东	2.453	50	福建	江西	1.554
7	甘肃	宁夏	3.630	29	四川	陕西	2.337	51	湖南	广西	1.527
8	甘肃	新疆	3.570	30	广东	海南	2.292	52	湖北	陕西	1.487
9	重庆	四川	3.461	31	湖南	广东	2.222	53	山西	陕西	1.442
10	四川	贵州	3.446	32	江西	广东	2.220	54	山西	内蒙古	1.417
11	广西	贵州	3.380	33	河南	陕西	2.153	55	安徽	江西	1.403
12	湖南	贵州	3.319	34	陕西	宁夏	2.089	56	江西	湖南	1.397
13	四川	云南	3.301	35	江苏	安徽	2.075	57	浙江	江西	1.382
14	四川	甘肃	3.287	36	安徽	河南	2.011	58	山东	河南	1.360
15	广西	云南	3.244	37	内蒙古	宁夏	1.989	59	浙江	安徽	1.291
16	湖北	重庆	3.124	38	陕西	甘肃	1.947	60	河南	湖北	1.229
17	内蒙古	甘肃	2.888	39	山西	河南	1.926	61	河北	辽宁	1.229
18	重庆	贵州	2.871	40	浙江	福建	1.857	62	河北	山东	1.093
19	湖南	重庆	2.828	41	广东	广西	1.837	63	河北	内蒙古	1.040
20	北京	河北	2.771	42	江苏	浙江	1.804	64	江西	湖北	0.987
21	吉林	黑龙江	2.765	43	辽宁	吉林	1.775	65	河北	山西	0.896
22	重庆	陕西	2.751	44	内蒙古	陕西	1.746				

注：为便于分析，表中市场分割指标数据是由原始数据扩大了 10000 倍得到，不改变相对大小。

观察 65 组相邻省级单位的市场分割时序数据，发现不同的相邻省级单位之间市场整合程度不同步，差异较大。对各个相邻地区数据在 2004～2018 年内的相对价格差异平均后得到 65 组均值，表 3-1 显示市场分割程度最高的是北京和天津，平均值为 4.854，其次是上海和浙江，为 4.839。河北与山西的市场分割程度最低，为 0.896，其次是江西与湖北，为 0.987，市场整合程度相对较高。需要注意的是，河北与其相邻的北京、河南、辽宁、内蒙古、山东、山西和天津 7 个省级单位市场分割存在显著的分化特征，分割程度最高的是天津和北京，分别达到 3.753 和 2.771，而与山西、内蒙古、山东、辽宁的市场分割处于非常低的水平。河北与河南的市场分割程度也处于偏低水平，为 1.664。河北与北京、天津的市场分割程度达到较高水平，可能是因为北京和天津的直辖市地位使得其能够得到一些特殊的政策，同时也可能使得其采取不合作对策来保护自己的利益，从而造成比较严重的市场分割。

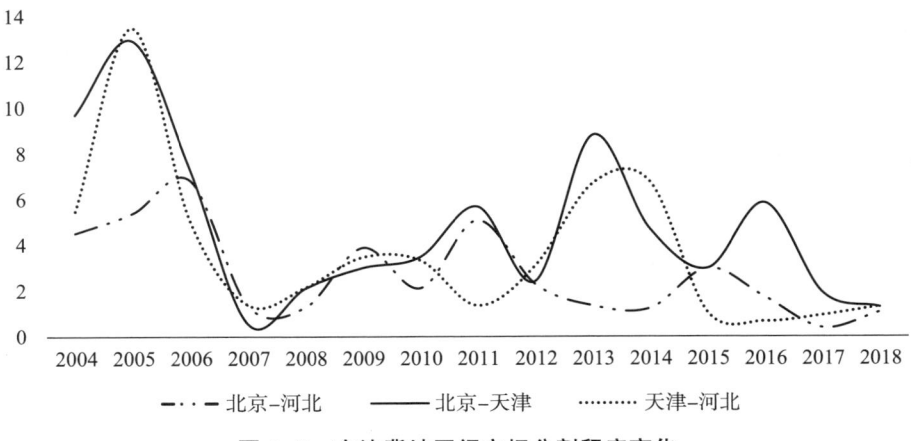

图 3-2　京津冀地区间市场分割程度变化

图 3-2 显示京津冀地区的市场分割自 2004 年至今总体上呈现出不断下降的态势，市场整合程度不断加深，尤其是在 2006 年之后，市场走向整合的步伐加快。自 2014 年习近平总书记将京津冀协同发展确立为国家发展

的重大战略，京津冀市场分割持续处于低水平，尤其是河北与北京、天津的市场分割走势持续降低，政策效果明显。需要注意的是，北京与天津的市场分割经历了三段下降走势，分别是 2005～2007 年，2013～2014 年，2016～2017 年，下降幅度逐渐降低。在 2018 年，京津冀地区的市场分割程度趋于一致，均为较低水平，其中北京与河北的市场分割程度为 1.070，北京与天津的市场分割程度为 1.293，天津与河北的市场分割程度为 1.327。

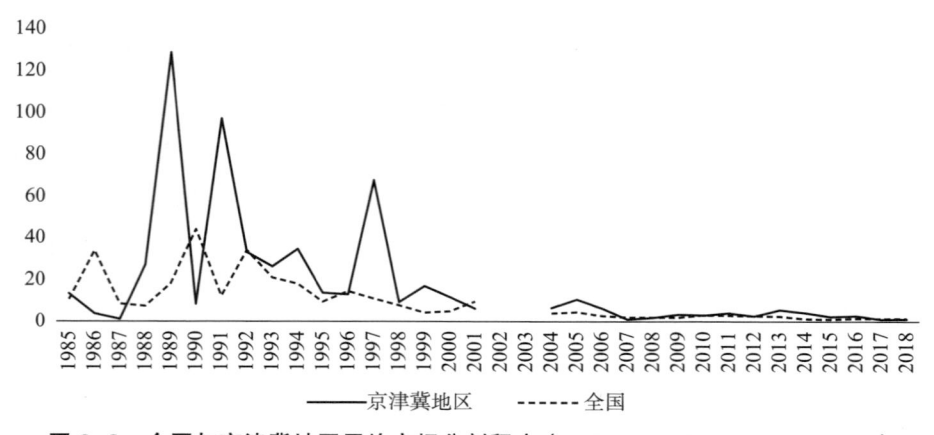

图 3-3　全国与京津冀地区平均市场分割程度（1985～2001，2004～2018）

注：1985～2001 年数据的资料来源是桂琦寒等（2006），2004～2018 年数据来源由作者测算得到，为保证一致性，对 1985～2001 年数据做扩大 10000 倍处理。

根据桂琦寒等所做的研究，其测算得到的 1985～2001 年地区间的市场分割情况，发现中国的区域市场分割并非如 Young 和 Poncet[①] 所揭示的那样愈演愈烈，而是呈现出市场日渐整合的趋势，本部分测算的 2004～2018 年数据也支持了这一结论。总体上自 1985 年以来，全国相对价格的振动经

---

① Young, A., 2000: "The Razor's Edge: Distortions and Incremental Reform in The People's Republic of China", *Quarterly Journal of Economics*, 4; Poncet, S.:《中国市场正在走向"非一体化"？——中国国内和国际市场一体化程度的比较分析》,《世界经济文汇》2002 年第 1 期。

历了 1985～2001 年先放大后收窄，2004～2018 年幅度较小的波动下降态势。观察京津冀地区平均的市场分割程度，发现自 1985 年至今，京津冀地区市场整合度逐渐在提高，相对价格方差趋势在下降。在 1985～2001 的时间段内，京津冀地区相对价格的方差与总体趋势相近，均呈现出三段走势，波动幅度较大，这一区域的价格指标明显高于全国的其他地区。桂琦寒等发现，北京－河北的相对价格方差分别在 1994 年、1997 年、1999 年位居各地区的首位，于 1989 年、2000 年位居第二。北京－天津在 2000 年位居第一，1997 年和 1999 年位居第二，天津－河北在 1989 年位居第一，1991 年、2001 年位居第二。从 1985～2001 年的均值来看，北京－河北的平均值最大，达到 38.464，其次是天津－河北，达到 35.831，北京－天津也达到了 16.196。京津冀地区比较严重的市场分割在 2004 年之后快速收窄，从我们的研究来看，在 2004～2018 年内，虽然京津冀地区的市场分割程度仍然比其他区域高，北京－天津位居第一，但是市场分割程度大幅降低，为 4.854。天津－河北为 3.753，北京－河北为 2.771，京津冀市场整合程度快速提高，京津冀一体化相关政策效果有所显现。

参考陆铭、陈钊的处理方法[①]，进一步将 65 对相邻省级单位间的市场分割指数按照省级单位合并，得到每个省级单位与其所有相邻省级单位的平均市场分割水平。由此得到 450（=30×15）个市场分割的观测值，分别显示了 30 个省级单位在 2004～2018 年 15 年间与所有相邻省级单位的市场分割程度变化情况，即每个省级单位的市场分割指数反映的是这个省级单位与其相邻省级单位的市场整合程度。

---

① 陆铭，陈钊：《分割市场的经济增长——为什么经济开放可能加剧地方保护？》，《经济研究》2009 年第 3 期。

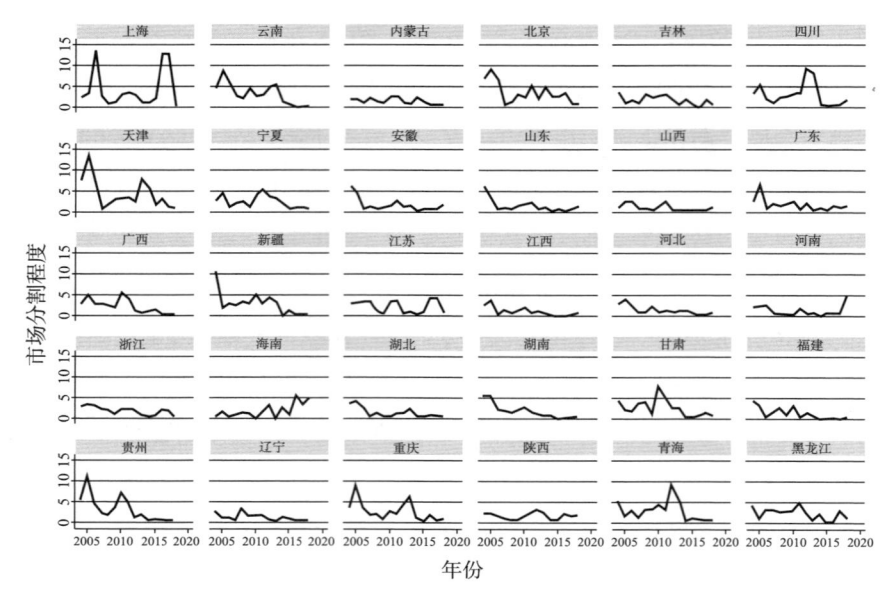

图 3-4　2004～2018 年各省级单位的市场分割程度

观察图 3-4 中各省级单位的市场分割指数及其演变趋势，各地区市场分割程度表现出差异化特征，具有显著下降趋势的是贵州、重庆、湖南、新疆、云南等地，而上海、天津、北京、四川的市场分割程度波动幅度较大。内蒙古、吉林、安徽、山西等地的市场分割程度变化趋势不显著。总体上多数省级单位的市场分割指数随着时间的推进趋于下降，具体有 27 个省级单位在 2018 年与其相邻省级单位的市场分割程度均低于 2004 年，降低幅度最大的是新疆，市场分割降低了 94.9%，其次是贵州、云南、北京等地，分别降低了 86.5%、85.2%、83.4%，多数省级单位在 2004～2018 年表现出的下降态势与陈敏等对 1985～2001 年的各省级单位市场分割程度趋势分析结论比较一致。

第三章 中国地区间不对称税收竞争的溢出效应 141

图 3-5 各省级单位市场分割指数平均值（1985～2001，2004～2018）

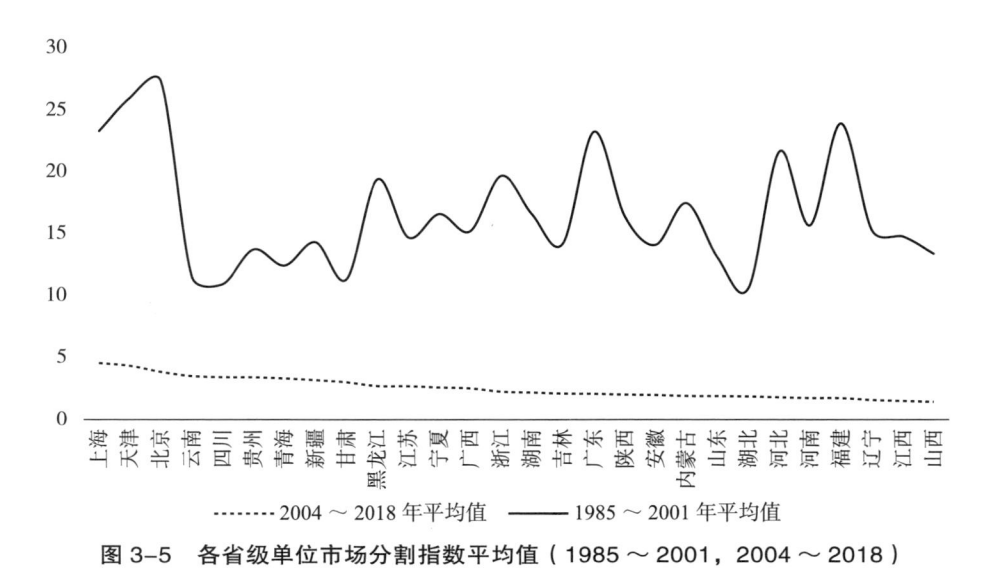

注：其中2004～2018年平均值由本书作者测算得到；1985～2001年数据来自陈敏等（2008），为与本部分数据保持一致，在其基础上做了扩大100倍处理。

图 3-5 反映出各省级单位的平均市场分割程度存在显著差异，其中京津沪地区在2004～2018年15年间的平均水平高居前三位，上海、天津、北京的市场分割程度分别为4.524、4.303、3.812，相比其他地区，呈现出较高水平的市场分割。这种现象在陈敏等的研究中也有发现，其研究1985～2001年间各省级单位平均市场分割情况，发现北京、天津两地的市场分割指标高居第一位和第二位，上海排在第四位。从变化趋势来看，虽然1985～2001年内各省级单位的市场分割指数均高于2004～2018年，前者平均市场分割指数在10～30之间波动，后者在0～5之间波动，说明中国各地区市场分割程度在逐渐下降，市场不断走向整合。同时还发现，上海、天津和北京的市场分割指数虽然在下降，但是在两个时间段内均处于高位，市场分割高于其他地区。陈敏等认为出现这种情况的原因可能是，直辖市的特殊身份使其实施的政策与其他省份不同，或是这些地区经济比较发达，行

政区划面积又较小，便于直接实施政府干预。本书从时间发展的角度对陈敏等的研究做了补充，论证了其关于京津沪市场整合进程相对较慢的结论。

二、税收竞争对地区市场分割的影响

（一）税收竞争影响地区间市场分割的机理分析

自然、技术和制度等因素都可能形成市场分割，两地间可能受到空间距离等物理因素、劳动者素质及技术水平、地方性保护等的影响而形成分割的两个市场。随着交通运输、信息通信等基础设施建设的不断完善，自然因素形成的市场分割程度逐渐缩小，而随着劳动力在地区间流动壁垒的降低，以及信息化的不断发展，技术水平在国内地区间的差异也在缩减。因此，自然因素和技术因素引起的市场分割逐渐降低，而财政分权后的地方保护主义形成的制度性分割仍然持续引起国内研究者的关注。

目前，多数研究将中国的市场分割总结为分权制度引起的政府竞争[1]，林毅夫等认为，中国地区间市场分割产生的重要原因在于赶超战略的实施[2]，在极强的物质利益驱动下，地方政府有动机形成"以邻为壑"的地方保护行为。[3] 中国财政分权制度引入地方政府"为增长而竞争"的激励机制，通过对地方政府的经济绩效评价实施政治激励，以达到调动地方经济发展积极性的目的。地方政府面临政治升迁的压力，有动机追求经济增长，追求相对于竞争地区的较高的经济增速，从而出现"为增长而竞争"的政治晋升锦标赛模式。而资源的有限性约束又加剧了这种追求相对绩效的竞争下的地方保护，由此造成的地区分割和"诸侯经济"成为地方政府的理性选择。[4] 市场

---

[1] 洪正，谢漾：《财政分权制度、市场分割同群效应与产能过剩》，《中南大学学报（社会科学版）》2021年第4期。

[2] 林毅夫，刘培林：《地方保护和市场分割：从发展战略的角度考察》，北京大学中国经济研究中心工作论文，2004年。

[3] 平新乔：《政府保护的动机与效果——一个实证分析》，《财贸经济》2004年第5期。

[4] 白重恩，杜颖娟，陶志刚，仝月婷：《地方保护主义及产业地区集中度的决定因素和变动趋势》，《经济研究》2004年第4期。

分割是地方政府之间竞争的重要策略性行为[1]，地方政府限制市场主体和要素流动以保护本地市场和经济。中国省级单位之间的市场分割及其引起的跨地区竞争壁垒持续存在[2]，市场分割在短期内有利于经济总量的扩张，地方政府官员追求其任期内的经济绩效，因此，在明知可能亏损的情况下仍然追求过度投资，放弃地区间合作。[3]

而税收竞争作为政府竞争的一种重要形式，主要是通过降低纳税主体的实际税收负担以吸引有价值经济资源的流入，这可能对市场分割产生一定的影响。一方面，税收竞争可能加剧市场分割，地区间以税收手段展开的引资竞争，导致企业为追求低税负而在本地区进行投资，这一投机行为可能引起地方重复建设，不利于资源的优化配置。白重恩等使用国有企业和高利税率企业的比重来衡量地方保护的力度，他们认为，地方政府倾向于建立跨地区竞争壁垒阻碍国有企业和高利税率企业流动以从中获益。[4] 另一方面，税收竞争可能对市场分割形成一定的缓解，随着竞争中宏观税负的下降，地区间贸易壁垒降低，促进了生产要素的自由流动，从而有利于地区间资源的优化配置，推动全国统一大市场的整合。税收竞争对地区间市场分割具有的异质性影响取决于地区经济发展水平、市场发育程度的差异，本书第二章着重分析了异质性地区间参与税收竞争时的策略行为不同，竞争中存在领导者与跟随者，因此不对称的税收竞争对市场分割的影响可能存在异质性特征，本节正是尝试探索这种差异及其背后的原因，为进一步缓解市场分割提供制度性建议。

---

[1] 周业安，赵晓男：《地方政府竞争模式研究——构建地方政府间良性竞争秩序的理论和政策分析》，《管理世界》2002年第12期。
[2] 张宇：《地方保护与经济增长的囚徒困境》，《世界经济》2018年第3期。
[3] 周黎安：《晋升博弈中政府官员的激励与合作——兼论我国地方保护主义和重复建设问题长期存在的原因》，《经济研究》2004年第6期。
[4] 白重恩，杜颖娟，陶志刚，仝月婷：《地方保护主义及产业地区集中度的决定因素和变动趋势》，《经济研究》2004年第4期。

(二) 市场分割的同群效应及其检验

竞争地区间的市场分割呈现出显著的同群效应。地方政府有激励采取地方保护主义和市场分割的经济政策，因为其认为一定程度的市场分割有利于当地经济增长。目前，中国存在的地区间市场分割形成了"囚徒困境"的局面，地方政府间展开分割市场的竞赛，当一个地方政府采取分割市场的政策时，其他相邻地区倾向于采取"以邻为壑"的政策以得到更高的经济增长，提高本地区相对于其他地区的经济表现。[1] 进一步地，地方政府间税收竞争行为引起的同群效应加剧了市场分割及其空间外溢程度，从而使其表现为更加强烈的地区间市场分割行为的空间策略互动特征。地方政府之间围绕有限资源的竞争很容易影响市场的自由发展，为获取本地经济发展优势，往往使用行政手段干预资源流动。地方政府设置关卡封锁市场或提高市场准入标准阻止外地资源流入等方式，都加剧了市场分割。地方政府实施的这种分割行为又在地区间形成相互影响，为了争夺有限资源，地方政府之间通过模仿学习等方式形成策略互动，使市场分割的结果也呈现出非常明显的"同群效应"。这种市场分割在空间上的同群效应与税收竞争行为是协同伴生的，体现的都是政府官员这种社会个体决策时相互影响的内生的社会互动。这种策略性互动使其陷入"囚徒困境"，加剧了市场分割的程度与范围。[2] 同时由于我国地区间经济发展不均衡问题长期存在，欠发达地区的发展基础和环境与发达地区存在显著差异，因此使市场分割的同群效应存在异质性特征。欠发达地区具有更强的动机保护本地市场，也更加易于实施市场分割政策。[3]

---

[1] 陆铭，陈钊:《分割市场的经济增长——为什么经济开放可能加剧地方保护?》,《经济研究》2009年第3期；陆铭，陈钊，杨真真:《平等与增长携手并进——收益递增、策略性行为和分工的效率损失》,《经济学（季刊）》2007年第2期。

[2] 林毅夫，刘培林:《振兴东北，不能采取发动新一轮赶超的办法》,《国际融资》2004年第4期。

[3] 王永钦，张晏等:《中国的大国发展道路——论分权式改革的得失》,《经济研究》2007年第1期。

地区间的市场分割同群效应在统计意义上表现为显著的空间自相关特征，因此，本部分利用空间统计分析方法测算全局 Moran 指数，分析其是否具有显著的空间相关性。结合前期构建的空间地理相邻矩阵和空间经济相当矩阵，根据公式测算得到全局 Moran 指数，并进行双尾检验，得到其 Z 统计量值和 P 值结果如表 3-2 所示。

表 3-2　地区市场分割的全局 Moran 指数及其显著性

年份	空间地理权重 全局 Moran 值	Z 统计量值	P 值	空间经济权重 全局 Moran 值	Z 统计量值	P 值
2004	0.248**	2.398	0.016	−0.086	−0.520	0.603
2005	0.449***	4.047	0.000	−0.007	0.270	0.787
2006	0.217**	2.437	0.015	0.427***	5.283	0.000
2007	0.298***	2.679	0.007	0.082	1.112	0.266
2008	0.475***	4.119	0.000	−0.143	−1.037	0.300
2009	0.462***	4.061	0.000	−0.068	−0.328	0.743
2010	0.384***	3.517	0.000	0.203**	2.350	0.019
2011	0.325***	2.902	0.004	0.110	1.377	0.168
2012	0.444***	4.204	0.000	−0.190	−1.617	0.106
2013	0.456***	4.064	0.000	−0.117	−0.806	0.420
2014	0.405***	4.077	0.000	0.004	0.426	0.670
2015	0.212**	2.092	0.036	0.406***	4.405	0.000
2016	0.229***	2.927	0.003	0.238***	3.577	0.000
2017	0.233***	3.591	0.000	−0.049	−0.225	0.822
2018	0.131	1.567	0.117	0.044	0.874	0.382

注："**、***"分别表示 P 值通过了 5% 和 1% 的显著性检验。

表 3-2 显示全局 Moran 指数在空间地理权重下除了 2018 年之外,均非常显著,并且系数为正值,表现出显著的空间自相关特征,地理相邻的地区间市场分割具有同群效应。而从系数的值来看,空间自相关程度从 2004 年开始逐渐增大,到 2008 年同群效应达到最高,为 0.475,之后开始波动下降,在 2017 年为 0.233。空间经济权重下,市场分割的空间效应在 2006 年、2010 年、2015 年和 2016 年显著,并且均为正值,表现出显著的同群效应,但是其他 11 个年份均不显著。根据马草原等的研究发现,市场分割主要发生在具有共同边界的省际之间。[①] 因此,市场分割的同群效应也可能更加倾向于在地理相邻的地区间显著。后续检验的模型构建应考虑市场分割的空间相关因素,构建空间模型进行检验。

(三)税收竞争对市场分割的影响模型构建及检验

首先构建本部分回归的计量模型。考虑到前文所述市场分割具有的同群效应,引入市场分割的空间滞后项;考虑到税收竞争来自空间相邻地区间税负变化的策略互动,引入本地区税负与空间相邻地区税负;考虑到市场分割策略可能具有的路径依赖特征,引入一阶滞后的市场分割变量,构建动态空间模型如下:

$$Segm_{it} = \rho \sum_{j=1}^{N} w_{ij} Segm_{jt} + \alpha Segm_{it-1} + \beta \sum_{j=1}^{N} w_{ij} Tax_{jt} + \gamma Tax_{it} + \sum_{i} \theta_i M_{it} + \alpha_0 + \varepsilon_{it} \quad (3-2)$$

其中 ρ 为市场分割变量 $Segm_{it}$ 的空间滞后项 $\sum_{j=1}^{N} w_{ij} Segm_{jt}$ 系数,反映市场分割在空间上的同群效应,即空间相邻地区的市场分割程度对本地区市场分割策略的影响。α 为滞后一期市场分割变量 $Segm_{it-1}$ 的系数,反映市场分割策略的路径依赖特征。β 为税负变量的空间滞后项 $\sum_{j=1}^{N} w_{ij} Tax_{jt}$ 的系数,反映的是空间相邻地区税负的变化对本地区市场分割策略的影响。γ 为税负变化对市

---

① 马草原,李延瑞,孙思洋:《中国地区之间的市场分割——基于"自然实验"的实证研究》,《经济学(季刊)》2021 年第 3 期。

场分割的影响系数，θ_i 为控制变量 M_{it} 对市场分割的影响系数，参考已有研究选择人口密度、工业化水平和对外开放水平作为控制变量的代理变量。考虑到前文所检验的市场分割在空间地理权重下显著，因此本模型的空间权重选择地理相邻的空间地理权重。ε_{it} 为随机干扰项。由于前文 Moran 检验中 2018 年市场分割的空间效应未通过显著性检验，因此回归模型选择 2004～2017 年中国除西藏、港澳台外的 30 个省级单位进行回归估计。参考 Han 等的研究①，利用 GMM 广义矩估计方法对模型进行回归，得到的估计结果如表 3-3 所示。

表 3-3　回归模型估计结果

	Model 1	Model 2
市场分割的一阶滞后	0.454***（6.870）	0.468***(7.370)
市场分割的空间滞后	0.184***(12.260)	0.202***(13.300)
本地区税负	−0.716**(−2.060)	−0.653*(−1.910)
税负的空间滞后		−0.307***(−4.570)
对外开放水平	1.538***(2.710)	1.106*(1.940)
工业化水平	0.031***(4.800)	0.026***(4.080)
人口密度	−0.303**(−2.210)	−0.037(−0.250)
常数项	1.076***(2.640)	1.002**(2.560)
R^2	0.419	0.464
F-test	47.57（P=0.000）	48.8(P=0.000)
面板模型选择诊断标准	AIC=2.217 SC=2.381	AIC=2.476 SC=2.686
空间效应检验	Moran=0.100*** LM=68.003***	Moran=0.193*** LM=260.271***
样本量	390	390

注："*、**、***"分别表示 P 值通过了 10%、5% 和 1% 的显著性检验，括号内为 t 值。

---

① Han, et al, 2010: "GMM Estimation for Dynamic Panels with Fixed Effects and Strong Instruments at Unity", *Econometric Theory*, 1.

Model 1 是不包含税负的空间滞后项模型检验结果，反映税负对市场分割的直接影响。Model 2 为包含税负的空间滞后项模型检验结果，加入了税负对市场分割的间接影响。可以看出，Model 2 中税负的空间滞后项对市场分割具有非常显著的影响，因此税负对市场分割不仅具有直接影响，也具有空间溢出的间接影响。接下来我们将重点分析 Model 2 下的估计结果。

1. 地区间市场分割策略具有显著的同群效应，呈现出空间集聚特征。表中显示市场分割的空间滞后项系数在 1% 的水平上显著，且系数值为 0.202，即本地区市场分割程度每提高 1 个单位，空间相邻地区的市场分割将提高 0.202 个单位。说明市场分割在空间邻近地区表现出正向的相关性，这就意味着当本地区的地方政府考虑到自身利益实施地方保护行为时，相邻地区的地方政府也会采取相应的措施加以应对。本书与范欣等的研究结论一致，这种"以邻为壑"的现象持续存在。[①]1994 年开始施行的分税制改革使地方政府在其权力范围内具有一定的自由裁量权，地方政府在 GDP 绩效考核激励下有动机采取措施以保护本地区竞争力较弱或重点发展的产业。陆铭、陈钊的研究解释了这种地区间竞相采取市场分割策略行为，地方政府认为一定程度的市场分割有利于地方经济增长，当其他地方政府采取分割市场的政策时，本地区想要得到更高的经济增长，也倾向于采取这种"以邻为壑"的政策，形成地方政府间开展分割市场的竞赛。[②]

2. 税负对市场分割具有显著的直接影响，且税负的降低显著促进市场分割程度的加深。Model 1 不考虑税负对市场分割的空间溢出效应时，税负对市场分割的影响系数为 −0.716，并且通过了 5% 的显著性检验，当考虑税负的空间溢出效应时，Model 2 的回归结果显示税负对市场分割的影响为 −0.653，通过了 10% 的显著性检验，表明本地区宏观税负每下降 1 个单

[①] 范欣，宋冬林，赵新宇：《基础设施建设打破了国内市场分割吗？》，《经济研究》2017 年第 2 期。

[②] 陆铭，陈钊：《分割市场的经济增长——为什么经济开放可能加剧地方保护？》，《经济研究》2009 年第 3 期。

位，将导致本地区市场分割程度提高 0.653 个单位。与不考虑空间溢出效应相比，Model 2 的估计结果显示，税负对市场分割的直接贡献有所下降，且显著性有所降低，这说明不考虑税负对市场分割的空间溢出，将高估本地区税负对市场分割的直接影响，因为有一部分影响来自空间相邻地区税负的变化。在我国，虽然中央制定统一税率，地方政府不具有税收立法权，但是在晋升锦标赛的驱动下，地方政府有动机利用税收优惠或放松税收征管等影响企业税负的方式降低实际税负，提高本地区经济吸引力，吸引外地企业跨区域投资。在这个过程中可能会冲击本地区产业发展，因此竞争的同时，地方政府为扶持本地区重点产业，当实际税负降低时，对本地区产业实施地方保护，进而加剧了市场分割。

3. 空间相邻地区税负变化对本地区市场分割具有显著的溢出效应，表现为税负降低时显著促进市场分割加深。表中显示税负的空间滞后项系数为 −0.307，并且通过了 1% 的显著性检验，即空间相邻地区税负的降低将显著提高本地区的市场分割程度。这是因为空间相邻地区之间展开税收竞争，当相邻地区实施税收优惠政策或放松税收征管等方式而导致实际宏观税负降低时，本地区相对竞争优势降低，流动资本可能流向降低了税负的税收洼地，那么本地政府为了应对这一状况，有动力降低相应税负或市场的准入门槛以提高资本吸引力，促进企业流动到本地区。同时，为了避免外来企业对本地区产业的冲击，而采取各种隐蔽的手段对本产业进行保护，进而加剧市场分割。另外，估计结果显示税负变化对市场分割的影响倾向于间接的空间溢出，直接影响系数虽然为 −0.653，大于间接影响系数，但是显著性水平较低，仅通过了 10% 的显著性检验，因此市场分割显著受到空间相邻地区税负变化的影响，这说明地区间税收竞争对市场分割发挥的作用非常显著，地方政府间依靠降低实际税负展开的税收竞争对地区市场分割产生了显著的影响。

4. 市场分割也表现出显著的路径依赖特征，从估计结果来看，市场分割的一阶滞后项系数为 0.468，并且通过了 1% 的显著性检验，说明往期的市场分割显著影响本期的市场分割策略，存在明显的路径依赖特征。对外开放水平对市场分割的影响系数为 1.106，通过了 10% 的显著性检验，对外开放水平的提高使得市场分割程度加深，这与已有研究结论比较一致，虽然陈敏等研究发现经济开放对国内市场分割的非线性影响[1]，但是对于绝大多数的观察点来说，经济开放都是显著加剧市场分割。陆铭、陈钊的研究揭示了为什么经济开放加剧国内市场分割[2]，他们研究认为，地方政府有激励采取地方保护主义和分割市场的经济政策，这在一定程度上能够促进本地区经济增长，尤其是对于经济开放程度越高的省份，越有动机利用市场分割的方式促进当地的经济增长，地方政府追求国际贸易的规模经济效应的同时放弃了国内市场的规模经济效应。工业化水平也显著加剧了地区间市场分割，通过了 1% 的显著检验。在传统的计划经济体制下，中央政府强调在全国建立独立的工业体系外，也要在大区、某些省份建立独立的工业体系，这就形成了各自封闭的工业布局，成为市场经济体制下地方市场分割的一个重要原因。这种条块式分割助长了"大而全""小而全"的同质化发展策略，也导致工业化的发展阻碍了地区间分工协作和专业化发展，加剧地区市场分割。

三、市场分割地区间的税收竞争强化

市场分割是地区间政府竞争的结果，也是提升政府竞争力的手段。马草原等研究发现，具有共同行政边界的地区间可能存在省际市场分割[3]。那么是否市场分割程度对地区间税收竞争具有显著影响呢，空间权重的设定对于空间反应系数的大小估计具有重要决定作用，第二章检验地区间税收竞争策略行为时考虑了地理相邻地区之间的结果，在设定空间权重时将所有相邻的

---

[1] 陈敏，桂琦寒，陆铭，陈钊:《中国经济增长如何持续发挥规模效应？——经济开放与国内商品市场分割的实证研究》，《经济学（季刊）》2008 年第 1 期。

[2] 陆铭，陈钊:《分割市场的经济增长——为什么经济开放可能加剧地方保护？》，《经济研究》2009 年第 3 期。

[3] 马草原，李廷瑞，孙思洋:《中国地区之间的市场分割——基于"自然实验"的实证研究》，《经济学（季刊）》2021 年第 3 期。

地区设为1，忽略了这些相邻地区间市场分割的差异，根据前文分析，地区间实施的地方保护程度异质性显著，因此本部分考虑地理相邻地区的市场分割程度不同，所对应的地区间税收竞争强度不同。对于相邻的地区间，市场分割越严重，税收竞争也会越激烈。市场分割是经济转轨时期地方政府之间竞争的重要策略性行为。[①] 当两个地区之间的市场分割程度较高时，各自实施的地方保护策略激励越强，那么在参与税收竞争以提高经济吸引力的过程中，便会对与其市场分割程度越高的地区税负变化更敏感，即税收竞争会发生在市场分割比较高的地区间。本部分构建市场分割的空间权重，考察市场分割程度越深的地区间是否税收竞争越激烈。

首先在市场分割权重下测算全局 Moran 指数，并进行双尾检验，得到 Moran 值和 P 值。比较仅空间相邻加权的税负全局自相关结果，如图 3-6 所示。根据双尾检验，两种空间权重下的全局 Moran 值均为除了 2000 年、2013

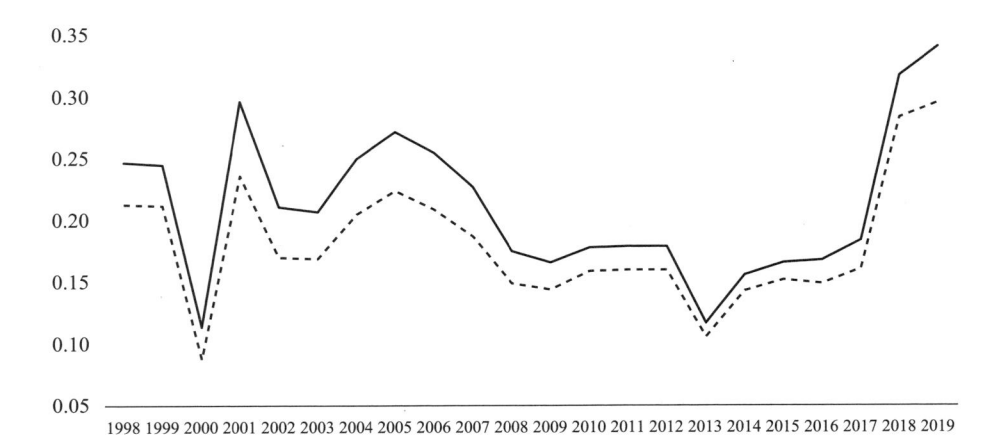

图 3-6　市场分割空间权重下税负的空间自相关检验

---

① 周业安，赵晓男：《地方政府竞争模式研究——构建地方政府间良性竞争秩序的理论和政策分析》，《管理世界》2002 年第 12 期。

年外，其他年份通过了显著性检验。从 Moran 值来看均为正值，表现为显著的正向空间自相关，从空间自相关程度的变化来看，自 2014 年后这种空间相关性快速增长。比较两种情况下的空间自相关程度大小，图 3-6 显示，市场分割加权后的税负空间自相关显著且持续高于空间相邻加权的全局空间自相关，又因为市场分割权重是在空间相邻基础上引入市场分割程度的大小以考察税负的空间联动水平，因此以上测算显示的结论说明，在空间相邻的地区间可能产生税收竞争的基础上，市场分割又进一步加剧了这种税收竞争，市场分割剧烈的地区间税负的空间联动特征也越明显。因此空间面板模型引入市场分割空间权重矩阵进行回归，估计市场分割地区间的税收竞争程度，得到结果如表 3-4 所示。

表 3-4　回归模型估计结果

	Model 1 全样本	Model 2 发达地区	Model 3 欠发达地区	Model 4 改革后
地区税负一阶滞后	0.837***(9.11)	0.876***(7.55)	0.696***(6.06)	0.828***(8.59)
地区税负空间滞后	0.052***(11.98)	0.039***(7.91)	0.051***(10.51)	0.050***(11.47)
两税并轨政策实施				0.095**(2.11)
常数项	0.026***(1.85)	−0.028***(−2.97)	0.114***(4.44)	0.016(1.04)
控制变量	控制	控制	控制	控制
R^2	0.832	0.932	0.645	0.839
模型选择诊断标准	AIC=0.066 SC=0.069	AIC=0.041 SC=0.043	AIC=0.029 SC=0.030	AIC=0.073 SC=0.077
空间效应检验	Moran=0.254*** LM=65.913***	Moran=0.111*** LM=26.181***	Moran=0.072** LM=25.656***	Moran=0.340*** LM=248.088***

注："*、**、***"分别表示 P 值通过了 10%、5% 和 1% 的显著性检验，括号内为 t 值。

表 3-4 中的四个模型分别是全样本回归结果、发达地区税收竞争回归结果、欠发达地区税收竞争回归结果、实施两税合并改革后的政策效果。首先 Model 1 的回归结果显示，在市场分割程度越大的地区间税收竞争越激烈，地区税负的空间加权后系数为 0.052，且通过了 1% 的显著性检验，说明地区间税负具有强烈的空间策略互动特征。本地区税收策略制定受到与其市场分割严重的地区税负变化的影响，回归结果显示空间滞后项系数为正，即两地之间市场分割越严重，竞争便会越激烈，不利于地区间协同发展。

进一步观察 Model 2 的回归结果，发达地区的税收竞争也显著，税负的空间滞后项通过了 1% 的显著性检验，但是系数为 0.039，低于总体上和 Model 3 中欠发达地区的税收竞争程度，欠发达地区的税负空间滞后项系数为 0.051，且通过了 1% 的显著性检验，一方面说明欠发达地区之间市场分割造成显著的税收竞争策略互动行为；另一方面也说明欠发达地区比发达地区的税收竞争对于市场分割更敏感，实施地方保护的地区之间税收竞争更激烈。Model 4 引入两税合并改革虚拟变量后发现，两税合并改革显著提高了地区实际有效税负，影响系数为 0.095，通过了 5% 的显著性检验，这一改革有利于在一定程度上缓解地区一味降低税负的逐底竞争行为。最后观察四个模型下税负的一阶滞后项，均为正值，且通过了 1% 的显著性检验，地区实施税收政策表现出显著的路径依赖特征。

第二节　税收竞争与债务扩张

党的十九大报告指出，为决胜全面建成小康社会，以习近平同志为核心的党中央做出重大决策部署，打好防范化解重大风险、精准脱贫、污染防治三大攻坚战。其中，化解地方政府债务风险是防范重大风险的题中之义。习近平同志强调，既要有防范风险的先手，也要有应对和化解风险挑战的高招，各级地方党委和政府要树立正确政绩观，加强政府债务管理，科学规范地方政府举债行为，统筹用好新增债券资金，充分发挥债券资金效益，严控增量、化解存量，债务风险终身问责、倒查责任。如何防范化解地方政府债务风险已成为我国顺利推进全面深化改革的一项关键内容，是社会各界共同关注的焦点问题。

一、地方政府债务规模扩张的时空异质性

改革开放以来，我国经济快速发展过程中地方政府面临越来越大的财政压力，如何拓宽城市建设的融资渠道成为地方政府需要解决的重要问题。各地方政府逐步将财政收入的重点由预算内收入（以税收收入为主）转到预算外或体制外收入[①]，而突出的表现就是地方政府债务规模的持续扩张。[②] 2008～2020年的13年间，我国地方政府的财政赤字规模总量由2.02万亿元增长至10.78万亿元，同时期地方政府直接发行的地方政府债券和间接获得的城投债余额总量从0.19万亿元增加至36.48万亿元，图3-7显示我国地方政府债务规模自2014年之后开始快速增长，并逐渐超过地方财政赤字规模，且增长趋势迅猛。2014年8月通过的新《预算法》赋予地方政府发债权限，自2015年开始，地方政府债规模呈现指数式增长态势，到2020年地方政府债余额为25.43万亿元，到2021年1月底，全国地方政府债余额26.02万亿元，这是地方债余额首次突破26万亿元，截至2021年7月末，全国地方政府债务余额达到27.99万亿元。城投债是公开信息的"准市政债"，地方债的发行也是公开的，因此都是地方政府债务的显性部分，根据2013年国家审计署对政府债务的审计结果，截至2013年6月底，包含显性和隐性债务的地方政府债务余额达到17.89万亿元，其中显性债务3.1万

---

① 周飞舟：《分税制十年：制度及其影响》，《中国社会科学》2006年第6期。
② 审计署2013年第32号审计公告显示，截至2013年6月底，全国政府性债务总额为30.27万亿元，较2010年末和2012年末分别增长73.27%和9.02%，其中全口径地方政府性债务合计17.89万亿元，分别增长66.93%和12.62%。

亿元，地方政府债务余额约是显性债务的 6 倍。而前述数据显示，2020 年底地方债与城投债这两个显性债务规模占 GDP 比重已达到 37.02%，若隐性债务近几年仍以相近的速度增长，那么总体上的地方政府债务规模相对于 GDP 规模来说将非常巨大，这也预示着未来地方政府财政会面临非常大的偿债压力和系统性风险。

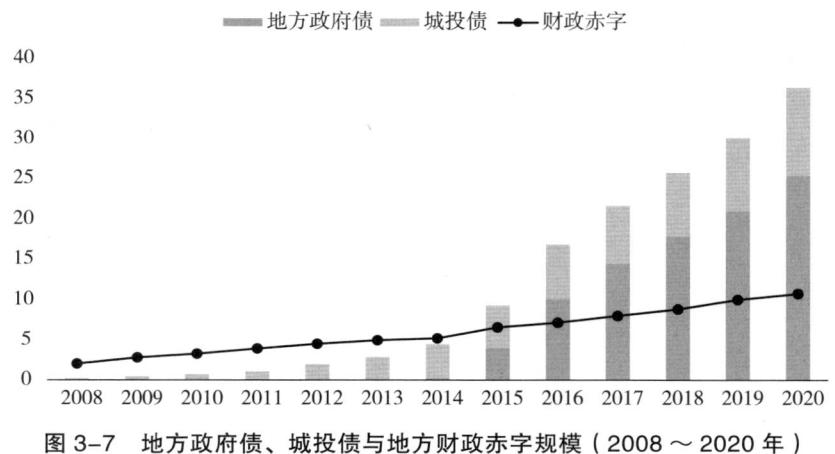

图 3-7 地方政府债、城投债与地方财政赤字规模（2008～2020 年）

我国地方政府债务规模的扩张将风险传染到财政和金融体系，进而上升到系统性风险。受到欧洲主权债务危机的警示，我国中央政府将梳理和整治地方性债务提上空前重要的日程，2014 年 8 月 31 日通过新《预算法》赋予地方政府发债权限，并明确了地方政府自发自还的责任。目的是提升地方债发行的市场化程度，降低交易成本。接着在同一年度的 9 月 21 日又出台了 43 号文《国务院关于加强地方政府性债务管理的意见》，以通过剥离地方投融资平台的政府融资功能，明确地方债务边界，整治城投债乱象。同时也通过创造宽松的流动性和较低的长期利率环境，以帮助地方政府用到期的城投债置换为成本较低的长期地方债。[①] 这一政策的实施给地方债打开了闸

---

① 牛霖琳，夏红玉，许秀：《中国地方债务的省级风险度量和网络外溢风险》，《经济学（季刊）》2021 年第 3 期。

门，图3-7显示地方政府债自2015年开始迅猛增长。然而与此同时，城投债规模并没有出现显著下降，仍然以较快的速度增长。图3-8显示无论是城投债发行只数还是余额，都表现出较快增长态势，到2020年城投债发行达到1.36万只，余额达到11.05万亿元，相比2015年的0.5万只和5.28万亿元，均翻了一番，增长了1.72倍和1.09倍，并且如债券代码I580013.IB、127160.SH、1580140.IB等城投债仍然具有地方政府担保属性。另外，隐性债务也未得到有效遏制，根据审计署在2018年底公布的《2018年第三季度国家重大政策措施落实情况跟踪审计结果》，有四个省违规新增隐性债务30.01亿元。

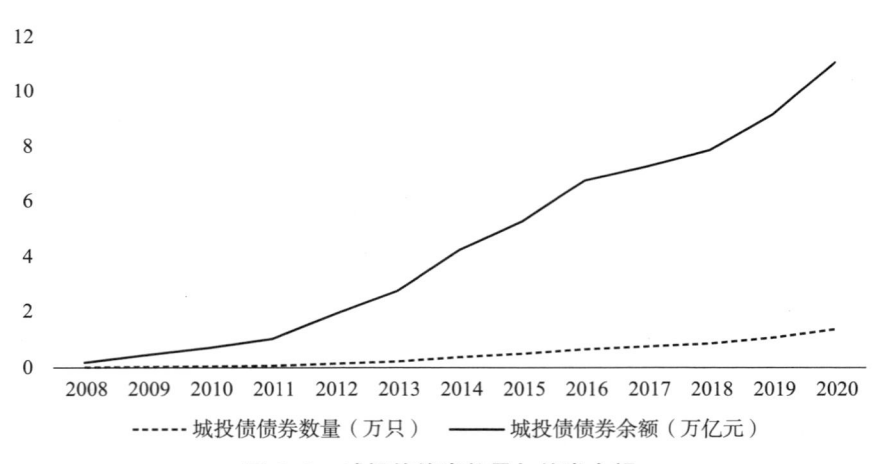

图 3-8 城投债债券数量与债券余额

从我国各个省级单位的政府举债情况来看，2020年地方政府债务余额（含地方政府债与城投债）最高的是江苏，为3.88万亿元，其次是浙江、山东、四川等省份，地方政府债务余额分别为2.57万亿元、2.32万亿元、1.97万亿元。地方政府债务余额最低的是宁夏，为0.204万亿元，其次是青海、海南、甘肃等省份，地方政府债务余额分别为0.257万亿元、0.266万亿元、0.464万亿元。地方政府债与城投债余额在地区间的分布总体上与地方政府债务余额相近，比较来看，到2020年底，除江苏外，其他省份的地方政府债余额均高于城投债。进一步测算地方政府债务负担率，即地方政府债务余额占地区 GDP 的比重，可以看出，在 2020 年底，债务余额较低的宁夏、青海等地区，债务负担率反而较高。而江苏、浙江、山东、四川、广东等地，虽然债务总规模较高，但是其得益于较高水平的 GDP，债务负担率相对较低。图 3-9 显示债务负担率有三个高峰，分别是青海、天津和贵州，在 2020 年债务负担率最高的地区为青海，为 85.41%，其次是天津和贵州，债务负担率分别达到 79.2% 和 76.44%。而债务负担率最低的地区是广东（17.30%），其次是上海（22.34%）、河南（24.04%）和福建（26.22%），这四个地区的债务负担率均未超过 30%，处于图 3-9 中的四个债务负担率最低点。

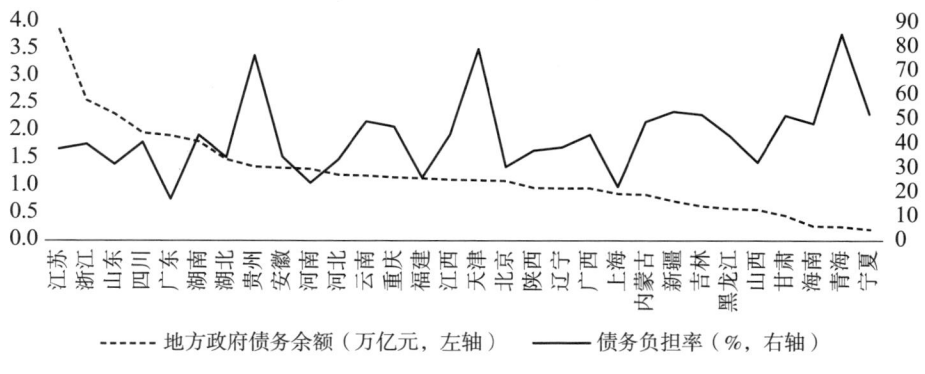

图 3-9　2020 年底地方政府债、城投债及其总量余额的地区分布情况

进一步观察我国各地区自 2008 年到 2020 年债务负担率变化，如图 3-10 显示，债务负担率增长最快的是青海、天津、贵州这三个地区，相对于 2008 年，2020 年的债务负担率分别增加 85.41%、77.89%、76.44%。新疆、吉林、甘肃、宁夏等地区的债务负担率增长也较快，增加部分都超过了 50%。而广东、上海、河南、福建、北京等地区的债务负担率未呈现出快速增长态势，2020 年相对 2008 年分别增加了 17.02%、19.73%、23.74%、25.69%、29.15%。

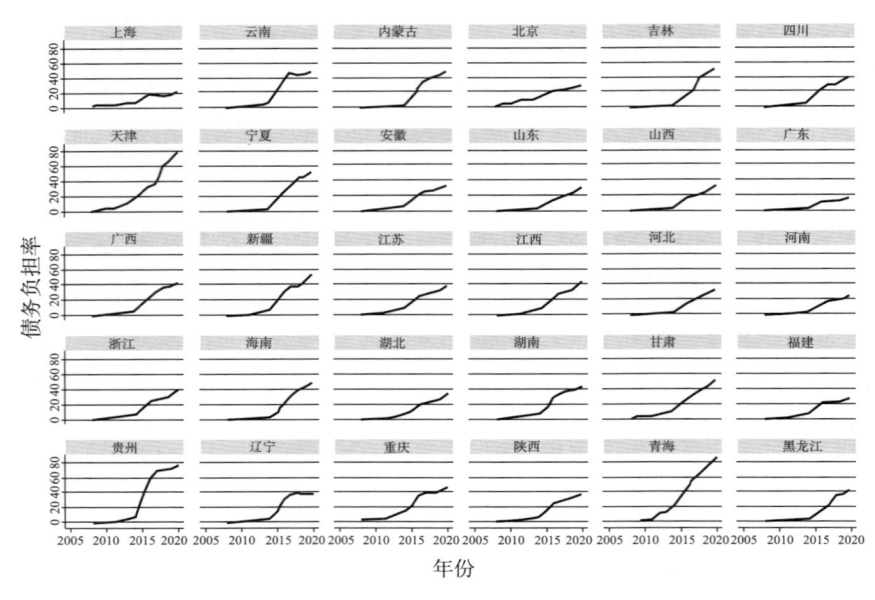

图 3-10　我国各省级单位政府债务负担率

债务负担率是国际上确立的公认的政府债务警戒线，GDP 反映一个地区的偿债能力，根据国际发达国家的经验，债务负担率一般应在 45% 左右，这是因为其财政收入占 GDP 的比重在这个值附近，因此本质在于考察债务余额是否与财政收入数值相当，如果债务余额超过财政收入，意味着债务风险的累积。在此概念下构建债务余额与财政收入的比值指标，这一指标大于 1 表示债务余额超过财政收入，这一值越大表示债务危机越高，风险越大。图 3-11 显示总体上债务风险是快速增加的，尤其是在 2016 年之前，全国地方政府债务余额低于财政收入，比值小于 1，而在 2016 年之后，比值大于 1 且快速提高，到 2020 年这一比值达到 1.994，说明债务风险正在逐渐提高。具体到地区层面的发达地区与欠发达地区这一比重变化，可以看出欠发达地区债务余额与财政收入的比值增加速度高于发达地区，平均水平也持续高于发达地区，可见与发达地区相比，欠发达地区的债务风险累积速度持续升高，面临更大的债务危机。

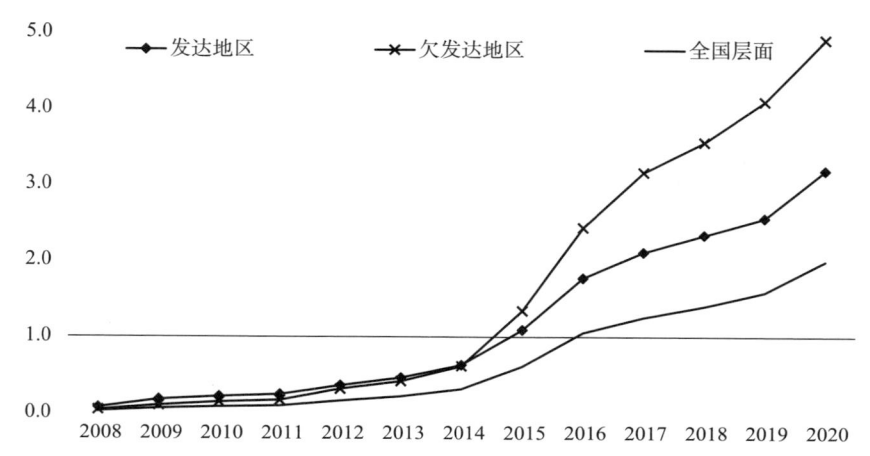

图 3-11　全国及发达地区、欠发达地区地方政府债务余额与财政收入的比值
（2008～2020年）

具体来看，青海、贵州、湖南、湖北、吉林五个欠发达地区的债务余额超财政收入最高，2020年比值分别达到8.615、7.626、6.021、5.948、5.875。上海、广东、北京这三个发达地区的债务余额较财政收入相对低，比值分别在1.227、1.483、2.015。从变化趋势来看（见图3-12），我国除西藏、港澳台之外的30个省级单位的政府债务余额与财政收入的比值都表现为或快或慢的上升趋势，而广东、上海、北京三个发达地区从2008年到2020年这一比值没有表现出显著变化。比值增速最快的是青海、贵州、甘肃、黑龙江、海南、山西等欠发达地区，地方政府债务风险累积快于其他地区。

以上研究发现，欠发达地区的地方债务余额增速快于公共财政收入，而前述章节研究发现，我国欠发达地区间倾向于进行税负逐底的税收竞争，竞争地区间通过税收优惠、放松税收征管等方式降低税负以吸引资本流入，税负的降低必然影响财政收入的提高，那么地区间税收竞争是否激励地方政府举债，进一步加大债务累积风险，有待进一步分析。

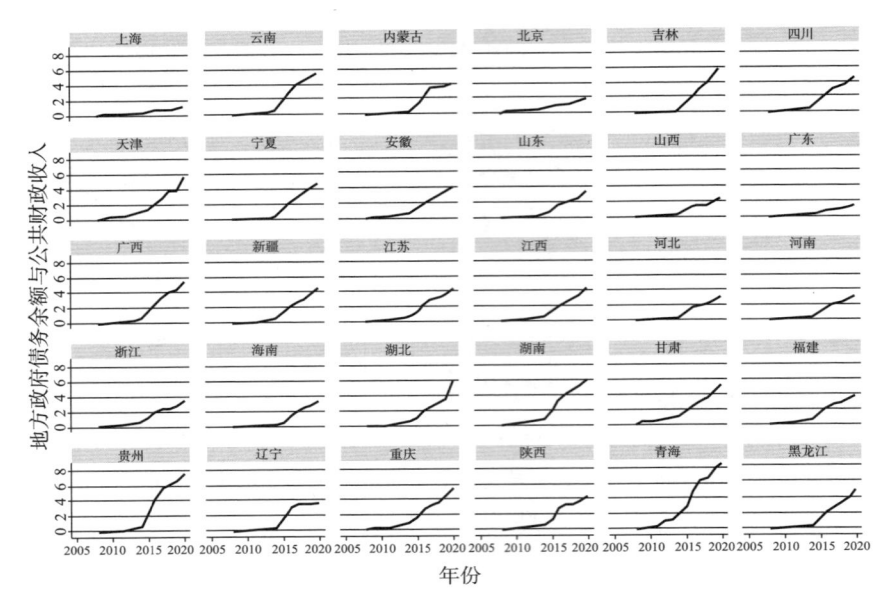

图 3-12 地方政府债务余额与公共财政收入的比值

二、税收竞争对政府债务扩张的影响机理

已有研究对地方政府债务扩张的主要原因归结为三点：一是恢复和促进经济发展的各种体制或制度安排，二是政府间财政关系及预算软约束引起的地方政府财力减少和支出扩张，三是缺乏严格的债务举借审批、使用监管和偿还约束等规范制度。其中对地方政府债务成因或形成机制的延伸思考应聚焦于政府间财政关系。[1] 财政分权制度下财政收支矛盾引起的财政压力是地方政府债务快速扩张的制度性根源。[2] 分税制改革以来，地方政府的财权上移，支出责任下移，由此形成地方政府收支缺口不断扩大趋势，导致地方财

---

[1] 毛捷，曹婧：《中国地方政府债务问题研究的文献综述》，《公共财政研究》2019 年第 1 期。

[2] 毛捷，韩瑞雪，徐军伟：《财政压力与地方政府债务扩张——基于北京市全口径政府债务数据的准自然实验分析》，《经济社会体制比较》2020 年第 1 期；姜子叶，胡育蓉：《财政分权、预算软约束与地方政府债务》，《金融研究》2016 年第 2 期；王永钦，陈映辉，杜巨澜：《软预算约束与中国地方政府债务违约风险：来自金融市场的证据》，《经济研究》2016 年第 11 期。

力普遍不足。[①] 再加上政府作为经济参与人和政治参与人双重角色，以及银行业对政府的软预算约束，都是地方政府举债过度的重要原因。[②] 而与此同时，致力于发展经济的各项制度安排也是地方政府债务增长的动因。[③] 基于此逻辑，分别从地方政府债务空间联动及税收竞争影响的视角进行债务扩张的原因分析。

1. 地方政府债务扩张具有显著的空间联动特征。地方政府债务的空间联动特征指的是地区之间的政府举债行为受到相互影响，早在1991年就有学者关注地区间的举债策略互动特征[④]，Borck等研究认为，如果一个行政辖区具有将公共支出成本转移到未来的自由裁量权，那么债务的空间维度是不应该被忽视的重要因素。其研究发现，德国的州与州之间就存在显著的举债竞争策略互动行为。[⑤]

地方政府债务在空间上具有相关特征的原因来自多方面：一是出于地区间融资合作的需要。伏润民等研究发现，地方政府债务的主要来源是金融机构，而当地的金融机构又隶属地方政府，因此地方政府为了转移债务风险，往往通过建立政府融资平台进行融资，但是考虑到现实需要，也有动机与其他地区建立合作伙伴关系，这就导致地区之间的举债存在必然的联系。[⑥] 二是转移支付制度原因。转移支付制度建立的目的是帮助地方政府平衡财政收

[①] 曹信邦，裴育，欧阳华生：《经济发达地区基层地方政府债务问题实证分析》，《财贸经济》2005年第10期。

[②] 王叙果，张广婷，沈红波：《财政分权、晋升激励与预算软约束——地方政府过度负债的一个分析框架》，《财政研究》2012年第3期。

[③] Islam, M. F., Hasan, M. S., 2010: "The Macroeconomic Effects of Government Debt on Capital Formation in the United States: An Empirical Investigation", *Manchester School*, 5.

[④] Jensen, R. A., Toma, E. F., 1991: "Debt in a Model of Tax Competition", *Regional Science and Urban Economics*, 3.

[⑤] Borck, R., et al, 2015: "Race to the Debt Trap? Spatial Econometric Evidence on Debt in German Municipalities", *Regional Science & Urban Economics*, 7.

[⑥] 伏润民，缪小林，高跃光：《地方政府债务风险对金融系统的空间外溢效应》，《财贸经济》2017年第9期。

支，促进各地区协调发展，也有助于避免地方政府债务规模过大而导致财政崩盘，因此，欠发达地区往往追求转移支付资金以谋求本地区发展。但是由于转移支付制度在操作过程中随意性比较大，导致各个地方政府之间通过各种关系寻求债务转移，进而使地方政府之间的债务关系形成错综复杂的网络。三是地方举债存在模仿行为，主要发生在地理位置相近且文化习俗相近的地区之间，地方政府官员在债务问题管理方面经验缺失，因此在这方面存在明显的模仿行为。

除了以上三点可能因为地区间合作而产生的地方政府债务空间相关外，各地区之间将债务作为一种金融资源进行竞争，也使地方政府债务规模呈现出显著的空间相关性。在官员政治晋升激励机制下，地方政府之间的竞争主要是围绕财政资源、金融资源和地区经济发展等方面展开。这种竞争更加显著地发生在资源环境相近的省份之间，吴小强、韩立彬通过空间模型证实了我国地方政府之间存在举债竞争的行为。[1] 金融资源的稀缺性决定了一个地区债务资源的增加必然导致另一个地区债务资源的减少，因此在地方政府之间就形成围绕债务规模的竞争。地方政府直接或变相举债获得的资金，可以进行基础设施等投资以拉动地区经济，也可以通过完善公共支出以提高对流动生产要素的吸引力，从而进一步促进经济增长。因此张军的"为增长而竞争"的逻辑或周黎安的晋升锦标赛竞争视角都适用于地方政府之间的举债策略互动分析。[2] 地方政府之间的举债行为策略互动，是晋升考核机制下追求地区经济增长的结果，这种竞相举债的行为被学者定义为地方政府债务竞争。[3] 刁伟涛研究发现，在官员晋升激励机制下中国省级政府之间存在债务

---

[1] 吴小强，韩立彬:《中国地方政府债务竞争：基于省级空间面板数据的实证研究》，《财贸经济》2017年第9期。

[2] 张军:《中国经济发展：为增长而竞争》，《世界经济文汇》2005年第Z1期；周黎安:《中国地方官员的晋升锦标赛模式研究》，《经济研究》2007年第7期。

[3] 吴小强，韩立彬:《中国地方政府债务竞争：基于省级空间面板数据的实证研究》，《财贸经济》2017年第9期。

竞争，相邻省份的政府债务规模具有显著的空间相关性。并且中国地方政府间的债务竞争主要受到地理距离和经济发展差距的影响，地区间地理距离越近，经济发展差距越小，举债竞争就越激烈。① 各地竞相举债引发债务风险累积，风险打破地域和部门界限呈现出复杂的多线程空间特征。② 这种空间风险波及与之存在密切财政、金融或经贸关系的其他地区，危及整个宏观经济体系。③ 因此我们提出假设：地方政府举债行为具有显著的空间相关性。

2. 税负逐底的税收竞争对地方政府债务规模扩张具有显著的促进作用。

首先，税负逐底的税收竞争引起的财政压力驱动地方政府举债以维持竞争力。官员之间为争夺晋升位次，倾向于以发展经济为目的的资源争夺行为，而在竞争过程中需要充足的资金支持。在税收竞争中，地方政府为了从其他地区吸引流动生产要素，同时防止本地区内流动性资源的流失，往往采取税收优惠或放松征管等方式减少对这两部分资源的过度征税，降低流动要素的实际税负，从而提高本地区在税收竞争中的比较优势。地区间逐底税收竞争的结果是，地区税负不断降低引致的税收收入减少，财政收支缺口拉大，地方政府无法提供充足的公共品。要想在逐底的税收竞争下继续维持本地区的经济发展，优化投资环境，保持高水平的福利供给，就需要扩大融资渠道，从非税角度提高地方政府收入，举债是地方政府的其中一个重要手段，因此税收竞争带来了地方政府对债务资金的高需求，引致地方政府债务规模持续扩大。债务资金的不断充实，使地方政府得以提高发展实力，进一步在税收竞争中获得优势。

其次，地方管理当局降低实际税负以争夺流动性资源，这就破坏了税收的中性地位，弱化了市场的作用，导致生产性资料的流动过多受到各地区实

---

① 刁伟涛：《我国省级地方政府间举债竞争的空间关联性研究》，《当代财经》2016 年第 7 期。
② Li, X., Ge, X., Fan, W., et al, 2021: "Research on Spatial Correlation Characteristics and Their Spatial Spillover Effect of Local Government Debt Risks in China", *Sustainability*, 5.
③ 沈丽，范文晓：《地方政府债务扩张对区域金融风险的溢出效应》，《经济与管理评论》2021 年第 2 期。

际税负的影响。原本的资源流动和配置应该是受到市场的影响,而不是税收在其中发挥作用,税收竞争导致原本的流动方式被改变,由此产生更多额外的资源配置成本,加剧了地区间发展差异,税负逐底竞争激烈的欠发达地区为了弥补这种发展差距又会更加依赖融资举债发展经济。

最后,在税收竞争过程中,地方政府利用各种税收优惠政策以降低实际税负,提高资源流动的吸引力,但是其所采用的税收优惠多不是普惠型的,而是在有关地区、对象、经济行为、税种等方面设置了限制。在我国分税制背景下,地方政府在中央制定的税收优惠政策基础上加大优惠力度,必然导致事权与税收减免不一致,进一步导致地方税收减免幅度大于事权承担程度,收支差距更加显著,加大了地方政府财政压力,也扩大了其通过举债进行融资的需求。

综合来看,税收竞争对地方政府债务规模扩张的影响主要在于因逐底竞争造成的税收降低,再加上地方政府竞争过程中希望扩大支出规模以吸引资本,由此形成剪刀差,导致收支差距不断扩大,再加上地方政府软预算约束[①],其倾向于通过举债扩大融资渠道。因此我们提出假设:税负逐底的地方政府税收竞争会促使债务规模增长。

三、对理论假设的实证检验与稳健性分析

结合以上提出的两个重要命题,本部分构建实证模型,检验中国地区间税收竞争对债务扩张的影响,以及影响的异质性分析。

(一)策略识别实证模型构建

本部分实证研究的主要目的是检验上述两个重要命题,对于第一个重要命题,地区间债务规模的空间联动性检验,构建如下动态空间模型进行识别:

---

① 李尚蒲,郑仲晖,罗必良:《资源基础、预算软约束与地方政府债务》,《当代财经》2015年第10期。

$$debt_{it} = \lambda debt_{it-1} + \rho \sum_{j=1}^{N} w_{ij} debt_{jt} + \sum_{i=1}^{N} \chi_{it} x_{it} + \mu_i + \upsilon_t + \varepsilon_{it} \quad (3-3)$$

其中的 $debt_{it}$ 表示地区 i 在第 t 年末的政府债务规模。$debt_{it-1}$ 表示地方政府债务的一阶时间滞后项，其系数反映的是地方政府举债的路径依赖特征。$w_{ij} debt_{jt}$ 是与 i 地区空间相邻的 j 地区的债务规模，即 i 地区债务规模的空间滞后项。ρ 是核心系数之一，表示的是地区间债务规模的策略互动特征。当这一系数不等于 0 时，说明地区之间的债务规模存在空间相关性；大于 0 时，则地区之间债务具有正向空间相关。x_{it} 是影响债务规模的其他控制变量，参考 μ_i 表示地区的固定效应，υ_t 表示时间效应，ε_{it} 是随机扰动项。

对于第二个重要命题，税收竞争对地方政府债务规模扩张的显著影响，在模型（3-3）的基础上引入税负及其空间滞后项，构建空间计量经济模型进行识别：

$$debt_{it} = \lambda debt_{it-1} + \rho \sum_{j=1}^{N} w_{ij} debt_{jt} + \eta tax_{it} + \rho' \sum_{j=1}^{N} w_{ij} tax_{jt} + \sum_{i=1}^{N} \chi_{it} x_{it} + \mu_i + \upsilon_t + \varepsilon_{it}$$
$$(3-4)$$

其中 tax_{it} 表示 i 地区在第 t 年的企业所得税税负水平，其系数 η 表示的是税负的变化对地区债务规模的影响。$w_{ij} tax_{jt}$ 为与 i 地区空间相邻的 j 地区的税负，即 i 地区税负的空间滞后项，其系数 ρ' 表示的是空间相邻地区税负的变化对本地区债务规模的影响。

本部分主要包含的关键变量包括：(1) 被解释变量：地方政府债务规模，参考已有研究，采用债务负担率（地方政府债务余额占 GDP 的比重）作为债务规模的代理变量。[1] (2) 解释变量：企业所得税税负，即企业所得税税收收入/GDP。(3) 控制变量：为了缓解遗漏变量所产生的偏误，参考已有研究，选择经济发展水平、城镇化水平、人口密度作为地区层面的控制变

---

[1] 毛捷，韩瑞雪，徐军伟：《财政压力与地方政府债务扩张——基于北京市全口径政府债务数据的准自然实验分析》，《经济社会体制比较》2020 年第 1 期；王韧，刘柳巧，刘于萍：《地方政府债务负担会阻碍区域经济一体化吗？——城市群视角的异质性诊断》，《财政研究》2021 年第 5 期；卢洪友，朱耘婵：《城镇化、人口流动与地方政府债务水平——基于中国地级市的经验证据》，《经济社会体制比较》2020 年第 1 期。

量。① 其中经济发展水平采用人均 GDP 对数值进行衡量,地方政府债务规模在一定程度上受到经济状况的影响②,经济发展为地方政府债务偿还提供了经济基础,同时经济发展越快的地区,对投资需求也越高,预计会显著刺激地方债务的增长;城镇化水平使用城镇常住人口比重来衡量,城镇化高速发展阶段也是地方政府债务的凸显期③,卢洪友、朱耘婵研究发现,城镇化对地方政府债务负担率具有显著的正向刺激作用④;人口密度,采用人口规模除以行政辖区的土地面积得到,并做取对数处理。陈菁、李建发研究发现,一个地区的人口密度越高,那么对应的承担事权越多,需要大量资金满足支出需求,因此就越可能刺激地方政府债务的增长。⑤（4）空间权重的选择,参考刁伟涛的研究⑥,选择空间地理权重和空间经济权重,测算方法与前文章节一致,此处不再赘述。本部分以中国省级行政区作为研究对象,数据来源于 WIND 数据库,具体涉及历年的《中国统计年鉴》和《中国财政年鉴》。样本包含中国除西藏、港澳台外的 30 个省级单位 2008～2019 年的平衡面板数据,样本总数共 360 个。

---

① 钟辉勇,陆铭:《财政转移支付如何影响了地方政府债务?》,《金融研究》2015 年第 9 期;钟辉勇,陆铭:《中国经济的欧洲化——统一货币区、央地关系和地方政府债务》,《学术月刊》2015 年第 10 期;罗党论,佘国满:《地方官员变更与地方债发行》,《经济研究》2015 年第 6 期;卢洪友,朱耘婵:《城镇化、人口流动与地方政府债务水平——基于中国地级市的经验证据》,《经济社会体制比较》2020 年第 1 期。
② 庞晓波,李丹:《中国经济景气变化与政府债务风险》,《经济研究》2015 年第 10 期。
③ 庄佳强,陈志勇:《城镇化进程中的地方政府财政风险——基于三类融资模式的比较分析》,《中南财经政法大学学报》2017 年第 1 期。
④ 卢洪友,朱耘婵:《城镇化、人口流动与地方政府债务水平——基于中国地级市的经验证据》,《经济社会体制比较》2020 年第 1 期。
⑤ 陈菁,李建发:《财政分权、晋升激励与地方政府债务融资行为——基于城投债视角的省级面板经验证据》,《会计研究》2015 年第 1 期。
⑥ 刁伟涛:《我国省级地方政府间举债竞争的空间关联性研究》,《当代财经》2016 年第 7 期。

（二）地方政府债务的空间自相关分析

首先利用探索性空间数据分析方法检验地方政府债务的空间自相关特征，测算全局 Moran 指数，相关测算方法在第一章已有说明，此处不再赘述。测算得到地方债负担、城投债负担和总体的地方政府债务负担在空间地理权重和空间经济权重下的全局 Moran 指数及其显著性结果，如表 3-5 所示。由于地方政府发债是自 2014 年底新《预算法》实施之后，因此地方债负担的全局 Moran 指数测算是自 2015 年开始。

表 3-5　债务负担的空间全局 Moran 指数

年份	地方政府债务负担 地理权重	地方政府债务负担 经济权重	城投债负担 地理权重	城投债负担 经济权重	地方债负担 地理权重	地方债负担 经济权重
2008	0.193**	0.254***	0.193**	0.254***		
2009	0.157	0.277***	0.157	0.277***		
2010	0.241**	0.273***	0.241**	0.273***		
2011	0.220**	0.248***	0.221**	0.225***		
2012	0.235**	0.118*	0.236**	0.088		
2013	0.250**	0.071	0.248**	0.040		
2014	0.229**	−0.009	0.222**	−0.023		
2015	0.297***	0.042	0.276**	−0.009	0.117	0.022
2016	0.235**	−0.009	0.256**	0.006	0.147	−0.007
2017	0.266**	−0.016	0.267**	0.014	0.226**	0.003
2018	0.134	−0.031	0.118	0.038	0.206**	0.009
2019	0.145	−0.021	0.119	0.051	0.244**	0.025

数据来源：根据 Moran 指数测算公式，通过 stata 软件测算得到。"*、**、***"分别表示 P 值通过了 10%、5% 和 1% 的显著性检验。

表 3-5 中显示，通过显著性检验的 Moran 值均为正值，表现出显著的空间正向外溢性，即正向的空间关联。在通过显著性检验的时期，地方政府债务负担较高的省级区域相毗邻，负担较低的省级区域集聚，而不是随机分布。本地债务负担的增加可能会带动空间相邻地区债务负担的增加。同时也可以看出，无论是地方债、城投债，还是两者的总和，在空间地理权重下债务负担通过显著性检验的年份最多，说明债务负担的空间相关性更倾向于发生在地理相邻的地区之间，形成地理上的债务高－高集聚或低－低集聚。进一步以通过全局 Moran 显著性检验的 2017 年的地方政府债务负担测算局部 Moran 指数（见表 3-6），绘制 Moran 散点图（见图 3-13），以分析各地区的债务集聚现象。

表 3-6　各地区空间局部 Moran 指数

地区	局部 Moran 值	Z 统计量值	P 值	地区	局部 Moran 值	Z 统计量值	P 值
安徽	0.205	0.688	0.246	江西	0.116	0.434	0.332
北京	0.107	0.221	0.413	辽宁	−0.150	−0.223	0.412
福建	0.437	0.913	0.181	内蒙古	−0.146	−0.384	0.350
甘肃	0.147	0.521	0.301	宁夏	0.069	0.200	0.421
广东	0.111	0.377	0.353	青海	0.610	1.249	0.106
广西	0.066	0.229	0.410	山东	0.741**	1.761	0.039
贵州	1.566***	4.132	0.000	山西	0.384	0.951	0.171
海南	−0.131	−0.105	0.458	陕西	0.010	0.154	0.439
河北	0.292	1.034	0.151	上海	0.269	0.473	0.318
河南	0.763**	2.294	0.011	四川	−0.067	−0.094	0.462
黑龙江	−0.030	0.007	0.497	天津	−0.444	−0.638	0.262
湖北	0.078	0.323	0.373	新疆	0.759	1.236	0.108
湖南	0.082	0.336	0.368	云南	1.485***	2.943	0.002
吉林	−0.051	−0.032	0.487	浙江	0.159	0.499	0.309
江苏	0.149	0.417	0.338	重庆	0.394	1.106	0.134

注："*、**、***"分别表示 P 值通过了 10%、5% 和 1% 的显著性检验。

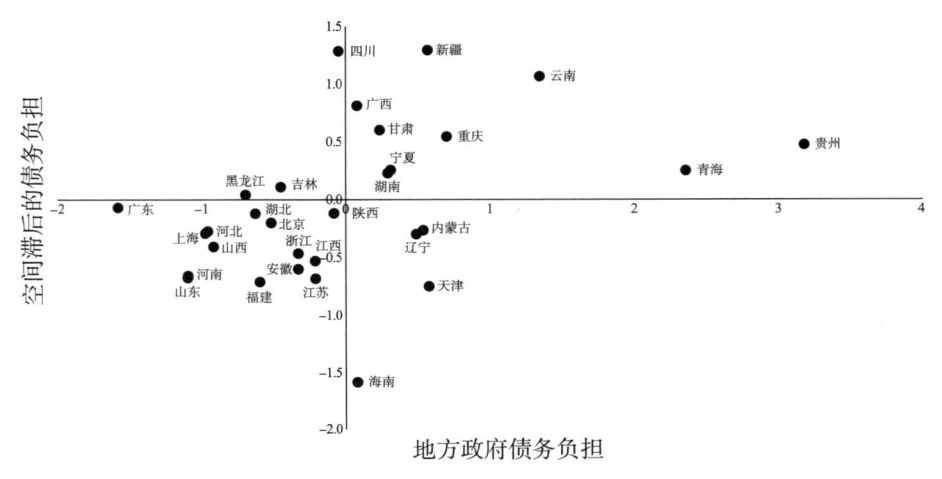

图 3-13 地方政府债务负担的空间 Moran 散点图

在地方政府债务负担的 Moran 散点图中，横轴为标准归一化后的地方政府债务负担，纵轴为在其基础上加权后的空间滞后项，表示空间相邻地区的债务负担，图中分为四个象限，第一象限和第三象限表示的是债务负担的空间高－高集聚或低－低集聚，第二象限和第四象限表示的是债务负担的空间高－低或低－高交错分布。前文假设的地方政府债务具有显著的空间正向相关性，主要分布在第一和第三象限。图 3-13 的结果与我们的假设一致，即地方政府债务负担主要呈现出高－高集聚和低－低集聚，在第一和第三象限的省级单位有 23 个，占样本总量 30 个省级单位的比重接近 80%，其中广东、上海、山东等 14 个省级单位处于债务负担的低－低集聚中，贵州、青海、云南等 9 个省级单位处于债务负担的高－高集聚中。

又根据表 3-6 中各地区局部 Moran 指数的测算结果，河南、山东、贵州、云南的局部 Moran 指数通过了显著性检验，其中河南和山东通过了 5% 的显著性检验，贵州和云南通过了 1% 的显著性检验，且局部 Moran 值均为正值，分别是 0.763、0.741、1.566、1.485，根据局部空间相关性的含义，这四个地区为债务负担的增长极，又结合 Moran 散点图，河南和山东位于债务负担低－低集聚的第三象限，因此为负向增长极，对周边地区的债务负担起到负向带动作用,促进周边地区债务负担的降低。而贵州和云南位于债务负担高-高集聚的第一象限,因此为正向增长极,对周边地区的债务负担起到正向辐射作用。

局部 Moran 值的大小反映其辐射程度,可以看出相比河南、山东来说,贵州和云南对于周边地区债务负担的正向辐射作用强度更高,空间联动性更强。而图 3-13 显示出贵州、云南等债务负担高-高集聚的省份均为欠发达地区,如前文所述,欠发达地区倾向于税负逐底的税收竞争,根据我们的理论假设,税负的降低将显著促进债务负担的提高,这可能进一步助推了欠发达地区债务负担高-高集聚的空间联动效应。

(三)实证模型估计及结果分析

结合模型(3-3)和模型(3-4)分别构建空间动态模型进行估计,参考 Han 等的研究[①],利用 GMM 广义矩估计方法进行空间滞后的 Han-Philips 线性动态面板数据回归,得到的估计结果如表 3-7 所示。其中汇报的模型估计结果分别是债务空间相关模型和税收竞争影响模型在空间地理权重和空间经济权重下的估计结果。

表 3-7 空间模型回归结果

	债务空间相关模型		税收竞争影响模型	
	空间地理权重	空间经济权重	空间地理权重	空间经济权重
债务负担的一阶滞后	2.164***(18.79)	2.252***(36.49)	2.165***(20.97)	2.222***(36.69)
债务负担的空间滞后	0.166***(19.68)	0.467***(12.81)	0.172***(20.28)	0.553***(13.67)
本地区税负			0.819(0.89)	0.632(0.64)
税负的空间滞后			−1.041***(−3.34)	−4.537***(−4.42)
城镇化水平	0.095(0.99)	−0.108(−1.07)	−0.110(−0.96)	−0.175(−1.57)

① Han, et al, 2010: "GMM Estimation for Dynamic Panels with Fixed Effects and Strong Instruments at Unity", *Econometric Theory*, 1.

续表

	债务空间相关模型		税收竞争影响模型	
	空间地理权重	空间经济权重	空间地理权重	空间经济权重
人口密度	−1.423**(−2.29)	−1.169*(−1.88)	−0.686(−1.01)	−1.616***(−2.68)
经济发展水平	4.365**(2.26)	11.555***(5.37)	7.615***(3.61)	11.073***(5.24)
常数项	47.510**(2.42)	130.883***(5.57)	75.033***(3.58)	110.805***(4.92)
R^2	0.915	0.917	0.920	0.921
F-test	703.18***	729.68***	536.76***	546.30***
空间效应检验	Moran=1.050*** LM=51.588***	Moran=1.218*** LM=42.508***	Moran=1.049*** LM=50.917***	Moran=1.257*** LM=45.122***
面板模型选择诊断标准	AIC=6.472 SC=6.541	AIC=6.395 SC=6.464	AIC=6.498 SC=6.590	AIC=6.429 SC=6.521
样本量	330	330	330	330

注："*、**、***"分别表示 P 值通过了 10%、5% 和 1% 的显著性检验，括号内为 t 值。

模型的空间效应检验结果显示，四种空间模型均是合适的，Moran 指数分别为 1.050、1.218、1.049 和 1.257，并均通过了 1% 的显著性检验，进一步对空间模型的 LM 检验结果也通过了 1% 的显著性检验，表明空间效应模型的选择非常合理。估计结果显示，债务负担的一阶滞后项均为正值，且通过了 1% 的显著性检验，说明地方政府举债存在明显的路径依赖特征，本期的债务负担受到往期债务负担的影响，因此构建动态模型是合适的。由债务空间相关模型和税收竞争影响模型回归结果可得出以下结论。

1. 地区之间债务具有显著的空间相关性。回归结果显示，地理相邻或经济相近的地区之间表现出显著的举债策略互动行为，并且经济相当的地区之间策略互动更强烈。在债务空间相关模型中，地理权重下债务负担的空间滞后项系数为 0.166，经济权重下为 0.467，均通过了 1% 的显著性检验，即地理相邻的地区债务负担增加 1 个单位，将导致本地区债务负担增加 0.166 个单位。同理，经济相当地区的债务负担增加 1 个单位，将导致本地区债务负担增加 0.467 个单位，从增长程度来看，经济相近地区间举债的空间联动效应更强。在税收竞争影响模型中，地理权重和经济权重下债务负担的空间滞后项系数分别为 0.172 和 0.553，均通过了 1% 的显著性检验，系数略高于债务空间相关模型，不过结论未发生显著变化，这与刁伟涛的研究比较一致，即空间距离越近、经济发展水平越相似，省级政府间举债关联越大。[①] 这也论证了本书的理论假设，符合政治晋升锦标赛下地方政府间举债行为策略互动的逻辑解释。

2. 税收竞争对地方政府债务具有显著影响，竞争地区间竞相降低税负将显著刺激债务负担的提高。在税收竞争影响模型中，税负的空间滞后项系数反映的是税收竞争的影响，在空间地理权重和空间经济权重下，系数均为负值，并且均通过了 1% 的显著性检验，说明空间相邻地区税负的降低加重了本地区债务负担。从影响程度来看，空间地理权重下税负空间滞后项系数为 -1.041，即周边地区税负降低 1 个单位，将导致本地区债务负担提高 1.041 个单位。空间经济权重下税负的空间滞后项系数为 -4.537，即经济相近地区税负降低 1 个单位，将导致本地区债务负担提高 4.537 个单位。可见，税收竞争对债务负担的影响在经济相当地区之间更加显著且程度更高。从估计结果来看，本地区税负的变化对债务负担的影响不显著，债务负担主要受到空间相邻地区税负变化的影响，空间外溢效应在其中承担了重要作用。

2014 年是地方政府债务的一个关键年，这一年新《预算法》实施[②]，放开了地方政府举债的权力，同时将举债主体限于省级政府，体现了立法机关对我国国情的全面考虑和对地方政府债务风险的审慎对待。接着在同年国务院下发 43 号文《国务院关于加强地方政府性债务管理的意见》，明确划清了地方政府与融资平台公司的界限，规定政府部门不得通过企事业单位等渠道举债。接着，国务院、财政部和银监会也发布一系列文件[③]以规范地方政府

[①] 刁伟涛：《我国省级地方政府间举债竞争的空间关联性研究》，《当代财经》2016 年第 7 期。
[②] 《中华人民共和国预算法》(2014 修正)(中华人民共和国主席令第十二号)。下文统称新《预算法》。
[③] 包括国办发〔2015〕40 号、财预〔2015〕225 号、财预〔2017〕50 号、财预〔2017〕87 号、银监发〔2017〕6 号、财金〔2018〕23 号、保监发〔2018〕6 号等。

通过企业举债的行为，管控融资平台公司的债务风险。然而牛霖琳等研究发现，政策实施后城投债规模仍在持续增长，并且新增城投债不乏利用政府信用担保的例子。[①] 本部分研究尝试探索政策实施后债务负担的空间联动效应是否有所缓解，以及税收竞争对债务负担的影响又会产生怎样的变化。因此在债务空间相关模型和税收竞争影响模型中分别引入政策变量进行检验，得到结果如表 3-8 所示。

表 3-8　引入政策效应后的模型回归结果

	债务空间相关模型		税收竞争影响模型	
	空间地理权重	空间经济权重	空间地理权重	空间经济权重
债务负担的一阶滞后	2.115***(19.01)	2.137***(25.50)	2.035***(16.94)	1.972***(14.46)
债务负担的空间滞后	0.093***(3.06)	−0.003 (−0.02)	0.166***(15.42)	0.525***(9.47)
债务负担的空间滞后 × 政策实施	0.064**(2.55)	0.438***(3.61)		
本地区税负			−1.079(−1.13)	−1.522(−1.59)
本地区税负 × 政策实施			2.840***(4.98)	3.799***(6.40)
税负的空间滞后			−0.702** (−2.27)	−3.427***(−3.62)
税负的空间滞后 × 政策实施			−0.363*(−1.79)	−1.376(−1.36)
控制变量	控制	控制	控制	控制
常数项	是	是	是	是

---

① 牛霖琳，夏红玉，许秀:《中国地方债务的省级风险度量和网络外溢风险》,《经济学（季刊）》2021 年第 3 期。

续表

	债务空间相关模型		税收竞争影响模型	
	空间地理权重	空间经济权重	空间地理权重	空间经济权重
空间效应检验	Moran=1.051*** LM=38.770***	Moran=1.234*** LM=53.183***	Moran=1.042*** LM=102.696***	Moran=1.257*** LM=45.122***

注："*、**、***"分别表示 P 值通过了 10%、5% 和 1% 的显著性检验，括号内为 t 值。

从模型的空间效应检验结果可以看出，Moran 值和 LM 均通过了 1% 的显著性检验，说明空间效应模型是合适的。债务负担的一阶滞后项也通过了 1% 的显著性检验，表现出显著的路径依赖特征。重点观察债务负担的空间滞后项与政策实施的交叉项，这一系数反映的是债务负担的空间相关性是否受到政策实施的影响。表 3-8 结果显示，新《预算法》实施后，地方政府的债务负担空间相关程度被加深，在空间地理权重下，债务负担的空间滞后项与政策实施的交叉项系数为 0.064，通过了 5% 的显著性检验。空间经济权重下，交叉项系数为 0.438，通过了 1% 的显著性检验。这说明债务负担的空间相关性因为政策的实施而得到显著提高，原因可能是前文所分析的，新政策实施后，地方政府获取举债权力，地方政府增加了一条融资渠道，地区间举债策略互动更加积极。进一步观察税收竞争模型中的政策实施效果，税收竞争对政府债务的影响因为政策的实施而有所缓解，税负的空间滞后与政策的交叉项系数在空间地理权重下为 -0.363，通过了 10% 的显著性检验，在空间经济权重下为 -1.376，未通过显著性检验。税收竞争对政府债务的影响因为政策的实施而得以缓解，原因可能是新《预算法》及其一系列相关政策实施后，地方政府举债相对更加规范，面对税负逐底的税收竞争，地方政府提高债务规模的幅度有所降低。同时也发现这种缓解显著性不是很明显，可能是因为 2015 年至今时间较短，政策的滞后性影响了效果的显现。可以看出，本地区税负对地方政府债务规模的影响因为政策的实施而变得强烈，系数在空间地理权重下为 2.840，空间经济权重下为 3.799，均通过了 1% 的显著性检验。而在这一模型中，本地区税负的降低导致债务负担提高，系数在空间地理权重和经济权重下分别为 -1.079 和 -1.522，不过均未通过显著性检验，这可能是因为本地区税负的降低导致收入降低，地方政府有举债获取更多资金的动机，新《预算法》又为地方政府举债提供了更多空间，因此反应比较敏感，不显著的原因可能是政策实施效果的滞后性所致。

第三节 税收竞争与环境污染

环境问题已构成制约未来经济社会进一步发展的重要瓶颈，习近平总书记在党的十九大报告中特别指出建设现代化的目的是人与自然和谐共生，并将污染防治与化解重大风险、精准扶贫共同作为三大攻坚战来打。这表明我国的环境治理已经达到拐点，传统经济发展思维亟须向绿色经济发展理念转变，以实现社会可持续发展。而在中国特色财政联邦主义制度背景下，地方政府环境政策执行偏差的制度动因值得关注。[①] 地方政府之间"为经济增长而竞争"，结果是否是放松环保要求，加剧环境污染，这是本书聚焦的重要问题。深层次理解税收竞争与环境污染的关系，对于充分发挥税收政策的减排效益和推进生态文明建设具有重要的理论意义和现实意义。

一、我国省际环境污染的空间化问题

（一）我国地区环境污染现状

环境污染问题已经成为影响中国经济可持续发展的严峻问题，严重威胁人类健康与社会稳定。中国环境与发展国际合作委员会中国绿色转型 2020～2050 课题组发布的《绿色发展新时代——中国绿色转型 2050》研究

---

① Qian, Y., Roland, G., 1998: "Federalism and the Soft Budget Constraint", *American Economic Review*, 5.

显示，七大流域水体中有54%不适合居民饮用，几乎60%的地下水点位结果属于较差和极差，将近20%的耕地受到污染；世界雾霾污染最严重的20个城市中中国占4个。《2020年中国生态环境状况公报》显示，我国环境质量有积极改变，但是总体形势仍然严峻，数据显示，在不扣除沙尘影响的情况下，2020年全国337个地级及以上城市环境空气质量达标城市比例为56.7%，超标城市为43.3%。[①] 而2019年这一比例为53.4%，环境质量的改善也可能受到了疫情防控的影响。根据我国74个重点城市PM2.5和二氧化硫浓度的变化（见图3-14），可以看出总体上呈现出波动下降态势，环境质量不断提高。另外需要注意的是，由于污染源排放和气象条件的影响，促使污染物排放形成显著的季节性变化特征，图3-14显示每年的12月和次年的1月环境污染水平快速上升，达到峰值，然后快速下降，这种现象PM2.5表现最为突出。

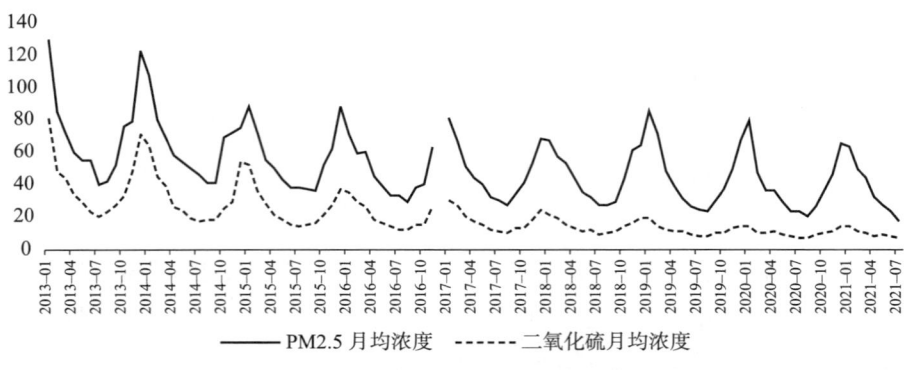

图3-14 我国74个重点城市PM2.5和二氧化硫浓度的月度变化情况

我国经济发展伴随的是持续增加的工业环境污染物，从我国三类典型环境污染物演变趋势来看，2000～2015年我国工业二氧化硫排放量持续处于高位，未发生显著变化，在2000年为1995万吨，在2015年为1859万吨。2015年之后排放量开始快速下降，到2019年降到457万吨，降幅较大，这与"十三五"规划中的生态环境保护规划将生态文明建设上升为国家战略的

---

① 中华人民共和国生态环境部，《2020中国生态环境状况公报》2021年5月26日。

政策效果有关。然而工业固体废物和废水的排放量却在持续上升，工业固体废物从 2003 年的 10.04 亿吨上升到 2017 年的 33.16 亿吨，废水排放从 1998 年的 395 亿吨上升到 2017 年的 700 亿吨，增长态势强劲。

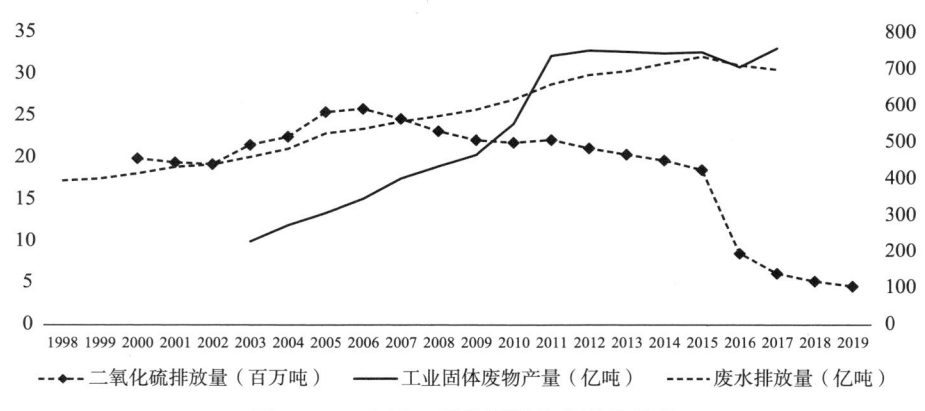

图 3-15　全国三类典型污染物演变趋势

随着国家对环境保护的日益重视，环境支出的规模也在不断扩大，图 3-16 显示，无论是全国环境污染治理投资总额，还是工业污染治理投资总额，自 2000 年以来均有显著提高，其中全国环境污染治理投资总额从 2000 年的 1014.9 亿元上升到 2017 年的 9539 亿元，工业污染治理投资总额从 2000 年的 234.79 亿元上升到 2014 年的 997.65 亿元，2015 年、2016 年、2017 年投资总额有所下降。

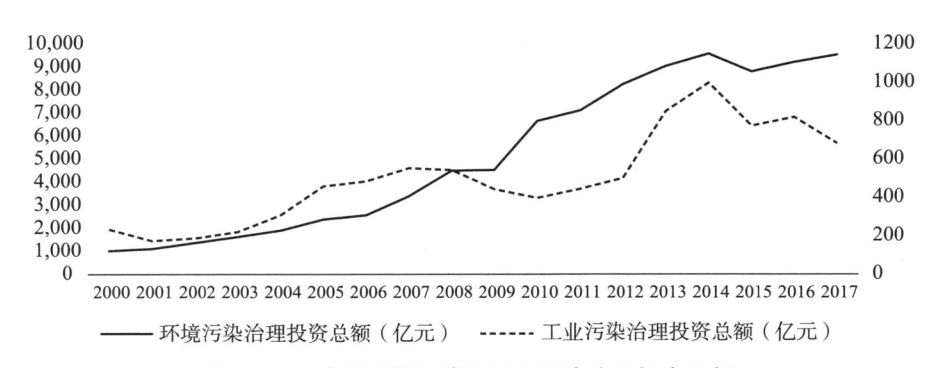

图 3-16　全国环境污染及工业污染治理投资总额

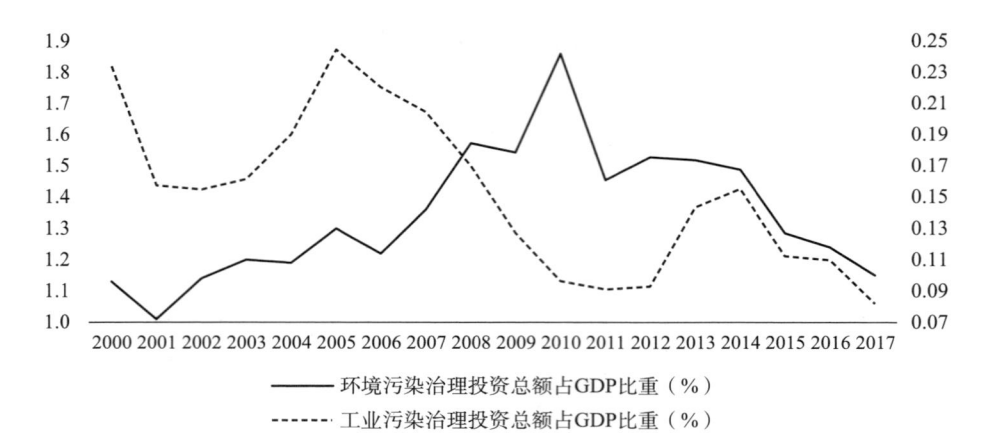

```
1.9                                                           0.25
1.8                                                           0.23
1.7                                                           0.21
1.6                                                           0.19
1.5                                                           0.17
1.4                                                           0.15
1.3                                                           0.13
1.2                                                           0.11
1.1                                                           0.09
1.0                                                           0.07
  2000 2001 2002 2003 2004 2005 2006 2007 2008 2009 2010 2011 2012 2013 2014 2015 2016 2017
           —— 环境污染治理投资总额占GDP比重（%）
           ---- 工业污染治理投资总额占GDP比重（%）
```

图 3-17　全国环境污染及工业污染治理投资占 GDP 比重

然而考虑投资总额占 GDP 的比重时，又表现出与总规模差异化的趋势特征，从图 3-17 可以看出全国环境污染治理投资总额占 GDP 的比重自 2000 年经历了快速上升到 2010 年达到最高，之后又快速下降，形成倒 U 形曲线，比重从 2000 年的 1.13% 上升到 2010 年的 1.86%，之后又下降到 2017 年的 1.15%，几乎与近二十年前持平。而与此同时，工业污染治理投资总额占 GDP 的比重则波动中持续下降，自 2000 年的 0.234% 下降到 2001 年的 0.157%，然后经历了四年的上升期，到 2005 年工业污染治理投资总额占 GDP 比重为 0.245%，为整个时期的最高点，之后持续下降，到 2012 年达到最低，为 0.093%，之后经历一小段上升期，后又下降，到 2017 年降到 0.082%。可见，虽然环境支出总额持续上涨，但是其占 GDP 的比重总体上是面临下降趋势的，而工业污染治理支出则无论是规模还是比重，从 2014 年开始都呈现出下行趋势。尽管我国环境支出占 GDP 比重超过联合国在 2013 年提出的 0.8%～1.0% 的标准，但是总体趋势持续走低，环保投资动力不足也是我国面临的现实问题。

参考沈坤荣等、张华、周林意等的研究，将工业废水、工业二氧化硫和工业烟（粉）尘排放量作为环境污染的主要代理变量[①]，然后取人均值以考虑各地区人口规模的影响，最终用人均污染物排放水平衡量地区的环境污染水平。分地区来看[②]，中国东部地区工业污染排放（此处是指人均工业废水、工业二氧化硫和工业烟（粉）尘排放量）强度持续高于中西部和东北部地区，人均环境污染物排放自2000~2015年经历了先短暂上升后持续下降的态势，自2000年的20.11吨/人上升到2005年的24.748吨/人，然后持续下降，到2015年下降到16.624吨/人，11年下降了32.83%。东部地区的工业经历了从粗放发展到转型时期的变化，随着东部地区产业转移，环境污染物排放量持续降低，到2015年东部地区的污染物排放强度已经接近其他地区的水平。东北地区是我国重要的老工业基地，是全球范围内具有短时限人地关系高强度作用特征的典型地区之一，近年来环境污染问题严重。[③] 图3-18中显示东北部地区自2000年到2015年经历了倒N形变化趋势，自2000年到2009年人均污染物排放水平持续下降，自2010年开始快速上升，到2012年又开始波动下降，在2015年人均污染物排放水平仅次于东部地区，为14.229吨，高于西部和中部地区。西部地区环境污染物排放强度呈现交替升降的演变趋势，自2000年到2004年的环境污染水平持续平稳，2000年人均环境污染物排放量为12.381吨，2004年为12.438吨，变化不大。自2005年开始出现快速上升，从16.066吨的高环境污染水平持续到2010年，均保持在15吨以上，之后开始下降，在2015年环境污染水平与2000年持平，为12.236吨。中部地区的环境污染物排放强度虽然相对不高，但是自2000

[①] 沈坤荣，金刚，方娴：《环境规制引起了污染就近转移吗？》，《经济研究》2017年第5期；张华：《税收竞争与环境污染：影响机制与实证检验》，《财经问题研究》2019年第3期；周林意，朱德米：《地方政府税收竞争、邻近效应与环境污染》，《中国人口·资源与环境》2018年第6期。

[②] 依据中国经济区域划分标准，东部地区包括北京、天津、河北、上海、江苏、浙江、福建、山东、广东和海南；中部地区包括山西、安徽、江西、河南、湖北、湖南；东北部地区包括辽宁、吉林、黑龙江；西部地区包括广西、内蒙古、重庆、四川、贵州、云南、西藏、陕西、甘肃、青海、宁夏和新疆。因数据缺失，本书不考察西藏。

[③] 杨婷，晏平仲等：《基于数值模拟的2015年11月东北极端重污染过程成因的定量评估》，《环境科学学报》2017年第1期。

年开始呈现出持续增长态势。从总体上看，环境污染排放强度居高不下的原因，首先是来自中部崛起战略的实施，经济发展加快伴随工业污染物排放量增加，再加上东部地区产业转移过程中，中部地区承接了一部分高污染工业企业，增加了污染物的排放，同时中部地区的环境污染治理效率不高，造成中部地区污染物排放不降反升。

图 3-18　地区人均环境污染物排放平均水平

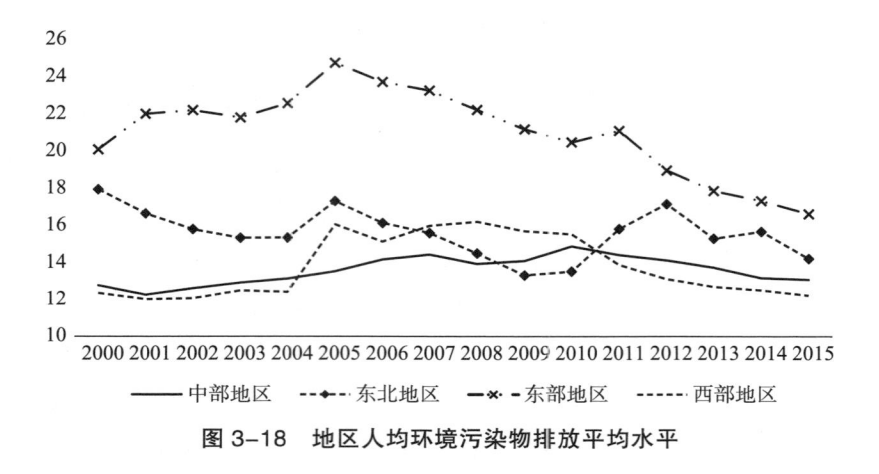

表 3-9　工业废水、工业二氧化硫、工业烟（粉）尘人均排放量及其排序

地区		工业废水		工业二氧化硫		工业烟（粉）尘	
		排放量（吨/人）	排序	排放量（吨/千人）	排序	排放量（吨/千人）	排序
东部地区	浙江	26.603	1	9.460	19	5.617	23
	江苏	25.880	2	9.963	17	7.675	16
	福建	23.637	4	8.259	20	8.381	13
	上海	19.434	5	4.341	28	4.611	26
	山东	18.933	7	12.399	11	9.170	11
	广东	14.882	9	5.982	27	2.761	28
	河北	12.675	16	11.171	13	14.964	7
	天津	12.265	17	9.994	16	4.770	25

续表

地区		工业废水		工业二氧化硫		工业烟（粉）尘	
		排放量（吨/人）	排序	排放量（吨/千人）	排序	排放量（吨/千人）	排序
东部地区	海南	7.552	28	3.478	29	1.768	29
	北京	4.136	30	1.017	30	0.598	30
西部地区	宁夏	24.620	3	45.486	1	27.750	3
	青海	14.523	10	19.775	6	30.559	1
	内蒙古	14.238	11	42.254	2	26.154	4
	广西	13.189	15	8.038	22	6.868	18
	新疆	12.036	18	26.364	3	19.602	5
	重庆	11.776	19	14.149	10	6.511	20
	陕西	9.947	23	15.801	9	11.993	9
	云南	9.687	24	11.046	14	5.512	24
	四川	8.733	26	7.587	24	4.578	27
	贵州	8.266	27	16.968	8	6.534	19
	甘肃	7.217	29	17.964	7	7.994	14
中部地区	江西	16.736	8	11.294	12	9.769	10
	湖北	13.811	13	8.044	21	6.462	21
	河南	13.693	14	9.652	18	7.029	17
	安徽	11.628	20	6.837	26	7.780	15
	湖南	11.335	21	7.606	23	6.080	22
	山西	11.287	22	24.583	4	29.283	2
东北地区	辽宁	18.971	6	19.837	5	19.093	6
	吉林	14.082	12	10.972	15	12.285	8
	黑龙江	9.551	25	7.371	25	8.873	12

表3-9对各地区2015年的环境污染物排放量进行排序，排放量越高，排序越靠前。可以看出，东部地区的污染物排放主要是工业废水，浙江、江苏、福建、上海、山东和广东六个地区的人均废水排放强度排在全国前十位，西部地区则工业二氧化硫和工业烟（粉）尘的排放量较高，其中宁夏和青海在两类污染物排放中分别居于第一位，中部地区污染物排放总体不高，其中山西在工业二氧化硫和工业烟（粉）尘排放中分别位居第四和第二，相对较高。东北地区的工业烟（粉）尘排放较高，辽宁、吉林和黑龙江的排放排序分别为第六位、第八位、第十二位。

（二）地区间环境污染的空间相关性分析

根据已有研究，中国地区间环境污染存在空间外溢特征，本书从空间地理相邻和空间经济相当的权重下测算全局Moran指数和局部Moran指数，分析地区间环境污染物排放的空间相关性。测算得到全局Moran指数如表3-10所示。可以看出，工业废水排放在地理相邻和经济相当地区间均存在显著的正向空间相关性，除个别年份外均通过了显著性检验，并且地理相邻地区间的空间外溢效应更明显，Moran值更高，也更显著。以2015年为例，工业废水排放在地理相邻权重下的相关程度为0.337，且通过了1%的显著性检验，而在经济相当权重下的相关程度为0.105，且仅通过了10%的显著性检验。工业二氧化硫和工业烟（粉）尘排放在地理相邻地区间的空间相关性非常强，均通过了显著性检验，近十年显著性和相关程度高于工业废水排放，不过工业二氧化硫在经济相当地区间的排放不显著，仅在地理相邻地区间具有显著空间外溢特征。工业烟（粉）尘虽然在经济权重下全局Moran指数有少数年份通过了显著性检验，但是显著性水平较低，多数仅通过了10%的显著性检验。因此综合来看，环境污染物排放主要发生在地理相邻的地区之间，这是可以理解的，环境污染物排放本身具有的外部性特征往往在地理相邻地区之间显著。

表 3-10　环境污染物排放的全局 Moran 指数

年份	工业废水排放 地理权重	工业废水排放 经济权重	工业二氧化硫排放 地理权重	工业二氧化硫排放 经济权重	工业烟（粉）尘排放 地理权重	工业烟（粉）尘排放 经济权重
2000	0.319***	0.161**	0.171*	−0.022	0.134	0.051
2001	0.418***	0.178***	0.174*	−0.021	0.168*	0.075
2002	0.399***	0.167**	0.190*	−0.024	0.153*	0.071
2003	0.347***	0.117*	0.206**	−0.015	0.178*	0.064
2004	0.331***	0.142**	0.207**	−0.022	0.266***	0.110*
2005	0.112	0.134**	0.228**	−0.009	0.314***	0.090
2006	0.174*	0.158**	0.217**	−0.019	0.292***	0.128**
2007	0.139	0.121*	0.236**	−0.016	0.316***	0.119*
2008	0.093	0.107*	0.259***	−0.006	0.296***	0.133**
2009	0.113	0.109*	0.292***	0.011	0.275**	0.157**
2010	0.083	0.121*	0.295***	0.015	0.282***	0.095
2011	0.211**	0.118*	0.333***	0.038	0.364***	0.109*
2012	0.242**	0.113*	0.318***	0.030	0.348***	0.095
2013	0.298***	0.127*	0.322***	0.031	0.361***	0.101
2014	0.294***	0.157**	0.335***	0.030	0.403***	0.110*
2015	0.337***	0.105*	0.357***	0.033	0.341***	0.143**

注："*、**、***"分别表示 P 值通过了 10%、5% 和 1% 的显著性检验。

进一步分析地区的局部空间相关性，以空间地理权重下通过了 1% 的显著性检验的 2015 年工业废水排放、工业二氧化硫排放和工业烟（粉）尘排放为例，测算局部 Moran 指数并绘制 Moran 散点图（见图 3-19、3-20、3-21）。

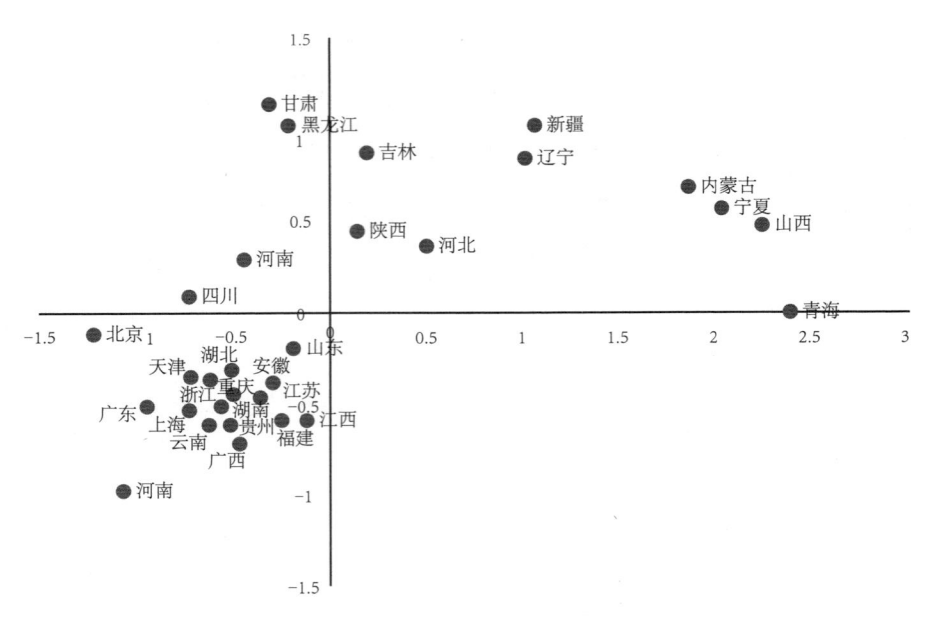

图 3-19 各地区工业烟（粉）尘排放的全局 Moran 散点图

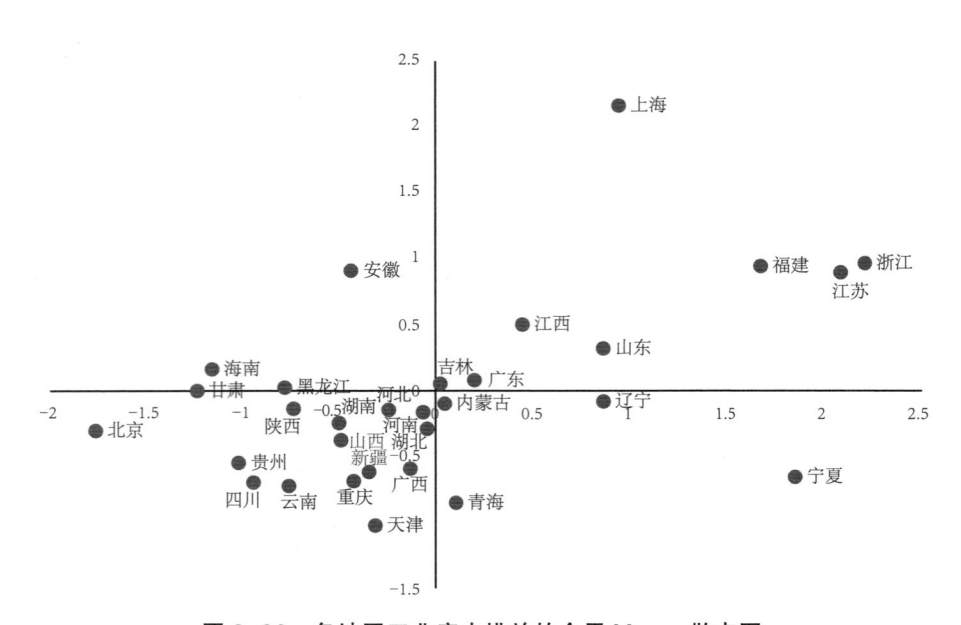

图 3-20 各地区工业废水排放的全局 Moran 散点图

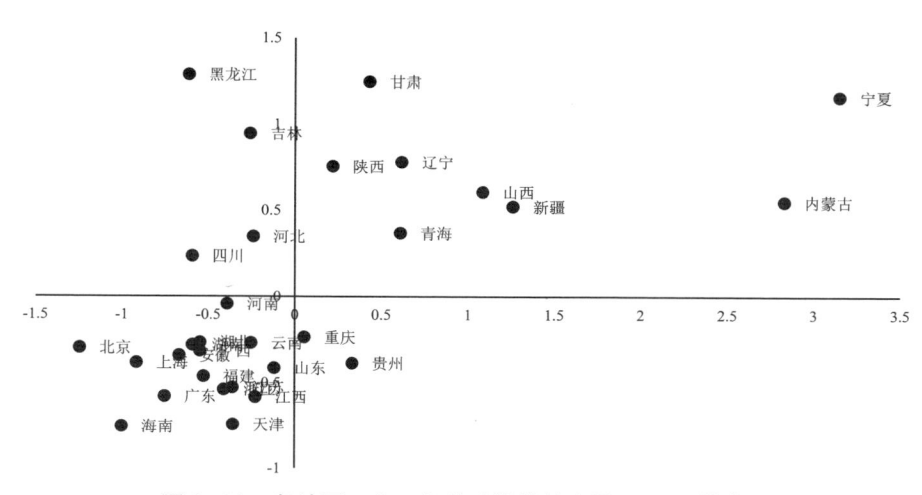

图 3-21　各地区工业二氧化硫排放的全局 Moran 散点图

结合表 3-11 与全局 Moran 散点图，发现多数省级单位处于环境污染物排放的低－低集聚或高－高集聚，工业烟（粉）尘污染物排放处于低－低集聚的省级单位有 17 个，占比达到 56.7%，这其中有广东、北京、上海、浙江等 9 个东部发达地区，形成工业烟（粉）尘污染物排放洼地。处于空间高－高集聚的省级单位有 9 个，占比 30%，主要是陕西、吉林、河北、辽宁、新疆、内蒙古、宁夏、山西、青海等欠发达地区。从通过显著性检验的局部 Moran 指数来看（见表 3-12），广东通过了 10% 的显著性检验，具有环境污染物排放的负向增长极作用，但是显著性不高。辽宁、宁夏和新疆通过了 5% 的显著性检验，内蒙古和山西通过了 1% 的显著性检验，承担正向增长极作用，带动周边地区污染物排放向高－高集聚。对于工业废水排放的空间集聚情况，有 15 个省级单位位于污染物排放的低－低集聚，占比 50%，主要是甘肃、贵州、四川、云南、陕西等西部欠发达地区，有 8 个省级单位为污染物排放的高－高集聚，主要是广东、山东、上海、福建、江苏、浙江等发达的东部地区，前述发现这些地区废水污染物排放处于较高水平，而根据其局部 Moran 指数结果，通过显著性检验的省份中，福建、江苏、上海、浙江四个省份的 Moran 值最高且均通过了 1% 的显著性检验，表现出非常强的正向增长极作用，这些地区对周边的废水污染物排放具有显著的空间外溢特征。工业二氧化硫排放的空间相关性表现为，低-低集聚的省级单位有16个，占比53.3%，主要是北京、海南、上海、广东、福建、江苏、天津等东部发达地区，高-高集聚的省级单位有8个，主要是陕西、甘肃、青海、新疆、山西、内蒙古等中西部欠发达地区。从通过显著性检验的局部Moran值来看，甘肃、内蒙古、宁夏、山西等具有较强的污染物排放正向增长极作用，尤其是宁夏的局部Moran指数达到3.785，且通过了1%的显著性检验，其对周边的工业二氧化硫排放空间外溢作用非常显著。

表 3-11 环境污染物排放的空间集聚特征

	工业烟（粉）尘		工业废水		工业二氧化硫	
	省级单位数量	比例	省级单位数量	比例	省级单位数量	比例
低-低集聚	17	56.7%	15	50.0%	16	53.3%
高-高集聚	9	30.0%	8	26.7%	8	26.7%
低-高集聚	4	13.3%	3	10.0%	4	13.3%
高-低集聚	0	0.0%	4	13.3%	2	6.7%

表 3-12 环境污染物排放的局部 Moran 指数测算结果

地区	工业烟（粉）尘	工业废水	工业二氧化硫	地区	工业烟（粉）尘	工业废水	工业二氧化硫
安徽	0.136	-0.409	0.236	江西	0.064	0.256	0.137
北京	0.127	0.505	0.382	辽宁	0.899**	-0.060	0.497
福建	0.163	1.664***	0.252	内蒙古	1.359***	-0.003	1.609***
甘肃	-0.384	0.006	0.558**	宁夏	1.204**	-1.223**	3.785***

续表

地区	工业烟（粉）尘	工业废水	工业二氧化硫	地区	工业烟（粉）尘	工业废水	工业二氧化硫
广东	0.495*	0.012	0.450	青海	0.007	−0.073	0.232
广西	0.317	0.083	0.179	山东	0.031	0.304	0.050
贵州	0.301	0.579*	−0.133	山西	1.215***	0.125	0.681**
海南	1.070	−0.176	0.777	陕西	0.074	0.116	0.170
河北	0.195	0.030	−0.086	上海	0.373	2.126***	0.362
河南	−0.143	0.011	0.018	四川	−0.075	0.654**	−0.143
黑龙江	−0.235	−0.017	−0.818	天津	0.261	0.325	0.272
湖北	0.160	0.011	0.151	新疆	1.152**	0.206	0.681
湖南	0.294	0.082	0.172	云南	0.369	0.561	0.070
吉林	0.175	0.000	−0.253	浙江	0.235	2.201***	0.227
江苏	0.178	1.954***	0.195	重庆	0.226	0.266	−0.013

注："*、**、***"分别表示 P 值通过了 10%、5% 和 1% 的显著性检验。

跨区域环境污染问题是我国多年来持续面临的环境治理难题。根据新华网消息，2021 年 8 月中央第七生态环境保护督察组对中国黄金集团有限公司开展督查发现，其位于云南、广西、贵州 3 省（自治区）的 13 家矿山企业中，9 家企业主体责任缺失，存在生态破坏、环境污染、环境风险隐患突出等问题。位于滇、桂、黔区域相关企业的生态破坏、环境污染以及环境风险隐患问题也较为突出。2021 年 9 月 17 日，第二轮第四批中央生态环境保护督察组再次公开通报 7 个典型案例，顶风上"两高"项目、大肆开发房地产、非法处置危险废物等现象凸显。省际环境污染的空间化问题导致联防联控治理具有特定的空间治理主体和层次，空间政治化趋势明显。

受到生产力水平、社会制度等因素的制约，省际污染治理局面始终无法得到改善。在跨域河流环境治理方面，2016 年 9 月中共中央、国务院印发的《长江经济带发展规划纲要》首次将改善长江生态环境放到规划设计的第一位，期望通过长江的环境治理推动中国生态转型。2019年9月，习近平总书记提出了黄河流域生态保护和高质量发展战略。[1]在跨域大气治理方面，2010年国务院针对京津冀地区的大气污染问题出台专项指导文件，将京津冀地区列为国家大气污染联防联控实践的重点区域。接着2014年颁布的《环境保护法》、2015年修订的《大气污染防治法》都在法律层面确立了区域大气污染联防联控机制。省际环境污染联防联控治理指的是在相邻的省级行政区域相关主体之间，在共同价值理念指导下，通过打破省级行政区域的限制以有效整合整个区域的资源与优势，结成有效的协作关系，使区域内环境污染得到有效的联合预防与控制。而在政策执行过程中，由于受到省级行政管辖的约束，市际、县际层面的污染治理联防联控相对容易开展[2]，而省际环境污染的联防联控十分复杂，是跨行政区域环境污染治理的难点。

二、税收竞争对环境污染的影响机理与特征性事实分析

（一）税收竞争对环境污染的影响机理

地方政府环境规制的逐底竞争是污染避难所的制度动因。[3]Tiebout最早关于地方竞争的研究，认为地方政府为了吸引劳动力、资本等流动性资源而展开横向竞争，倾向于通过财税、土地、规制等政策手段提高竞争优势，实现自身利益最大化。[4]而这其中环境规制不可避免地成为地方政府竞争流动性资源的工具。并且地方政府拥有执行环境规制的自由裁量权，为了吸引流动性资源，倾向于降低环境规制标准，其他竞争地区则选择模仿邻近地区的

---

[1] 习近平：《在黄河流域生态保护和高质量发展座谈会上的讲话》，《人民日报》2019年10月16日。
[2] 康京涛：《论区域大气污染联防联控的法律机制》，《宁夏社会科学》2016年第2期。
[3] 孙博文：《环境经济地理学研究进展》，《经济学动态》2020年第3期。
[4] Tiebout, C. M., 1956: "A Pure Theory of Local Expenditures", *Journal of Political Economy*, 5.

环境政策，放松环境规制，从而陷入环境规制的逐底竞争恶性循环中。① 而中国自上而下的经济与政治考核机制强化了地方政府竞争行为，税收竞争、政治晋升以及就业负担成为激励地方政府竞争的重要因素。② 在我国各地区的经济发展中，环境保护长期让位于经济发展，在中国基本激励制度下，地方政府行为选择在其中起到了重要作用。我国中央集权下的分权制度激励地方政府之间为增长而竞争。③ 地方政府之间为了最大化本地利益而采取相应公共政策以争夺资本、劳动力和其他流动性要素，税收竞争就是最常见的形式之一，地方政府通过税收优惠或放松征管等方式影响企业的实际税负，从而降低流动性资源的使用成本，达到吸引流动性资源的目的。

地方政府为获得"为增长而竞争"的优势而牺牲或忽视环境问题，被多数研究认为是制约地区绿色发展的重要原因。④ 地区间税收竞争的侧重点在于经济发展，这就导致其对环境影响考虑不足，甚至愿意以牺牲环境为代价来换取经济增长，由此放松环境规制强度的做法屡见不鲜。朱平芳等研究发现，地方政府在进行税收竞争的过程中具有放松环境规制的强烈动机，在刚性增长的压力和经济竞争的动力驱动下，为提高本地区税基、就业率和促进经济增长，没有拒绝"黑色"资本的流入，这必然引起地区环境质量下降。⑤ 地方政府在通过税收竞争积极引导资源跨地区流动的同时，也会通过环境规

---

① Oates, W. E., Schwab, R. M., 1988: "Economic Competition Among Jurisdictions", *Journal of Public Economics*, 3.

② Qian, Y., Roland, G., 1998: "Federalism and the Soft Budget Constraint", *American Economic Review*, 5.

③ Xu, C., 2011: "The Fundamental Institutions of China's Reforms and Development", *Journal of Economic Literature*, 4.

④ 李胜兰，初善冰，申晨：《地方政府竞争、环境规制与区域生态效率》，《世界经济》2014年第4期；踪家峰，杨琦：《分权体制、地方征税努力与环境污染》，《经济科学》2015年第2期；李香菊，赵娜：《税收竞争如何影响环境污染——基于污染物外溢性属性的分析》，《财贸经济》2017年第11期。

⑤ 朱平芳，张征宇，姜国麟：《FDI与环境规制：基于地方分权视角的实证研究》，《经济研究》2011年第6期。

制的"逐底效应"对各地区绿色发展产生压力。这种环境规制的"逐底效应"指的是地方政府为了促进本地区经济增长,提高竞争中的相对位次,倾向于通过竞争性的财税政策放松本地区环境规制,以吸引流动资本。[1] 福利经济学较早期关注税收政策对环境污染的影响,认为政府可以对排污企业征税,提高排污成本,以矫正失灵市场对环境的破坏。已有多数研究认为,税收竞争通过影响地方政府环境规制策略而影响环境水平。Fredriksson 和 Millimet 研究发现,地方政府间税收竞争的结果是环境监管与治理标准的不断放松,从而出现破坏性的逐底竞争现象。[2] Cumberland 提出"竞次"的概念,认为地方政府在税收竞争中通过降低税收成本的方式吸引投资以带动经济增长,这个过程导致环境绩效被忽略,从而加剧了辖区内的环境污染。[3]

具体在财政收支方面,税收竞争通过压缩环境保护支出而影响地区环境质量。地方政府长期通过无底线的税收优惠制造"税收洼地"以进行引资竞争,这种急功近利的竞争方式实际上是一种政策陷阱,逐底的竞争后果是均衡税率远远低于社会最优水平,形成"囚徒困境"的局面。从地方政府财政收入来看,逐底的税负水平降低了财政收入,导致地方政府财政收支严重分离,公共品供给不足,并且从企业角度来看,地区间税收竞争鼓励企业避税,这增加了当期税收收入的不确定性,从而降低地方政府的支出能力。在财政支出被压缩的情况下,地方政府对基础设施投资的刚性需求也进一步挤压了环境保护支出。国内外学者关于税收竞争影响公共产品供给的研究结论基本一致,即税收竞争导致社会福利性公共支出下降。Keen 和 Marchand 最早开始研究税收竞争与财政支出结构的关系,他们认为政府之间为了争夺资本,就会增加基础设施等生产性公共支出,相对减少了有利于居民福利的教

---

[1] 朱平芳,张征宇,姜国麟:《FDI 与环境规制:基于地方分权视角的实证研究》,《经济研究》2011 年第 6 期。

[2] Fredriksson, P. G., Millimet, D. L., 2002: "Strategic Interaction and the Determination of Environmental Policy across U.S. States", *Journal of Urban Economics*, 1.

[3] Cumberland, J. H., 1981: "Efficiency and Equity in Interregional Environmental Management", *International Regional Science Review*, 2.

育、环保、卫生等公共服务支出。[1]Winner 研究 OECD 国家也发现税收竞争背景下政府的公共支出更偏好生产性支出，支持了 Keen 和 Marchand 的结论。[2] Wilson 从环保支出角度研究发现，地区间税收竞争压缩了公共服务支出，这其中环保支出也会受到影响，从而加剧了环境污染问题[3]，Rauscher 的研究支持了这一结论。[4]对于中国的案例，张军等研究发现，财政分权导致各地区基础设施投资过快增长。[5]蒲龙研究发现，县级政府之间税收竞争强度的提高显著降低了政府的社会性支出。[6] Li 和 Zhou 认为，在财政分权体制下，地方官员为获得税收竞争优势，倾向于加大基础设施投资，从而挤出公共服务投资，导致地方环境治理支出被压缩，影响地区环境污染水平。[7]这是因为投资性财政支出和民生性财政支出在推动地区经济增长的效用上具有较大差异，为发展本地区经济，地方政府倾向于将财政支出较多地投入满足企业投资需求的支出上，忽视与资本无关的地区居民福利支出。地区间的"竞争到底"行为预示着其为了追求经济绩效而选择损害社会福利。

一个地区环境污染产生空间联动，影响邻近地区的环境污染水平，这是受到我国自然条件、地理位置等因素影响，又因为地区间税收竞争引起的产业转移产生跨境污染。踪家峰、杨琦从空间的视角分析发现，环境污染具有空间联动特征，其他地区的税收政策变化也会显著影响本地区环境污染水

---

[1] Keen, M., Marchand, M., 1997: "Fiscal Competition and the Pattern of Public Spending", *Journal of Public Economics*, 1.

[2] Winner, H., 2012: "Fiscal Competition and the Composition of Public Expenditure: An Empirical Study", *Contemporary Economics*, 3.

[3] Wilson, J. D., 1999: "Theories of Tax Competition", *National Tax Journal*, 2.

[4] Rauscher, M., 2005: "Economic Growth and Tax-Competing Leviathans", *International Tax & Public Finance*, 4.

[5] 张军，高远，傅勇，张弘：《中国为什么拥有了良好的基础设施？》，《经济研究》2007 年第 3 期。

[6] 蒲龙：《税收竞争与公共支出结构——来自县级政府的视角》，《中南财经政法大学学报》2017 年第 2 期。

[7] Li, H., Zhou, L. A., 2003: "Political Turnover and Economic Performance: The Incentive Role of Personnel Control in China", *Journal of Public Economics*, 9.

平。① 因此结合前述税收竞争对环境污染的影响机理，并引入空间效应因素，本书认为，税收竞争对环境污染的影响主要来自两个方面：第一是本地区税负的变化对环境污染的影响。在逐底的税收竞争下，地方政府往往采用税收优惠或放松税收征管等手段以降低税负，提高吸引力，以争夺跨区域资本（包括落后产能要素），这将对当地资源消耗模式和实际污染排放产生一定的冲击。② 并且政府之间税收竞争的不断恶化，将导致财政收入不足，考虑到地方政府倾向于基础设施投资以拉动经济，那么进一步的教育环保等支出将被压缩③，阻碍了环境治理投资的增加，不利于环境污染的治理。④ 第二是邻近地区税负的变化将对本地区环境污染产生显著影响。税负的变化将导致流动性要素在周边地区流动，邻近地区税收政策调整引起的税负变化将引起本地区政府采取相应的税收政策调整以应对税收竞争，本地区因此而展开的税收优惠或放松征管等手段降低了流动性企业成本，造成环保落后产能的增加，同样也通过加强基础设施投资，减少环境治理支出等行为影响本地区环境绿色发展。由此提出研究假设，假设一：某一个地区税负水平与环境污染呈负向相关性，即一个地区税负水平降低，将导致环境污染水平提高；假设二：相邻地区税负水平与本地区环境污染呈现负相关性，周边地区税负的降低将导致本地区环境污染物排放的增加。

（二）特征性事实分析

在现实案例中，当一个地区加强税负逐底的税收竞争时，往往会伴随着严重的污染转移。在进行严谨的实证研究之前，本书首先通过特征性事实获

---

① 踪家峰，杨琦：《分权体制、地方征税努力与环境污染》，《经济科学》2015年第2期。
② 李香菊，赵娜：《税收竞争如何影响环境污染——基于污染物外溢性属性的分析》，《财贸经济》2017年第11期。
③ 张宏翔，张宁川，匡素帛：《政府竞争与分权通道的交互作用对环境质量的影响研究》，《统计研究》2015年第6期。
④ 李子豪：《地区差异、外资来源与FDI环境规制效应研究》，《中国软科学》2016年第8期。

得一些初步证据。本部分构建了三个衡量地区污染排放程度的指标：人均工业烟（粉）尘排放量、人均工业废水排放量、人均二氧化硫排放量，税收竞争指标包含本地区税负和空间相邻地区税负，考虑到前面全局空间相关性分析结果，选择地理相邻权重加权形成税负的空间滞后项，反映相邻地区税负的变化对本地区环境的影响。分别绘制三种环境污染物排放量与税负及其空间滞后项的散点图，并进行初步的拟合得到结果如图 3-22 所示。

图 3-22 显示，简单的散点图反映出具有负向相关关系的有工业烟（粉）尘、工业二氧化硫与本地区税负的关系，工业烟（粉）尘、工业二氧化硫排放量的增加与本地区税负的降低具有一定的相关性，空间相邻地区税负与工业烟（粉）尘的排放表现出一定的负向相关性，即邻近地区税负的降低可能促进本地区工业烟（粉）尘的排放。同时发现税负及其空间滞后项与废水的排放表现出一定的正向相关性，但是拟合值倾斜度不太大。可见税负及其空间滞后项与三种代表性工业污染物排放的关系并不一致，可能具有显著的异质性特征，这需要进一步构建计量模型进行回归分析。

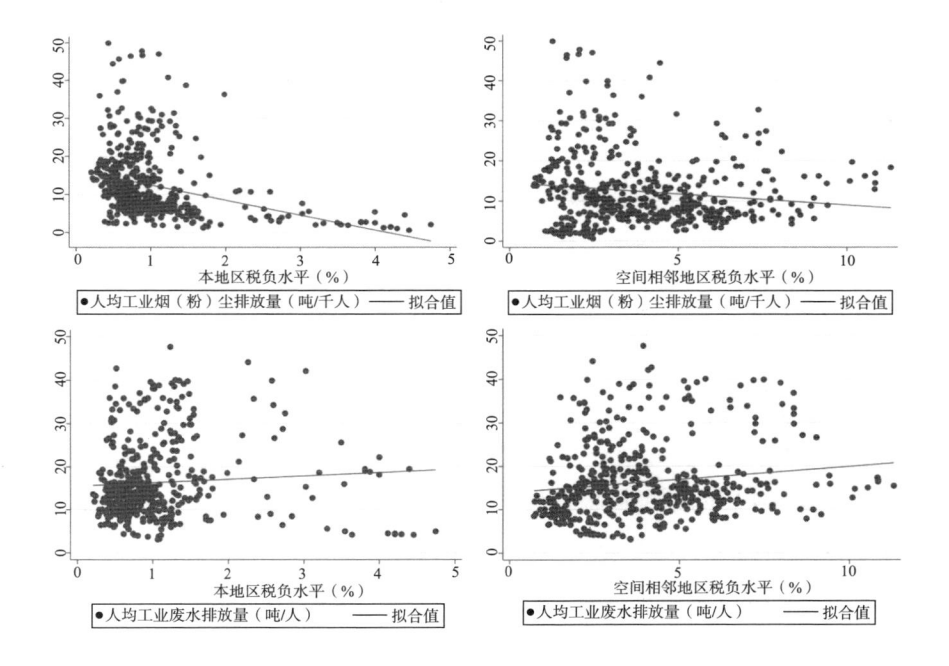

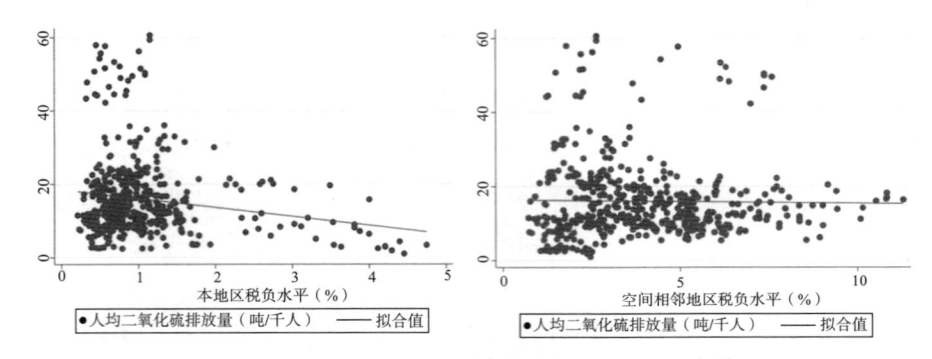

图 3-22 环境污染物排放与税负的散点图及拟合情况

三、税收竞争对环境污染的影响检验

结合以上提出的两个重要命题，本部分通过构建实证模型，检验中国地区间税收竞争对环境污染物排放的影响，以及影响的异质性。

（一）实证模型的构建

本书实证分析的主要目的在于识别环境污染与税收竞争的因果关系，以验证理论假设。结合上述两个重要命题，对于第一个重要命题，地区间环境污染受到本地区税负变化的显著影响，构建如下基本模型进行识别：

$$penv_{it} = \lambda penv_{it-1} + \rho \sum_{j=1}^{N} w_{ij} penv_{jt} + \eta tax_{it} + \sum_{i=1}^{N} \chi_{it} x_{it} + \mu_i + \upsilon_t + \varepsilon_{it} \quad (3-5)$$

其中 $penv_{it}$ 表示的是地区 i 在第 t 年末的环境污染物人均排放量，这里的环境污染物指的是工业烟（粉）尘、工业二氧化硫、工业废水。$penv_{it-1}$ 表示的是环境污染物排放的一阶时间滞后项，考察环境污染物排放的路径依赖特征。$w_{ij}penv_{jt}$ 表示的是与 i 地区空间相邻的 j 地区的环境污染物排放水平，主要是为了估计地区间环境污染物排放的空间相关性，如果系数 ρ 的估计结果大于 0，则表示地区间环境污染物排放具有正向空间外溢特征，本地区环境污染物排放的增加将导致空间相邻地区的环境污染物增加。tax_{it} 表示 i 地区在第 t 年的企业所得税税负水平，其系数 η 表示的是税负的变化对地区环境污染物排放的影响。x_{it} 是影响环境污染物排放的其他控制变量，μ_i 表示地区的固定效应，υ_t 表示时间效应，ε_{it} 是随机扰动项。

对于第二个重要命题，空间相邻地区税负对本地区环境污染物排放具有显著影响，在模型（3-5）的基础上引入税负的空间滞后项，构建空间计量经济模型进行识别：

$$penv_{it} = \lambda penv_{it-1} + \rho \sum_{j=1}^{N} w_{ij} penv_{jt} + \rho' \sum_{j=1}^{N} w_{ij} tax_{jt} + \sum_{i=1}^{N} \chi_{it} x_{it} + \mu_i + \upsilon_t + \varepsilon_{it} \quad （3-6）$$

其中 $w_{ij}tax_{jt}$ 为与 i 地区空间相邻的 j 地区的税负，即 i 地区税负的空间滞后项，其系数 ρ' 表示的是空间相邻地区税负的变化对本地区环境污染物排放的影响。其他变量及其解释与模型（3-5）相同。

本部分主要包含的关键变量包括：（1）被解释变量：工业环境污染，参考张华，周林意、朱德米，沈坤荣等的研究，本部分选择工业废水、工业二氧化硫和工业烟（粉）尘作为工业环境污染物的代理变量。[①]（2）主要解释变量：企业所得税税负，即企业所得税税收收入/GDP。（3）控制变量：为了缓解遗漏变量所产生的偏误，参考已有研究，选择环境规制水平、经济发展水平、对外开放水平、工业化水平、人口密度作为地区层面的控制变量。其中环境规制水平的测算方法参考了余东华、孙婷的研究，用工业污染治理项目本年完成投资总额与工业总产值的比值来表示。[②]（4）空间权重方面，前述空间自相关检验发现，环境污染物排放在地理相邻地区间空间外溢特征明显且强度较大，因此选择空间地理权重。本部分以中国省级行政区作为研究对象，数据来源于 WIND 数据库，具体涉及历年的《中国统计年鉴》《中国财政年鉴》《中国环境统计年报》等。由于环境污染物排放指标仅更新到 2015 年，因此样本包含中国除西藏、港澳台外的 30 个省级单位 2000～2015 年的省级地区平衡面板数据，样本总数共 480 个。

---

① 张华：《税收竞争与环境污染：影响机制与实证检验》，《财经问题研究》2019 年第 3 期；周林意，朱德米：《地方政府税收竞争、邻近效应与环境污染》，《中国人口·资源与环境》2018 年第 6 期；沈坤荣，金刚，方娴：《环境规制引起了污染就近转移吗？》，《经济研究》2017 年第 5 期。

② 余东华，孙婷：《环境规制、技能溢价与制造业国际竞争力》，《中国工业经济》2017 年第 5 期。

表 3-13 模型估计结果

	Model 1	Model 2	Model 3	Model 4	Model 5	Model 6
L1.pfc	0.927*** (6.21)	0.935*** (6.33)				
W*1y_pfc	0.141*** (10.61)	0.142*** (10.55)				
L1.pso			1.155*** (7.81)	1.150*** (7.38)		
W*1y_pso			0.124*** (10.18)	0.124*** (10.16)		
L1.pfs					0.665*** (4.32)	0.666*** (4.34)
W*1y_pfs					0.037* (1.82)	0.037* (1.83)
Tax	−0.982** (−2.26)		0.037 (0.09)		−0.277 (−0.56)	
W*Tax		−0.244* (−1.88)		−0.126 (−1.10)		−0.040 (−0.28)
pgdp	3.211* (1.83)	3.523* (1.88)	3.554*** (3.45)	3.721*** (3.55)	−0.651 (−1.08)	−0.677 (−1.10)

续表

	Model 1	Model 2	Model 3	Model 4	Model 5	Model 6
regular	−1.709***	−1.766***	0.272	0.207	−0.814*	−0.818*
	(−4.37)	(−4.49)	(0.77)	(0.59)	(−1.80)	(−1.80)
open	1.229	0.673	0.059	−0.022	3.981**	3.825**
	(0.71)	(0.39)	(0.04)	(−0.01)	(2.40)	(2.31)
Ind	0.038	0.023	0.024	0.022	−0.048*	−0.052**
	(1.39)	(0.83)	(0.44)	(0.40)	(−1.94)	(−2.12)
lnmd	−5.433***	−5.509***	−1.157	−1.111	1.214	1.205
	(−3.91)	(−3.60)	(−1.03)	(−0.94)	(1.10)	(1.08)
_cons	−0.338	−0.542	2.978*	3.040*	4.666	4.738*
	(−0.22)	(−0.37)	(1.91)	(1.97)	(1.71)	(1.72)
R^2	0.724	0.728	0.842	0.845	0.821	0.822
空间效应检验	Moran=0.192*** LM=34.669***	Moran=0.202*** LM=38.416***	Moran=0.807*** LM=9.621***	Moran=0.808*** LM=10.550***	Moran=0.253*** LM=2.934***	Moran=0.253*** LM=2.888***
样本量	450	450	450	450	450	450

注："*、**、***"分别表示 P 值通过了 10%、5% 和 1% 的显著性检验，括号内为 t 值。

（二）模型估计结果与分析

结合模型（3-5）和模型（3-6）分别构建空间动态模型进行估计，参考 Han 等的研究[①]，利用 GMM 广义矩估计方法进行空间滞后的 Han-Philips 线性动态面板数据回归，得到的估计结果如表 3-13 所示。其中汇报的六个模型估计结果分别是空间地理相邻权重下的环境污染物（包括工业烟（粉）尘、工业二氧化硫、工业废水）排放受到本地区税负和空间相邻地区税负的影响估计结果。

模型的空间效应检验结果显示，六种空间模型均是合适的，Moran 指数分别为 0.192、0.202、0.807、0.808、0.253、0.253，并均通过了 1% 的显著性检验，进一步对空间模型的 LM 检验结果也都通过了 1% 的显著性检验，表明空间效应模型选择的合理性。估计结果显示，三种环境污染物排放的一阶滞后项均为正值，且通过了 1% 的显著性检验，说明地区环境污染存在显著的路径依赖特征，本期的地区环境污染水平受到往期环境污染物排放水平的影响，因此构建动态模型是合适的。由以上模型回归结果可得出以下几方面结论。

1. 地理相邻的地区之间环境污染具有显著的正向空间外溢特征，且空间相关程度具有较强的异质性。回归结果显示，地理相邻的地区之间表现出显著的环境污染空间相关性。其中工业烟（粉）尘排放的空间滞后项系数为 0.141，工业二氧化硫的空间滞后项系数为 0.124，工业废水的空间滞后项系数为 0.037，从显著性水平来看，前两者通过了 1% 的显著性检验，工业废水通过了 10% 的显著性检验。可见工业废水的空间外溢性相对不强，从前文全局 Moran 指数来看，工业废水排放在 2005～2010 年的空间相关性不显著，而工业烟（粉）尘和工业二氧化硫排放在所有年份均显著。从空间相关程度来看，工业烟（粉）尘每增加 1 个单位，将导致地理相邻地区增加 0.141 个单位，工业二氧化硫排放每增加 1 个单位，将导致地理相邻地区的二氧化硫增

[①] Han, et al, 2010: "GMM Estimation for Dynamic Panels with Fixed Effects and Strong Instruments at Unity", *Econometric Theory*, 1.

加 0.124 个单位，工业烟（粉）尘的污染物排放空间外溢程度更高。

2. 工业烟（粉）尘的污染物排放受到本地区及相邻地区税负变化的显著影响。估计结果表明，本地区税负对工业烟（粉）尘排放的影响系数为 −0.982，且通过了 5% 的显著性检验，即本地区税负降低 1 个单位，将导致工业烟（粉）尘排放增加 0.982 个单位，税负的降低加剧了环境污染物的排放。同时，地理相邻地区税负对工业烟（粉）尘排放的影响系数为 −0.244，且通过了 10% 的显著性检验，即地理相邻地区税负降低 1 个单位，将导致工业烟（粉）尘排放增加 0.244 个单位，空间相邻地区税负的变化对本地区污染物排放产生了显著影响，这与本书的理论假设一致。税负对工业二氧化硫污染物排放和工业废水排放的影响分别为 0.037 和 −0.277，税负的空间滞后项系数分别为 −0.126 和 −0.040，均未通过显著性检验，可能税负与环境污染物的排放存在某种程度的非线性关系。

3. 控制变量的影响方面，经济发展水平对工业二氧化硫的影响最显著，系数为 3.554，且通过了 1% 的显著性检验，经济发展水平越高，工业二氧化硫排放水平越高。其对工业烟（粉）尘和工业废水的影响分别为 3.211 和 −0.651，前者通过了 10% 的显著性检验，后者未通过检验，未表现出显著的影响。这符合环境库兹涅茨假说，经济发展与环境污染不一定具有显著的线性关系，而门槛模型检验正是在此基础上考察不同经济发展水平下税收竞争的环境影响差异。环境规制对工业烟（粉）尘的影响系数为 −1.709，且通过了 1% 的显著性检验，环境规制力度提高 1 个单位，将导致工业烟（粉）尘排放下降 1.709 个单位，这是符合理论预期的，加大环境规制有利于环境污染的治理。这种治理效果在工业废水排放方面也有一定的显著性，系数为 −0.814，但是仅通过了 10% 的显著性检验，显著性水平不高。而环境规制对工业二氧化硫的影响不显著，未起到显著效果。对外开放水平仅对工业废水影响显著，系数为 3.981，且通过了 5% 的显著性检验，地方政府追求引进资本加强开放，将以损失环境作为代价。工业化水平仅对工业废水影响显著，系数为 −0.048，通过了 10% 的显著性检验，工业化水平越高，地区工业废水就会有一定程度的降低，但是这种影响显著性不高。人口密度对工业烟（粉）尘的排放具有显著影响，系数为 −5.433，通过了 1% 的显著性检验，人口密度越高，环境治理压力越大，环境污染物排放相对较高，这符合理论预期。

（三）异质性分析

考虑到税收竞争对环境污染的影响仅发生在工业烟（粉）尘排放方面，而工业二氧化硫和工业废水受到的影响不显著，正如前文所述，这与地方政府的"跷跷板"政策有关，是地方政府在生态环境压力下的一种应变策略，即侧重对某类或某几类污染物治理。本书进一步扩展到非线性模型探究两者的非线性关系，分别以经济发展水平为门槛变量，考察是否因为经济所处阶段的差异，而导致税收竞争对环境污染产生差异化特征，从而形成非线性关系。构建估计的门槛面板 PTR 模型如下：

$$penv_{it} = \mu_i + \sum_{m=1}^{r+1} \alpha_m tax_{it} \times I(lnpgdp_{it} \in A_j) + \sum_{i=1}^{N} \chi_{it} x_{it} + \mu_i + \upsilon_t + \varepsilon_{it} \quad (3\text{-}7)$$

$$penv_{it} = \mu_i + \sum_{q=1}^{s+1} \beta_q \sum_{j=1}^{N} w_{ij} tax_{jt} \times I(lnpgdp_{it} \in A_j) + \sum_{i=1}^{N} \chi_{it} x_{it} + \mu_i + \upsilon_t + \varepsilon_{it} \quad (3\text{-}8)$$

模型（3-7）和模型（3-8）分别考察的是经济发展水平门槛下税负或税负的空间滞后项对地区环境污染物排放的异质性影响，其中估计得到的系数 α_m、β_q 分别反映出在有效门槛区间内，每个经济发展区间税负或其空间滞后项对环境污染物排放的影响变化情况。

在进行门槛面板模型回归之前，首先需要对门槛效应进行检验，以确定门槛变量的门槛值及门槛个数。为了进一步检验门槛效应是否显著，利用 Bootstrap 反复抽样 100 次计算 F 值，对门槛模型进行有效性检验，发现工业废水影响模型未通过门槛检验，因此此处仅列出通过检验的工业烟（粉）尘排放和工业二氧化硫排放单门槛和双门槛模型估计结果。

表 3-14　门槛模型检验结果

被解释变量	主要解释变量	门槛模型	RSS	MSE	Fstat	Prob	Crit10	Crit5	Crit1
工业烟（粉）尘排放	税负	单门槛模型	6045.36	13.03	82.53***	0.00	34.49	38.06	59.48
		双门槛模型	5945.56	12.81	7.79	0.65	21.64	24.68	38.29
	空间相邻地区税负	单门槛模型	5691.35	12.27	57.18**	0.02	27.71	35.89	76.02
		双门槛模型	5516.96	11.89	14.67	0.32	22.52	25.58	29.48
工业二氧化硫排放	税负	单门槛模型	6290.95	13.56	97.30***	0.00	33.19	39.78	50.70
		双门槛模型	6131.09	13.21	12.10	0.48	27.22	31.32	34.05
	空间相邻地区税负	单门槛模型	6323.87	13.63	86.19***	0.00	35.20	42.50	52.98
		双门槛模型	6079.86	13.10	18.62	0.20	22.78	28.93	44.38

表 3-14 显示税负或其空间滞后项对工业烟（粉）尘排放或工业二氧化硫排放的门槛模型中，单门槛模型均通过了显著性检验，双门槛模型均未通过显著性检验，因此拒绝不存在门槛效应的原假设，认为显著存在单门槛效应模型，存在有效单一门槛值。这说明税负或其空间滞后项对环境污染物排放影响的门槛效应确实存在。进一步估计单一门槛模型得到门槛值以及门槛值对应似然比统计值如图 3-23 所示。

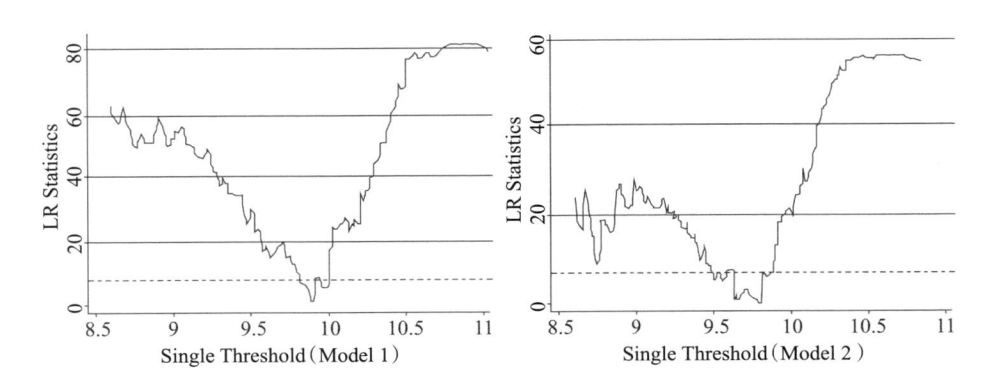

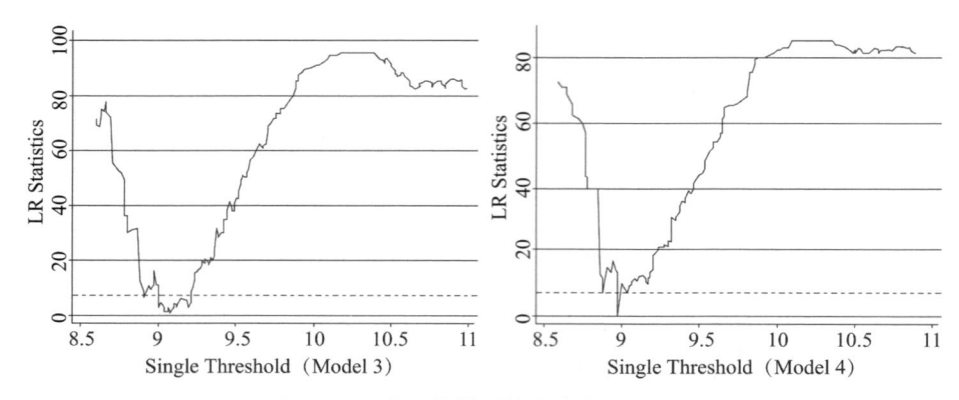

图 3-23　单门槛模型的 LR 统计值分布

门槛参数的估计值是似然比检验统计量 LR 为零时的取值，门槛估计值的 95% 置信区间是所有似然比检验统计量 LR 值小于 5% 的显著性水平下的临界值（图中对应的虚线显示的纵轴值）构成的区间，图 3-23 中显示四个单门槛模型的门槛值是有效的。因此四个模型估计得到四个门槛值，分别是 9.872、9.860、9.073、9.007，由于人均 GDP 的自然对数是门槛变量，因此对应的人均 GDP 分别为 19380 元 / 人、19149 元 / 人、8717 元 / 人、8160 元 / 人。由此经济水平被划分为两个门槛区间，在以上经济发展水平的两侧，税收竞争对环境污染物排放表现出差异化特征。利用 STATA15.1 分别估计单一门槛模型，估计结果如表 3-15 所示。

表 3-15　门槛模型估计结果

	工业烟（粉）尘排放		工业二氧化硫排放	
	Model 1	Model 2	Model 3	Model 4
tax_{it} （$lnpgdp_{it} \leq 9.872$）	1.050 (0.955)			
tax_{it} （$lnpgdp_{it} > 9.872$）	−2.937** (1.190)			

续表

	工业烟（粉）尘排放		工业二氧化硫排放	
	Model 1	Model 2	Model 3	Model 4
$w_{ij}tax_{jt}$ ($lnpgdp_{it} \leq 9.860$)		−0.490* (0.267)		
$w_{ij}tax_{jt}$ ($lnpgdp_{it} > 9.860$)		−1.153*** (0.224)		
tax_{it} ($lnpgdp_{it} \leq 9.073$)			−5.361*** (1.799)	
tax_{it} ($lnpgdp_{it} > 9.073$)			0.500 (0.770)	
$w_{ij}tax_{jt}$ ($lnpgdp_{it} \leq 9.007$)				−1.394*** (0.337)
$w_{ij}tax_{jt}$ ($lnpgdp_{it} > 9.007$)				−0.440** (0.185)
控制变量	控制	控制	控制	控制
Obs.	480	480	480	480
Number of id	30	30	30	30
R-squared	0.189	0.236	0.264	0.237

注："*、**、***"分别表示 P 值通过了 10%、5% 和 1% 的显著性检验，括号内为稳健标准误。

表 3-15 的估计结果显示，总体上通过显著性检验的税负的影响系数均为负值，税负降低将导致环境污染物排放增加，税负逐底的税收竞争不利于环境治理，税负或空间相邻地区税负降低，将导致本地区环境污染物排放增加。同时，不同经济阶段不同的污染物类型，又表现出异质性特征。对于工

业烟（粉）尘排放来说，经济发展越成熟，税负逐底的税收竞争越不利于环境治理。而对于工业二氧化硫排放来说，经济发展水平越低，税负逐底的税收竞争越不利于环境治理。

具体来看，本地区税负对工业烟（粉）尘排放的影响在两个经济阶段具有异质性，当人均 GDP 的对数小于或等于 9.872 时，影响系数为 1.050，未通过显著性检验。当人均 GDP 的对数大于 9.872 时，影响系数为 −2.937，并且通过了 5% 的显著性检验，说明在经济发展进入高水平阶段后，税负降低将导致工业烟（粉）尘排放量的增加，税负降低 1 个单位，工业烟（粉）尘排放量增加 2.937 个单位。而地理相邻地区的税负对工业烟（粉）尘的影响在经济发展阶段人均 GDP 的对数小于或等于 9.860 时，系数为 −0.490，仅通过了 10% 的显著性检验，显著性不高，而当经济发展进入高水平阶段，人均 GDP 的对数取值大于 9.860 时，系数为 −1.153，且通过了 1% 的显著性检验。当环境污染物为工业二氧化硫时，税负对其影响表现出不同的特征，当经济发展水平较低，人均 GDP 的对数取值小于或等于 9.073 时，本地区税负对二氧化硫排放的影响系数为 −5.361，而当进入第二门槛区间，人均 GDP 对数取值大于 9.073，经济发展不断成熟时，影响系数变为 0.500，且不显著。空间相邻地区的税负对本地区工业二氧化硫的影响系数为 −1.394，通过了 1% 的显著性检验，这是第一门槛区间的表现。经济发展水平低于 9.007 时，当高于这一门槛值，进入第二门槛，影响系数为 −0.440，且仅通过 5% 的显著性检验，无论是影响程度还是显著性水平，都有所降低。对比影响程度和显著性水平，当人均 GDP 取值小于 9.073 时，本地区税负的变化对工业二氧化硫排放影响系数为 −5.361，这是所有通过显著性检验的税收竞争影响系数中最高的，对环境治理的抑制作用最强。

由以上分析可知，在经济发展的不同阶段，税负变化对环境污染物排放的影响具有异质性，并且不同类型的环境污染物排放也受到税收竞争的差异化影响，Chirinko 和 Wilson 认为，这种异质性可能是由地方政府在环境治理中的"骑跷跷板"策略引起的。① 这是地方政府在生态环境压力下的一种应变策略，即侧重对某类或某几类污染物治理。国内也有研究肯定了这种政策选择的存在。②

　　本章从空间全局性视角分析税收竞争对市场分割、债务扩张和环境污染等三大重要社会问题的影响，研究首先发现市场分割行为、地方政府举债、环境污染物排放都具有显著的空间外溢特征，表现为正向的空间联动，研究其影响因素时不应忽略空间相邻地区的影响。其次是税负逐底的税收竞争显著加剧了市场分割，同时省际市场分割程度越高，税负逐底的税收竞争就越激烈，即税负的降低不利于市场一体化进程的推进。最后是地区间追求税负逐底的竞争策略加剧了地方政府举债动机，而新《预算法》在地方政府举债提供更多策略空间的同时，使地区间举债行为更加规范，因此税收竞争对债务规模的扩张因政策的实施而得以缓解，又因为政策的滞后性，目前这种缓解作用还没有充分显现出来；税负降低的竞争策略显著促进了环境污染物排放，尤其是对于中西部欠发达地区居多的工业烟（粉）尘和二氧化硫污染物排放的影响更加显著，这种影响程度又进一步受到经济发展阶段的影响而表现出异质性特征，推测是不同经济发展水平的地区施行了缓解治理的"骑跷跷板"策略，这需要进一步的追踪分析以验证这一推测。

---

① Chirinko, R. S., Wilson, D. J., 2017: "Tax Competition Among U.S. States: Racing to the Bottom or Riding on a Seesaw?", *Journal of Public Economics*, 11.
② 何吾洁，陈含桦，郑婕：《税收竞争与环境污染：机理分析与实证检验》，《兰州财经大学学报》2019年第3期；刘文玉：《中国地方政府税收竞争对环境污染的影响研究——基于全国及区域视角》，《江西师范大学学报（哲学社会科学版）》2018年第4期；张宏翔，席丽娟：《政府间的税收竞争与环境污染的非线性关系研究——基于面板门槛模型的实证分析》，《西安财经学院学报》2018年第6期；李香菊，赵娜：《税收竞争如何影响环境污染——基于污染物外溢性属性的分析》，《财贸经济》2017年第11期。

附录3-1 2004~2018年的地区间市场分割水平

I地区	J地区	2004	2005	2006	2007	2008	2009	2010	2011	2012	2013	2014	2015	2016	2017	2018	平均(2004~2018)
安徽	河南	5.300	3.397	1.919	1.993	0.336	0.990	1.375	2.811	1.314	1.782	0.289	1.170	0.088	0.413	6.985	2.011
安徽	湖北	11.720	9.921	1.472	0.512	0.834	0.522	0.701	3.093	2.454	1.811	0.747	0.642	1.507	1.528	0.696	2.544
安徽	江西	3.862	1.871	0.428	1.093	0.405	2.235	2.576	1.873	1.871	0.686	0.558	0.837	0.501	1.441	0.802	1.403
安徽	山东	12.695	9.207	0.392	0.243	0.874	1.296	0.786	2.692	1.736	2.369	0.132	1.688	0.457	1.318	0.913	2.453
北京	河北	4.521	5.410	6.844	1.355	1.291	3.883	2.124	5.097	2.292	1.353	1.244	2.981	1.724	0.382	1.070	2.771
北京	天津	9.703	12.928	7.306	0.550	2.118	3.003	3.482	5.700	2.430	8.826	4.694	2.984	5.862	1.925	1.293	4.854
福建	广东	2.331	3.418	0.973	1.581	2.682	2.390	4.952	0.828	2.606	0.706	0.313	0.196	1.335	0.729	0.955	1.733
福建	江西	3.420	1.900	0.752	3.127	1.383	1.467	4.479	0.820	2.028	1.296	0.281	0.305	0.123	0.734	1.196	1.554
甘肃	宁夏	3.268	7.017	1.348	4.677	5.247	1.536	11.299	8.505	1.522	4.228	0.921	0.842	0.554	2.398	1.091	3.630
甘肃	青海	1.881	1.034	3.226	1.725	4.895	2.215	8.351	3.706	3.834	2.609	1.656	0.503	1.421	0.828	1.328	2.614
甘肃	新疆	14.609	1.597	2.634	4.664	6.309	2.607	6.232	3.085	5.116	3.161	0.589	0.797	0.304	1.370	0.480	3.570
广东	广西	4.326	3.079	1.146	2.539	2.362	1.299	2.411	1.117	3.498	0.278	0.572	2.245	1.066	0.697	0.918	1.837
广东	海南	0.893	2.109	0.992	1.449	1.835	1.577	0.344	1.975	3.597	0.497	3.013	1.244	5.906	3.642	5.302	2.292
广西	贵州	2.515	7.113	1.850	3.357	3.796	0.708	14.619	9.496	0.693	0.799	0.822	3.043	0.845	0.653	0.390	3.380

续表

I地区	J地区	2004	2005	2006	2007	2008	2009	2010	2011	2012	2013	2014	2015	2016	2017	2018	平均（2004~2018）
广西	云南	2.860	8.723	6.176	4.173	2.723	5.161	4.231	5.939	1.673	2.477	2.425	0.789	0.457	0.445	0.416	3.244
贵州	云南	9.241	11.029	9.546	3.251	2.257	7.113	2.876	2.689	1.939	3.598	1.109	1.602	0.833	0.892	0.396	3.891
河北	河南	3.826	3.634	2.663	1.324	1.279	0.899	0.231	1.092	0.786	0.438	0.764	0.903	0.667	1.523	4.931	1.664
河北	辽宁	2.810	1.350	0.996	0.767	2.557	2.691	0.886	1.862	0.605	0.887	1.132	0.280	0.915	0.391	0.298	1.229
河北	内蒙古	1.601	1.656	0.659	2.193	0.627	1.312	0.599	0.864	0.475	1.090	1.526	1.215	0.798	0.830	0.150	1.040
河北	山东	2.452	0.848	0.714	0.643	0.607	3.596	1.830	1.009	1.045	0.750	0.410	0.454	0.286	0.930	0.813	1.093
河北	山西	1.750	2.960	1.242	0.406	1.421	1.150	0.464	0.735	0.742	0.551	0.142	0.223	0.825	0.303	0.526	0.896
河南	湖北	0.525	2.519	0.624	1.452	1.677	0.531	0.264	1.124	1.142	2.474	0.164	2.108	0.443	0.305	3.085	1.229
河南	陕西	2.915	1.582	3.140	0.503	0.499	1.288	0.977	2.248	1.407	0.914	0.756	1.118	4.038	2.247	8.661	2.153
湖北	湖南	4.311	3.114	4.113	1.140	3.356	3.256	0.406	0.634	0.754	0.966	0.494	0.569	0.920	0.982	0.803	1.721
湖北	陕西	2.699	0.382	3.459	0.457	0.451	0.625	1.066	3.462	2.888	1.843	0.743	0.337	1.593	1.676	0.626	1.487
湖北	重庆	2.699	9.074	6.600	1.587	2.989	0.920	3.956	1.425	2.304	7.723	2.352	1.099	2.717	1.051	0.363	3.124
湖南	广东	3.833	9.843	1.311	4.641	1.134	2.811	3.147	0.369	0.855	0.971	1.988	0.331	0.540	0.655	0.899	2.222
湖南	广西	3.085	1.358	2.905	2.659	1.802	2.052	1.507	1.277	0.464	0.796	1.518	1.412	0.751	0.469	0.855	1.527

续表

I地区	J地区	2004	2005	2006	2007	2008	2009	2010	2011	2012	2013	2014	2015	2016	2017	2018	平均(2004~2018)
湖南	贵州	8.074	11.053	4.300	1.987	1.043	2.698	9.547	6.958	0.275	0.639	0.289	0.508	0.882	0.963	0.562	3.319
湖南	重庆	10.421	7.944	2.705	2.982	1.452	0.722	1.238	1.954	6.004	3.317	1.329	0.383	1.116	0.504	0.350	2.828
吉林	黑龙江	5.011	1.666	2.372	2.380	3.195	3.283	3.911	6.480	3.693	0.885	1.581	0.304	0.727	4.765	1.229	2.765
江苏	安徽	2.342	0.998	1.707	4.340	1.733	1.500	4.289	5.224	0.594	2.396	0.392	0.887	2.116	0.850	1.751	2.075
江苏	山东	8.349	5.005	0.677	3.636	1.769	1.158	5.393	4.653	0.445	1.620	1.710	1.044	0.781	1.363	1.398	2.600
江苏	浙江	1.036	4.034	0.987	4.640	2.175	0.750	4.944	3.745	1.932	0.597	0.263	1.050	0.199	0.351	0.358	1.804
江西	广东	2.518	14.567	0.834	1.398	0.845	3.042	3.036	0.919	1.581	0.978	0.467	0.133	0.719	1.364	0.903	2.220
江西	湖北	1.610	2.103	2.301	1.006	0.809	0.353	0.271	0.969	1.034	1.259	0.464	0.294	0.362	0.834	1.131	0.987
江西	湖南	4.408	0.672	0.638	0.852	2.507	2.246	2.203	0.751	0.550	0.963	1.408	0.144	0.500	0.755	2.364	1.397
辽宁	吉林	4.495	0.922	2.509	0.526	5.698	1.688	2.239	2.028	1.599	0.989	0.229	0.873	0.270	1.335	1.229	1.775
内蒙古	甘肃	5.412	1.191	1.180	6.988	2.799	1.065	10.573	7.686	1.610	1.085	1.416	0.528	1.012	0.227	0.548	2.888
内蒙古	黑龙江	4.016	1.183	4.969	4.744	2.951	2.694	2.606	3.655	1.946	1.596	3.504	0.894	0.759	1.869	1.714	2.607
内蒙古	吉林	2.481	1.670	1.406	1.179	1.500	2.600	3.392	1.510	1.197	0.780	4.713	1.764	0.342	0.693	0.512	1.716
内蒙古	辽宁	1.783	2.361	1.436	1.245	2.612	1.288	3.245	1.973	0.879	0.329	3.468	2.574	0.981	0.510	0.866	1.703

续表

I地区	J地区	2004	2005	2006	2007	2008	2009	2010	2011	2012	2013	2014	2015	2016	2017	2018	平均(2004~2018)
内蒙古	宁夏	0.896	2.461	1.331	1.272	1.950	1.849	0.914	4.750	5.151	2.195	3.559	0.442	1.056	1.260	0.750	1.989
内蒙古	陕西	1.415	3.618	0.631	1.250	0.843	0.871	1.606	1.833	0.472	1.081	1.990	3.230	2.904	2.376	2.072	1.746
青海	新疆	6.802	2.897	4.083	0.917	1.115	3.841	4.505	3.152	4.628	4.250	0.417	2.615	1.131	0.197	0.612	2.744
山东	河南	2.401	2.584	2.378	0.408	0.618	1.201	0.589	1.636	0.692	0.748	0.628	1.309	0.598	1.055	3.554	1.360
山西	河南	1.483	3.623	7.150	1.269	1.432	0.943	1.434	3.285	0.703	0.607	0.711	0.636	0.469	0.813	4.331	1.926
山西	内蒙古	0.567	3.648	0.411	2.101	1.071	0.832	1.154	2.351	0.954	2.247	1.741	2.252	0.707	0.772	0.449	1.417
山西	陕西	1.077	0.980	1.876	0.866	0.939	0.645	3.190	4.992	1.420	0.876	0.522	0.881	1.792	1.103	0.477	1.442
陕西	甘肃	2.046	2.230	1.702	3.727	1.308	1.306	3.804	1.199	1.610	0.456	0.314	1.288	2.630	4.492	1.091	1.947
陕西	宁夏	3.953	4.166	1.602	1.138	0.723	0.965	0.751	2.832	5.293	3.702	1.342	0.938	2.516	0.632	0.783	2.089
上海	江苏	1.820	4.419	11.868	1.880	1.385	0.415	0.788	2.352	1.541	0.929	1.064	2.724	15.240	16.118	0.598	4.209
上海	浙江	3.357	2.913	15.394	3.835	1.260	2.743	5.950	5.294	4.864	2.125	1.956	2.200	10.450	9.558	0.683	4.839
四川	甘肃	1.462	1.787	2.894	2.626	5.460	0.912	8.967	9.023	3.756	5.051	0.587	0.764	0.921	2.204	2.892	3.287
四川	贵州	5.881	12.385	1.708	1.292	1.164	6.259	6.440	5.118	3.152	3.954	0.761	0.400	1.142	0.523	1.505	3.446
四川	青海	7.823	2.195	2.631	2.237	4.279	4.847	1.227	3.432	19.530	11.939	0.706	1.301	1.519	2.468	1.542	4.512

续表

I地区	J地区	2004	2005	2006	2007	2008	2009	2010	2011	2012	2013	2014	2015	2016	2017	2018	平均(2004~2018)
四川	陕西	3.035	1.742	1.276	0.920	1.042	1.745	0.826	1.367	9.366	6.363	1.117	0.940	0.784	2.172	2.358	2.337
四川	云南	2.619	7.236	3.592	1.477	2.352	2.115	1.613	1.560	11.977	10.235	1.623	1.015	0.295	0.434	1.373	3.301
天津	河北	5.491	13.488	5.055	1.388	2.154	3.464	3.326	1.364	3.099	6.709	6.771	1.053	0.666	0.935	1.327	3.753
浙江	安徽	1.364	3.250	0.382	0.932	2.448	2.095	0.502	1.443	1.315	1.350	0.862	0.976	0.657	0.510	1.277	1.291
浙江	福建	8.495	5.630	0.491	0.457	5.076	0.443	1.192	1.356	0.994	1.073	0.464	0.776	0.634	0.176	0.606	1.857
浙江	江西	1.683	2.825	0.484	3.571	1.330	1.014	1.035	2.168	2.676	0.986	0.545	0.570	0.266	0.485	1.090	1.382
重庆	贵州	1.930	14.396	6.321	2.764	2.321	1.531	2.842	1.990	1.981	2.061	1.235	0.721	1.247	0.848	0.874	2.871
重庆	陕西	2.600	5.401	1.792	2.313	2.793	0.455	3.309	3.401	5.274	6.050	0.830	0.962	3.733	1.296	1.063	2.751
重庆	四川	1.196	8.440	1.528	0.882	2.455	2.528	2.922	2.921	8.366	12.950	1.739	0.283	1.588	0.177	3.938	3.461

第四章 新经济地理框架下税收竞争的协调路径

上文研究发现，不对称税收竞争中税负逐底的征税策略加剧了市场分割，激发地方政府举债动力，加大了环境污染物排放，因而阻碍了全国统一大市场的建立与重大风险防控，以地区间税负"竞低"引资为主要动力机制的非均衡发展模式已经难以为继。新经济地理学理论为缓解税收竞争提供了市场机制的协调路径，集聚经济产生的集聚租将对企业产生锁定效应，地方政府可以对集聚租征税而不担心资本外流，阻断税负逐底的税收竞争行为。相比中央政府"有形之手"的税收竞争协调机制，这种通过市场的"无形之手"来指导地方政府实现自发的税收协调，不仅可以避免政府干预所引致的效率损失，而且将从源头上遏制地方政府间的恶性税收竞争行为。本章研究的目的在于，从新经济地理学的角度来探讨这种自发的协调机制在中国的地方政府之间是否存在？如果不存在，那么阻碍这种自发协调机制运行的原因是什么？

第一节 集聚经济协调税收竞争的机理与中国特征

一、集聚经济协调税收竞争的基本逻辑

（一）基本的税收竞争模型

地方政府之间为防止资本外流或吸引外部资本而竞相通过降低税负水平而陷入恶性的税负逐底竞争。已有研究多是从 Zodrow、Mieszkowski 建立的标准税收竞争模型延伸开来。[①] 标准税收竞争模型假设世界上共有两个国家，设为南方和北方，生产要素是资本和劳动。两个地区之间是完全竞争的，假设劳动要素不流动，整个经济体资本存量 K^w 是固定的，资本要么在地区间完全流动，要么完全不流动。因此有：

$$Y = F[K,L], F_L, F_K > 0 > F_{KK} \qquad (4-1)$$

其中 K 和 L 是资本和劳动量，F_L, F_K 和 F_{KK} 是生产函数的一次和二次偏导，消费者效用为：

$$U = U[G,C] \qquad (4-2)$$

其中 G 是政府提供的公共物品，C 是私人消费。假设生产要素的税率完全相同，G 的供给规模等于税收收入。税收是依据 Y 决定的，所以 G=tY。用 n 表示北方地区所使用的资本数量，K 表示拥有的资本数量。南方使用的资本数量为 n^*，那么 $n+n^* = K^w = 1$，此处将总的资本存量标准化为 1。在资本流动的情况下，其空间配置由税后均衡回报率决定，资本不流动时初始禀赋便是其空间分配情况。因此有：

$$F_K[n,L](1-t) = F_K(1-n, L^*)(1-t^*) \qquad \text{资本流动的情况}$$

$$n = K, n^* = K^* \qquad \text{资本不流动的情况} \qquad (4-3)$$

其中 t，L 和 K 是税负、劳动力和资本禀赋，t^*, L^* 和 K^* 是南方地区的相应变量。南方、北方两个政府都追求消费者效用最大化。其中北方的目标函数是：

$$max_t U[G,C], C = (1-t)I, G = tY, Y = F, I = F - F_K n + F_K K \qquad (4-4)$$

其中 Y=F[n,L] 表示的是北方的产出 GDP，I 是北方的 GNP，$LF_L = F - F_K n$，南方的目标函数一样。进行竞争的两个政府在税负方面进行纳什博弈，北方的一阶条件是：

[①] Zodrow, G. R., Mieszkowski, P., 1986: "Pigou, Tiebout, Property Taxation, and the Underprovision of Local Public Goods", *Journal of Urban Economics*, 3.

$$\frac{U_G}{U_C} = \frac{-dC/dt}{dG/dt}, \frac{-dC/dt}{dG/dt} = \frac{I}{Y\left(1+\frac{dn/n}{dt}\eta t\right)}, \eta = \frac{\partial nF}{Y\partial K} \quad (4-5)$$

左边是税收收入增加获得的净边际收益,随着税率的上升而下降。右边 $\eta > 0$ 是资本产出弹性,$\frac{dn}{dt}$ 是南方税负既定的情况下,资本对北方税负变化的反应弹性。因此:

$$\frac{dn/n}{dt} = \frac{F_K/n}{(1-t)F_{KK} + (1-t^*)F_{KK}^*} \quad (4-6)$$

其中 F_{KK},F_{KK}^* 分别表示北方和南方 F 对 K 的二次偏导均衡点,当资本流动时 $\frac{dn/n}{dt}$ 为负,资本不流动时为零。

根据标准税收竞争理论模型,如果两地区是同质的,那么 I=Y,通过公式(4-5)和公式(4-6)可知,资本的流动性使资本税税负逐渐走低。因为当资本流动时 $\frac{dn/n}{dt}$ 为负,即税负提高会导致税基降低。不对称税收竞争模型在标准模型的基础上,放开规模同质性的假设,认为北方地区的规模更大,但是两个地区具有相同的相对要素禀赋,即虽然 $L > L^*$,但是 $\frac{K}{L} = \frac{K^*}{L^*}$。给定报酬递减规律,如果两地区税负相等,那么不会有资本流动,因此边际产出只依赖 K/L。基于此,对公式(4-6)分析发现,如果税负相等,根据假设北方 n=K 更大,那么其 $\frac{dn}{dt}$ 将更低。但是公式(4-5)反映出在这种情况下,地区之间将有差异化税率,所以假设税率相等就是不正确的。基于新古典经济的标准平滑特性,大国政府会认为,允许其部分资本流向海外以将税率设置得更接近社会最优水平是最优的。因此,在 $t > t^*$ 的均衡状态下,这个大国的资本-劳动力比率也较低。即大国应该比小国具有更高的税率,高税收国家应该有较低的资本-劳动力比率,即税率和资本-劳动力比率之间应该有负相关;资本从大国流动到小国。所有这些结果都取决于税收对流动要素空间分配的影响,即 $\frac{dn}{dt}$。

(二) 新经济地理框架下的税收竞争协调模型

Baldwin、Krugman 进一步建立自由企业家模型讨论经济集聚对税收竞争的影响[①]，其设定北方地区为中心地区，南方为外围地区，中心地区政府目标函数为：

$$W = W[G,t], W_G > 0, G = tY, Y = wL + \pi K \qquad (4\text{-}7)$$

其中，G 是中心地区的税收收入，t 是中心地区的税率，假定 W 是 t 的凹函数，且在 t=0 处是增函数，这使得政府的非约束问题有一个内点解。Y 是中心地区的国民收入，包括不可流动的劳动力 L 取得的总劳动收入 wL，以及可流动的企业家 K 取得的总资本收入 πK。外围地区政府的目标函数与中心地区类同，与前述基本税收竞争模型一样，将外围地区的变量均加以上标 "*" 以区别于中心地区的变量。假定初始状况为极端集聚，即资本全部集聚于北方，作为外围地区的南方无初始企业家。北方这个中心地区设置最初的税率 t，南方作为最初的外围地区，设定税率为 t^*。如果南方的税率过高以至于没有企业愿意从北方转移到南方，那么南方政府的税收收入为 $t^* L^*$，标准化后的 $w^*=1$；如果南方地区的税率非常低，将吸引企业家从北方向南方流动，南方产业集聚，从外围区转为中心地区，这时候政府的收入为 $t^*(L^* + \pi K^W)$，其中 K^W 为两地区企业家总量。因此是否存在这么一个门槛税率 t^{*b}，当南方的税率高于这一点时，北方的企业选择留在北方，当低于这一税率时，所有企业搬迁到南方，那么这一门槛税率满足：

$$(1-t^{*b}) = \Omega^c (1-t) \qquad (4\text{-}8)$$

其中，Ω^c 为中心地区的集聚租，门槛税率的高低取决于北方中心区的税率 t 和集聚租 Ω^c，随着北方税率的增加，集聚租不断降低。进一步绘制南方地区税率变化下的政府目标函数变化图，以观察外围区南方政府的税率设定决

[①] Baldwin, R. E., Krugman, P., 2004: "Agglomeration, Integration and Tax Harmonization", *European Economic Review*, 1.

策，如图 4-1 所示，可以看出，较高的曲线表示的是南方地区变成中心区时的目标函数，较低的是其仍为外围区时的目标函数。在北方设定税率 t 的情况下，南方政府在不变成中心区的非约束条件下选择最优税率为 t_u^*。如果南方政府具有变成中心区的约束，那么此时南方地区的最优税率为 t^{*b}，这取决于北方政府设定的税率，如果北方政府选择了一个较高的税率 t''，约束条件下南方政府的最优税率为 $t^{*b''}$，此时 $W^*(t^{*b''}) > W^*(t_u^*)$，南方政府会把其税率降低到 $t^{*b''}$ 以实现变成中心区的目标。如果北方政府选择了较低的税率 t'，那么南方相应选择最优税率 $t^{*b'}$，此时 $W^*(t^{*b'}) < W^*(t_u^*)$，南方政府放弃成为中心区的目标，选择税率 t_u^*。

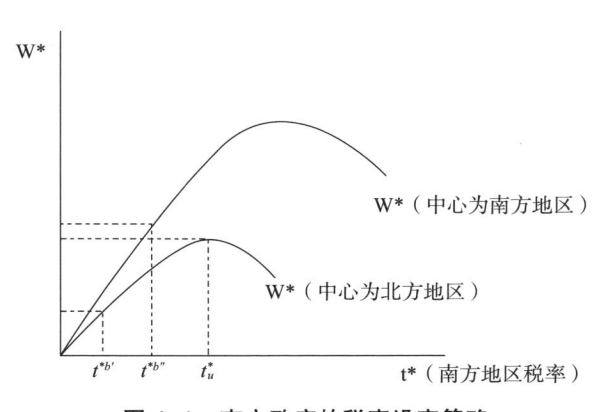

图 4-1　南方政府的税率设定策略

北方政府在设定初始阶段的税率时，会考虑南方政府所做的税率选择，因此一开始会设定非常低的税率，使南方政府的不变成中心区的非约束最优和变成中心区的约束最优之间无差异，如果北方政府要继续维持其中心地位，那么均衡税率 t_e 满足：

$$t_e = 1 - \frac{1-t^{*b}}{\Omega^c} \tag{4-9}$$

且 t^{*b} 满足：

$$W^*[t_u^* Y^P, t_u^*] = W^*[t^{*b} Y^c, t^{*b}] \equiv W_e^* \tag{4-10}$$

其中 Y^p 和 Y^c 分别是南方地区处于外围和中心区地位时的国民收入，表示南方政府处于外围地区时的最优税收收入等于处于中心地位时的最优税收收入。假定不可流动的劳动力在南方与北方地区对称分布，那么：

$$Y^P = L^W / 2 \tag{4-11}$$

$$Y^c = L^W / 2 + \pi K^W \tag{4-12}$$

由此我们可以得到北方政府的初始税率决定决策，如图4-2所示，其中上半部分为南方政府的税率反应决策，下半部分为北方政府的初始税率决策。如果北方允许南方成为中心区，那么北方政府面临的目标函数与均衡状态下的南方政府相同，等于图中的 W_e^*，也就是门槛税率点 t^{*b} 对应的值。如果北方设定的税率为 t_e，目的是保持其中心地位，由于 $t_e > t^{*b}$，其政府目标函数大于 W_e^*，因此北方政府将会对南方政府采取限制性税收政策，设定税率以保持其中心地位。

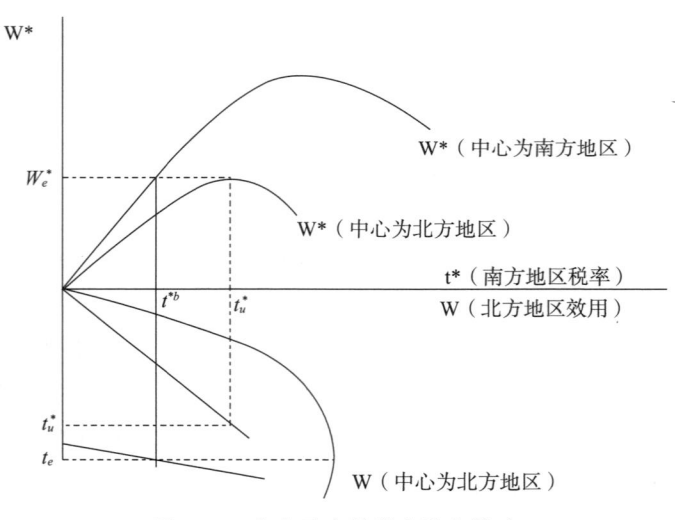

图 4-2 北方政府的税率设定策略

与标准税收竞争模型中地方政府之间展开税负逐底的竞争不同，在新经济地理学视角下的税收竞争模型中，经济集聚导致中心地区与外围地区存在税率缺口 $t_e - t_u^*$，这一税率缺口与贸易自由度呈现钟形曲线关系。随着贸易自由度的提高，税率差异先扩大后收窄，这是因为南方政府的目标函数不受贸易自由度的影响，税率的变化独立于贸易自由度，而北方政府的均衡税率 t_e 可以近似表示为 $t^{*b} + \ln(\Omega^c)$，集聚租与贸易自由度呈钟形关系，因此税率缺口也表现出这一特征，如图4-3所示。

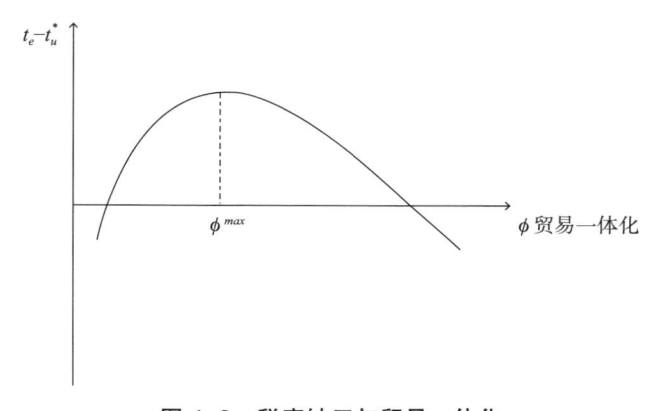

图 4-3 税率缺口与贸易一体化

综上，新经济地理学框架将集聚经济引入税收竞争模型，提出集聚经济创造的集聚租降低了资本对税负变化的弹性，允许地方政府对其征税而不担心资本外流，从而缓解地方政府间税负逐底的税收竞争。进一步，这种集聚租的规模会随着市场一体化水平的提高呈现出钟形变化特征，因此地区间税负差也表现出先扩大后收窄的发展趋势。

二、中国地区产业集聚发展的时空分析

我国在改革开放初期选择的阶梯式发展战略，使东部沿海地区享受到了更高的税收优惠政策，由此造成的政策租吸引了大量企业集聚到东部地区，增加了东部地区的竞争优势。从我国进行的第二次全国经济普查数据来看，在制造业171个小类行业中，东部地区销售收入占全国销售收入的比重超过90%的有43个行业，超过70%的有124个行业，超过50%的有157个行业，距海岸线200公里范围内的滨海地带，仅以全国9.98%的国土面积

集中了全国 55% 的就业人数。[①] 具体到经济密度（单位土地面积上的生产总值）来看（见图 4-4），2020 年经济密度最高的是上海，每平方公里土地产出 GDP6.104 亿元，其次是北京、天津、江苏、浙江、广东等发达地区，每平方公里土地产出均超过 0.6 亿元，占全国 4.36% 的土地面积上产出全国 36.12% 的 GDP。而经济密度最低的地区是西藏、青海、新疆等地，每平方公里土地产出 GDP 分别是 15.825 万元、41.895 万元和 84.243 万元，未超过 100 万元。图 4-5 显示发达地区的经济密度自改革开放以来快速上升，从 1978 年单位土地面积产出 GDP0.002 亿元，到 2020 年达到 0.642 亿元，增长了 320 倍。

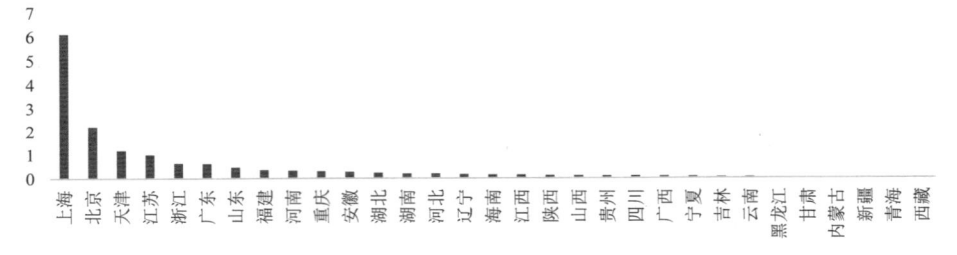

图 4-4　2020 年我国各地区经济密度（亿元 GDP/ 平方公里土地）

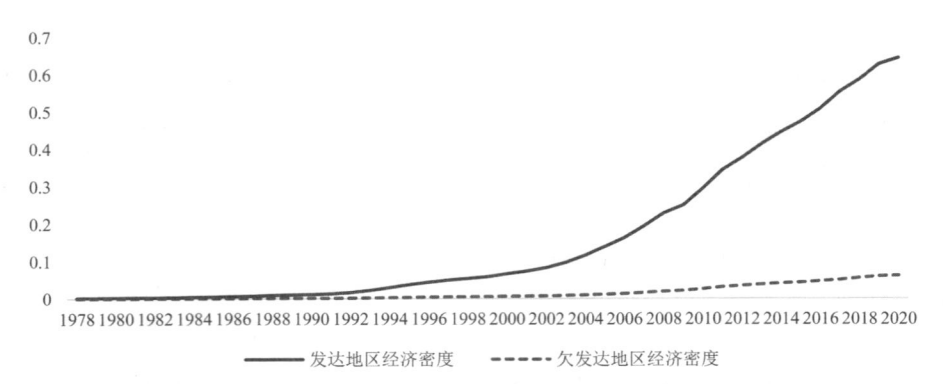

图 4-5　改革开放以来发达地区和欠发达地区经济密度变化（亿元 GDP/ 平方公里土地）

从地市级层面来看（见表 4-1），2020 年经济密度最高的是深圳，每平

---

① 邓慧慧：《贸易自由化、要素分布和制造业集聚》，《经济研究》2009 年第 11 期。

方公里达到 13.856 亿元 GDP 产出，居于其次的东莞、厦门、广州等城市经济密度分别为 3.923 亿元、3.753 亿元和 3.365 亿元。而呼伦贝尔的经济密度最低，为 0.0045 亿元，低于 0.01 亿元的城市还有位于黑龙江的黑河和伊春，经济密度分别为 0.0089 亿元和 0.0090 亿元。而各主要省份内部的地级城市之间经济密度差异也非常大，尤其典型的是广东地区，最高经济密度与最低之间差 13.786 亿元，这是因为深圳市的经济密度过高，而同处于广东省的河源市仅为 0.070 亿元，相比来看，深圳市的经济密度是河源市的 198 倍。

表 4-1　2020 年排名前十位和后十位的地级城市经济密度

	城市	GDP（亿元）	土地面积（平方公里）	经济密度（亿元）		城市	GDP（亿元）	土地面积（平方公里）	经济密度（亿元）
经济密度前十位	深圳	27670	1997	13.856	经济密度后十位	白城	510	25759	0.0198
	东莞	9650	2460	3.923		赤峰	1763	90021	0.0196
	厦门	6384	1701	3.753		武威	526	32347	0.0163
	广州	25019	7434	3.365		陇南	451	27839	0.0162
	佛山	10816	3798	2.848		乌兰察布	826	54446	0.0152
	无锡	12370	4627	2.674		巴彦淖尔	874	65140	0.0134
	苏州	20170	8657	2.330		张掖	467	38592	0.0121
	南京	14817	6587	2.250		伊春	295	32800	0.0090
	珠海	3481	1736	2.006		黑河	614.	69345	0.0089
	武汉	15616	8569	1.822		呼伦贝尔	1172	261570	0.0045

在国内目前的相关研究中，度量产业集聚的常用方法有空间 Gini 系数、赫芬达尔指数、熵指数、空间集聚指数（EG 指数）等。[1] 付文林、耿强认为，以往的产业集聚指数度量的是特定产业在地区间是否集中在少数地区，

---

[1] 文玫：《中国工业在区域上的重新定位和聚集》，《经济研究》2004 年第 2 期；魏后凯：《中国制造业集中状况及其国际比较》，《中国工业经济》2002 年第 1 期；路江涌，陶志刚：《我国制造业区域集聚程度决定因素的研究》，《经济学（季刊）》2007 年第 3 期；钱学锋，黄玖立，黄云湖：《地方政府对集聚租征税了吗？——基于中国地级市企业微观数据的经验研究》，《管理世界》2012 年第 2 期。

是反映产业的空间集聚状态,其提出了利用所有产业的市场份额平方和度量各地区的经济集聚水平,以体现各地区产业发展的整体实力[①],这一方法得到了已有学者的采用[②],本书也参考这一方法测算产业集聚水平,具体公式如下:

$$agglo_{i,t} = \sum_{v=1}^{s} \left(X_{i,v,t} / T_{v,t} \right)^2 \qquad (4-13)$$

其中 $X_{i,v,t}$ 表示 t 年度 v 产业在地区 i 的销售产值,$T_{v,t}$ 表示 t 年度 v 产业的全国销售产值,因此两者的比重表示的是 i 地区的 v 产业在全国的市场份额,该地区所有产业的市场份额的平方和即为经济集聚指数。这一指标越大,表示经济集聚水平越高。参考杨柳、方元子的研究,考虑到税收对一些资源依赖度高的行业资本影响极小,本部分在测算产业集聚水平时剔除了煤炭开采和选洗业、石油和天然气开采业等行业。[③] 各地区分行业的工业销售产值数据来自《中国工业统计年鉴》,由于 2017 年后不再公布各地区分行业的工业销售产值,因此数据统计测算截止到 2016 年。随着总部经济的发展,其对地区竞争力、产业价值链省际的重要性日渐重要,地区间竞争不仅局限在资本密集的制造业,围绕金融、IT 等技术密集型产业的竞争也越来越激烈。因此参考蒲艳萍、成肖的研究[④],测算包含交通运输、仓储和邮政业、批发和零售业、住宿和餐饮业、金融业、房地产业及其他等 6 个服务业行业的产业集聚情况。第三产业产值数据来自历年的《中国统计年鉴》,由此测算得到产业集聚结果,见附录 4-1。

---

① 付文林,耿强:《税收竞争、经济集聚与地区投资行为》,《经济学(季刊)》2011 年第 4 期。
② 蒲艳萍,成肖:《经济集聚、市场一体化与地方政府税收竞争》,《财贸经济》2017 年第 10 期。
③ 杨柳,方元子:《集聚效应对我国地方税收竞争行为的影响——基于行业税负的实证研究》,《当代财经》2014 年第 10 期。
④ 蒲艳萍,成肖:《经济集聚、市场一体化与地方政府税收竞争》,《财贸经济》2017 年第 10 期。

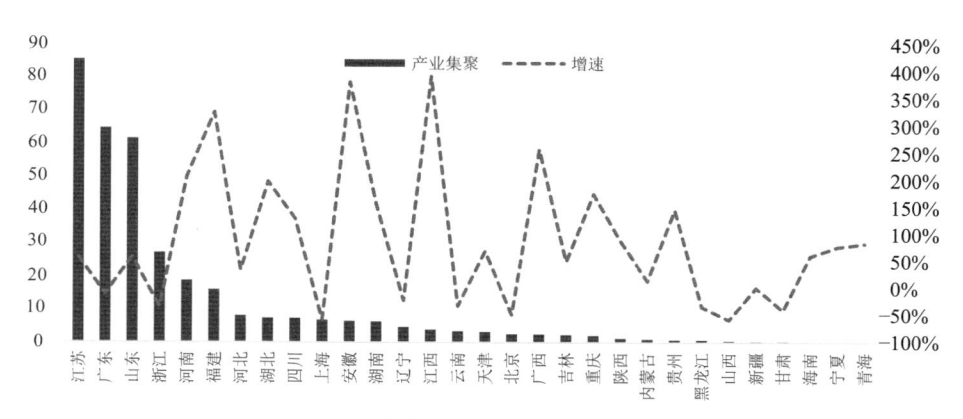

图 4-6　2016 年产业集聚水平及排名的地区分布

图 4-6 显示，地区间产业集聚分布极其不平衡，2016 年产业集聚水平最高的是江苏，集聚指数得分为 85.010，其次是广东、山东两地，集聚指数分别为 64.474、61.376，浙江、河南、福建次之，分别为 27.134、18.724、15.970。产业集聚水平最低的地区是青海、宁夏、海南、甘肃等地，指数得分分别为 0.033、0.059、0.070 和 0.289，可以看出中西部欠发达地区的产业集聚水平相对较低。从产业集聚的发展水平来看，江西、安徽、福建等 10 个地区在 2016 年产业集聚相比 2004 年实现了翻倍增长，尤其是江西，2016 年产业集聚水平为 3.855，虽然不高，但是相比 2004 年的 0.788，增长了 3.89 倍。从图 4-6 可以看出，产业集聚水平目前还不太高的地区，增长速度多数趋于较高水平。

三、以开发区为载体的政策租与产业集聚

开发区是我国改革开放进程中重要的"制度安排"，我国各级政府干预开发区发展最直接的手段是优惠政策，这也是促进开发区快速发展的最原始动力机制，体现出我国开发区以政府为主导的发展特征。各项优惠政策促使开发区形成特定的资源、环境与人口特征，也使其成为吸引外资和企业进驻的"政策高地"。地方政府在晋升锦标赛激励下，采取各种竞争手段促进本

地区经济增长，这其中以开发区为重要抓手参与区域竞争和实现区域经济增长成为地方官员的必然选择。从20世纪90年代到21世纪初期，我国出现"开发区热"，截至2004年8月，中国有各类开发区6866个，规划面积3.86平方公里，远超同期全国所有城市市辖区规划面积的综合。① 根据《中国开发区审核公告目录（2018年版）》，自1984年以来，开发区数量快速增长（见表4-2）。

表4-2 我国不同时期开发区创办数量

	1984～1991	1992～2001	2002～2012	2013至今	总计
国家级开发区	48	111	242	151	552
国家级经济技术开发区	15	37	119	48	219
国家级高新技术产业开发区	27	26	52	51	156
国家级海关特殊监管区	3	17	67	48	135
国家级边境（跨境）经济合作区	—	14	2	3	19
其他类型的开发区	3	17	2	1	23
省级开发区	7	368	1397	219	1991
东部地区	38	263	605	144	1050
中部地区	8	128	539	104	779
西部地区	9	88	495	122	714

资料来源：杨朝远，张学良，杨羊：《双循环发展的改革开放空间试验场——我国开发区的缘起、演进和趋势》，《重庆大学学报（社会科学版）》2021年第4期。

开发区内的企业相对于区域外的企业，可以通过土地和税收等方面的优惠政策获得超额收益，这种在开发区范围内形成的"政策租"是一种典型的

---

① 数据来源于中华人民共和国人民政府官方网站。

"区域租金"[①],这种政策租降低了要素成本,激励大量企业进驻,实现产业的快速集聚。在过去三四十年,开发区实施的优惠政策主要有土地、税收、补贴、人才、金融和产权保护等,这其中税收和土地政策又是最广泛使用的政策形式。以税收竞争主要手段税收优惠政策为例,给予开发区企业的税收优惠包括:从被认定之日起对开发区企业按照15%的税率征收所得税;新办的开发区企业按照投产年度起两年内免缴所得税;开发区企业出口产品产值达到当年生产总值的70%以上,按照10%的税率征收所得税;对新办中外合资经济的开发区企业,合营10年以上,可从开始获利年度起,前两年免征所得税。2020年10月14日,习近平总书记强调要"加快横琴粤澳深度合作区建设",中共中央、国务院于2021年9月5日正式公布《横琴粤澳深度合作区建设总体方案》,方案规定的税收优惠政策包括:对符合条件的产业企业按15%的税率征收企业所得税,对在合作区工作的境内外高端人才和紧缺人才,其个人所得税税负超过15%的部分予以免征。

大量企业入驻开发区的目的是获取地方政府提供的财税优惠、租金减免、资金扶持等政策租。郑江淮等在2005年对江苏省沿江开发区发放问卷进行调研,发现收回的241份有效问卷中,获取政府税收优惠和土地优惠在企业进驻开发区动机中排名第一和第二。企业进驻开发区主要是为了获取政策租,并不是为了靠近要素或靠近市场形成产业集聚效应。这就导致开发区集聚的企业不必然具备传统意义的信息交流和知识外溢条件,在空间上很少形成集聚效应。集聚地区的企业对实际税负提高的容忍度较低,会采用"用脚投票"方式迁至税率更低的邻近地区。因此,地方政府为捕获集聚效应,只能继续选择对开发区企业征收较低的税收。[②] 钱学锋等利用1999~2007年中国地级市工业企业层面的面板数据,检验了城市集聚经济和产业集聚经

---

① 殷存毅,何晓斐:《开发区管理体制"政府化"演变的理论分析:新制度经济学的视角》,《公共管理评论》2015年第2期。

② 郑江淮,高彦彦,胡小文:《企业"扎堆"、技术升级与经济绩效——开发区集聚效应的实证分析》,《经济研究》2008年第5期。

济与企业税收负担之间的关系，研究发现，中国的地方政府并没有对集聚经济创造的集聚租征税，向下的税收竞争仍然是地方政府之间策略性反应的常态。[①]

开发区作为中国经济转型过程产业空间组织的一种"转型制度"形式，正在经历一个从企业"扎堆"向产业集群的转变。根据《中国商务年鉴》，2019年216家国家级经济开发区的地区生产总值为10.84万亿元，工业总产值为23.27万亿元，占全国GDP的10.99%。本部分基于《中国商务年鉴》（2020）的数据测算2019年中国国家级经济开发区税负变动熵，即该开发区税负变动比值与该开发区所在省税负变动比值的比率，这一比重可以反映开发区相对于本地区提供的政策租水平，具体计算公式如下：

$$\text{entrotax} = \frac{tax_{it}/tax_{it-1}}{tax_{kt}/tax_{kt-1}} \qquad (4-14)$$

其中entrotax为开发区税负变动熵，tax_{it}为i开发区在t年的税负，tax_{it}为i开发区在t-1年的税负，tax_{it}/tax_{it-1}表示的是开发区相对往年的税负变动情况。tax_{kt}为k省份在t年的税负，tax_{kt-1}为k省份在t-1年的税负，tax_{kt}/tax_{kt-1}为k省份相对上一年的税负变化。测算得到2019年中国216家经济开发区的税负变动熵，其中东部地区106家，西部地区47家，中部地区63家。详细结果见附录4-2。2019年在全国共有101个经济技术开发区的税负变动熵小于1，即开发区所在省份税负降低的同时，开发区的税收负担下降得更快。表4-3显示，2019年开发区税负变动熵最低的是内蒙古的呼伦贝尔经济技术开发区，在2018年税负为6.33%，下降到2019年的0.18%，然而内蒙古的税负在2018年为8.67%，2019年略有上升，为8.95%，同样出现这种情况的还有内蒙古的呼和浩特经济技术开发区和巴彦淖尔经济技术开发区，两地税收负担分别从2018年的15.20%、5.87%下降到2019年的8.27%、

[①] 钱学锋，黄玖立，黄云湖：《地方政府对集聚租征税了吗？——基于中国地级市企业微观数据的经验研究》，《管理世界》2012年第2期。

3.36%，形成较大的税收洼地。

表4-3　2019年排名前十位和后十位的开发区税负变动熵及其税负变化情况

排名	序号	开发区	税负变动熵	开发区税负 2019	开发区税负 2018	所在省份税负 2019	所在省份税负 2018
1	吉林	松原经济技术开发区	3.974	18.22%	5.34%	6.80%	7.92%
2	四川	遂宁经济技术开发区	2.290	17.68%	8.19%	6.20%	6.57%
3	重庆	重庆经济技术开发区	2.227	16.09%	8.22%	6.53%	7.43%
4	江苏	扬州经济技术开发区	2.204	6.25%	3.00%	7.37%	7.79%
5	广东	广州南沙经济技术开发区	2.019	23.49%	12.13%	9.35%	9.74%
6	黑龙江	海林经济技术开发区	1.773	25.03%	15.87%	6.79%	7.63%
7	山东	东营经济技术开发区	1.687	11.54%	7.37%	6.82%	7.35%
8	贵州	贵阳经济技术开发区	1.549	7.71%	5.72%	7.18%	8.25%
9	青海	西宁经济技术开发区	1.516	34.97%	25.74%	6.70%	7.48%
10	辽宁	旅顺经济技术开发区	1.495	9.20%	6.67%	7.75%	8.41%
207	山东	滨州经济技术开发区	0.590	9.82%	17.93%	6.82%	7.35%
208	福建	漳州招商局经济技术开发区	0.568	9.22%	18.03%	5.21%	5.78%
209	内蒙古	巴彦淖尔经济技术开发区	0.555	3.36%	5.87%	8.95%	8.67%
210	福建	厦门海沧台商投资区	0.530	11.44%	23.97%	5.21%	5.78%
211	内蒙古	呼和浩特经济技术开发区	0.528	8.27%	15.20%	8.95%	8.67%
212	青海	格尔木昆仑经济技术开发区	0.479	5.53%	12.89%	6.70%	7.48%
213	甘肃	金昌经济技术开发区	0.370	5.38%	16.53%	6.63%	7.53%

续表

排名	序号	开发区	税负变动熵	开发区税负 2019	开发区税负 2018	所在省份税负 2019	所在省份税负 2018
214	黑龙江	哈尔滨利民经济技术开发区	0.185	3.72%	22.55%	6.79%	7.63%
215	云南	蒙自经济技术开发区	0.156	1.00%	6.99%	6.25%	6.82%
216	内蒙古	呼伦贝尔经济技术开发区	0.028	0.18%	6.33%	8.95%	8.67%

而经济开发区税负变动熵最高的吉林省松原经济技术开发区，为 3.974，吉林省税负在 2018 年为 7.92%，2019 年下降到 6.80%，对应地，松原经济技术开发区 2018 年税负为 5.34%，2019 年上升到 18.22%。税负变动熵较高的前五个经济开发区还有四川的遂宁经济技术开发区、重庆的重庆经济技术开发区、江苏的扬州经济技术开发区和广东的广州南沙经济技术开发区，分别为 2.290、2.227、2.204、2.019。这些开发区在本地区所在省份税负下降的情况下，保持了税负的上升。从开发区所在省份的平均税负变动熵来看（见图 4-7），2019 年吉林的平均税负变动熵最高，其次是重庆、西藏、贵州等地，而平均税负变动熵最低的是内蒙古，其次是上海、云南、甘肃、山西等地，这些地区开发区税负比所在省份税负下降的幅度大，以税收优惠等政策租吸引企业的力度也较大。

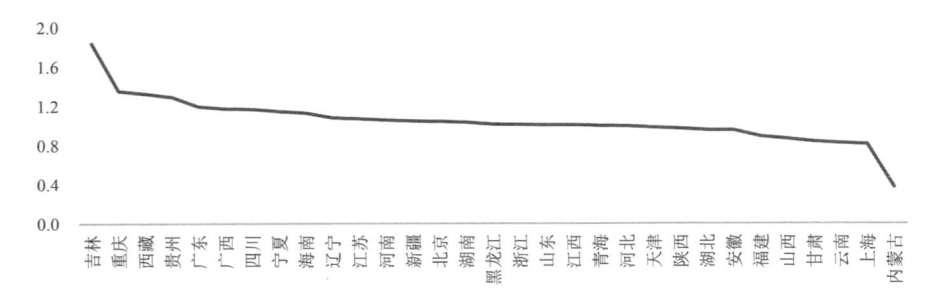

图 4-7 各地区开发区平均税负变动熵

政府主导的经济开发区形成的企业集聚与传统意义上的产业集聚存在巨大差别，在吸引企业进入开发区的过程中，政府起到了主导作用，利用政策扶持形成政策租，使企业对政策租形成依赖，从而形成集聚。而随着政策租耗尽，非政策性的自发能力对于产业集聚就起到了至关重要的作用，技术和市场的外溢性收益将会增加。事实上，这种变化趋势已经显现，对比蒲艳萍、成肖的测算[①]，2011年全国共有78个经济开发区的税负变动熵小于1，在当时的131个经济开发区中占比达到59.54%，而这一比例在本书测算的2019年税负变动熵结果中有所下降，为46.76%。这说明开发区依靠政策租吸引企业的力度正在逐渐减弱，原因在于前期开发区吸引的企业集聚产生的技术和市场的外溢性收益增加，市场集聚力也在逐渐发挥作用，随着产业转移和政策的不断调整，经济开发区要么因政策租金耗散或新建开发区的竞争而失去竞争力，要么形成集聚效应成为具有可持续发展能力的产业集群。

由以上分析我们提出假设，在中国产业集聚对税收竞争的影响是动态变化的，在前期是以税收优惠等政策租引导形成产业集聚，随着两税合并改革等政策调整，政策租收益减弱，基于技术和市场的外溢性增加，集聚效应将逐渐显现出来，因此未来以产业集聚成熟后形成的集聚经济有望发挥协调税收竞争的作用。

第二节　产业集聚对投资税负弹性的阈值影响

地方政府间竞相以降低税负吸引资本，提高竞争力，根据新经济地理理论，集聚经济的正外部性降低了资本的税负弹性，从而起到协调税收竞争的

[①] 蒲艳萍，成肖：《经济集聚、市场一体化与地方政府税收竞争》，《财贸经济》2017年第10期。

作用。本节尝试回答的问题是，中国的产业集聚是否降低了企业投资的税负弹性？通过一个纳入经济集聚因素的新古典投资决策计量模型，考察在中国产业集聚如何影响税负变动下的企业投资地域选择，以及其动态演化趋势。

一、地区税负与企业投资的非单调关系模型

通常投资决策研究的建模思路主要有新古典投资理论、托宾 Q 理论和资本的有效税率理论等[①]，由于本书考察的是省级层面的招商引资竞争，利用地方政府的税收政策、地区经济集聚等宏观层面经济变量，以分析其对固定资产投资的影响，与企业层面投资的影响因素研究不同，因此选择新古典投资理论作为基础模型构建的理论基础。基于新古典投资理论的投资决策理论模型，设定企业的总投资 I 分别包括新增投资和重置投资，公式如下：

$$I_t = I_t^N + I_t^R \tag{4-15}$$

其中 I_t^N 表示 t 期的新增投资水平，I_t^R 表示 t 期的重置投资水平。重置投资的目的是补偿固定资产的折旧，等于折旧率 δ 乘以上一期的资本存量 K_{t-1}，公式如下：

$$I_t^R = \delta K_{t-1} \tag{4-16}$$

在一个完全竞争要素市场条件下，均衡时企业的投资决策条件为投资的期望边际收益与边际成本相等，那么企业的最优资本存量水平如下：

$$K_t^* = \alpha \frac{Y_t}{C_t} \tag{4-17}$$

其中生产技术为柯布道格拉斯生产函数，即 $Y_t = K_t^\alpha L_t^\beta$。$\alpha$ 为资本产出比，Y_t 为 t 期的产出水平，C_t 为 t 期资本的边际使用成本。在新古典投资决策模型中，资本使用成本主要受利息率、折旧率、资本品价格和企业所得税优惠

[①] Jorgenson, D., 1963: "Capital Theory and Investment Behavior", *American Economic Review*, 2; Tobin, J., 1981: "Discussion of Taxation and Corporate Investment: A Q-Theory Approach", *Brookings Papers on Economic Activity,* 1; Feldstein, M. S., Poterba, J. M., Dicks-Mireaux, L., 1983: "The Effective Tax Rate and the Pretax Rate of Return", *Journal of Public Economics,* 2.

政策等因素的影响。① 付文林、耿强将集聚经济从资本使用成本中分离出来，作为一项收益进行方程回归。② 同时其将地区产业集聚与税负的交叉项引入方程，研究发现，相对于产业集聚对资本的直接影响，其作为中介变量协调资本的税负弹性的作用更加显著。基于这一启发，本书回归方程中将产业集聚作为门槛变量，考察不同的产业集聚水平下，税负对资本流动的影响，以及资本对税负的反应弹性系数异质性特征。

新增投资 I_t^N 往往受到现实经济运行状况的影响，宏观、微观环境的变化都会影响企业资本存量发生变化的意愿，而企业是否愿意新增投资又受到往期意愿的影响，因此，可以利用分布滞后函数来表示企业在 t 时期对新投资的需求，即：

$$I_T^N = \Sigma_{j=0}^{J} B_j \Delta K_{t-j}^* \tag{4-18}$$

其中 j 表示时期，B 代表滞后算子，ΔK_{t-j}^* 代表之前的 j 期中每一期企业的意愿资本存量的变化量，这里考虑到求多阶分布滞后函数显示解的困难性，参考付文林、耿强的做法，只取分布滞后序列的第一阶，由此得到新增投资的方程为：

$$I_t^N = \gamma \Delta K_t^* - \omega I_{t-1}^N \tag{4-19}$$

其中 γ 为滞后参数，ω 是上一期投资对本期投资的影响系数。由此便可得到固定资产投资决定方程：

$$I_t = \alpha \gamma_0 \Delta \frac{Y_t}{C_t} - \omega I_{t-1}^N + \delta K_{t-1} \tag{4-20}$$

需要特别说明的是，这里的各地区资本使用成本的衡量，考虑到数据的可得性，参考付文林、耿强的研究，主要是以各地区企业所得税税负和资本品价格指数作为资本使用成本的代理变量。因此基于方程（4-20），考虑到新增投资

---

① Gale, W. G., Orszag, P. R., 2005: "Deficits, Interest Rates, and the User Cost of Capital: A Reconsideration of the Effects of Tax Policy on Investment", *Social Science Electronic Publishing*, 3.

② 建模过程也参考了付文林和耿强的研究，详见：付文林，耿强：《税收竞争、经济集聚与地区投资行为》，《经济学（季刊）》2011年第4期。

与资本存量之间的共线性关系，构建本部分实证分析的基本计量方程如下：

$$lninvest_{it} = a_0 + \beta_1 lncapital_{it-1} + \beta_2 tax_{it} + \beta_3 price_{it} + \sum_{i=1}^{N} \chi_{it} x_{it} + \mu_i + \upsilon_t + \varepsilon_{it}$$
（4-21）

其中，$lninvest_{it}$ 代表的是 i 地区在 t 时期的固定资产投资水平，$lncapital_{it-1}$ 是 i 地区在 t-1 时期的资本存量水平，tax_{it} 为 i 地区在 t 时期的企业所得税税负，$price_{it}$ 为 i 地区在 t 时期的资本品价格，税负和资本品价格是作为成本引入方程，预计系数为负。x_{it} 是影响环境资本投资的其他控制变量，μ_i 表示地区的固定效应，υ_t 表示时间效应，ε_{it} 为回归残差项。

正如前文分析产业集聚在不同阶段对税收竞争的协调作用发挥异质性特征，因此，在基本模型（4-21）的基础上，构建门槛面板模型，以产业集聚为门槛变量，考察不同门槛区间内税负变化对资本投资的影响。基于 Hansen 提出的面板门槛回归（Panel Threshold Regress，PTR），[①] 构建估计的 PTR 模型如下：

$$lninvest_{it} = \mu_i + \sum_{m=1}^{r+1} \alpha_m tax_{it} \times I(aggl_{it} \in A_j) + \beta_1 lncapital_{it-1} + \beta_3 price_{it} + \sum_{i=1}^{N} \chi_{it} x_{it} + \mu_i + \upsilon_t + \varepsilon_{it}$$
（4-22）

其中 $aggl_{it}$ 为地区经济集聚指数，是模型的门槛变量，$A_j = \{aggl_{it} : c_{j-1} \leq c < c_j\}$，$c_j$ 为断点；$I(\cdot)$ 为示性函数，PTR 模型根据分组变量将样本分为 r+1 个类别，每个类别内的个体符合线性假设。模型根据线性和非线性检验内生决定类别数量 r 和断点位置 c，从而解决了分组回归需要外生决定的问题。

在代理变量的选择方面：(1) 被解释变量：固定资产投资，使用全社会固定资产投资减去住宅投资作为代理变量，因为住宅投资是非生产性投资，受税负和经济集聚的影响较小；(2) 解释变量：固定资本存量，采用永

[①] Hansen, B. E., 1999: "Threshold Effects in Non-Dynamic Panels: Estimation, Testing, and Lnference", *Journal of Econometrics*, 2.

续盘存法计算，参考单豪杰[①]的处理方法，价格平减指数是以1952年为基年的分省固定资本形成价格指数，折旧率为10.96%；企业所得税税负，企业所得税税收收入除以GDP，测算方法在本书第二章已有说明；资本品价格，各地区固定资产投资价格指数；（3）门槛变量：经济集聚指数，具体测算方法在前文已有说明；（4）控制变量：选择基础设施、劳动力成本和规模经济，以控制现有理论中影响企业投资区位选择的主要因素，其中基础设施以滞后一期的各地区公路里程衡量，劳动力成本以职工平均工资衡量，规模经济以滞后一期的实际GDP增长率来表示。以上变量的数据来源主要是历年的《中国统计年鉴》《中国财政年鉴》《中国工业年鉴》等。本部分研究样本为中国不含西藏和港澳台之外的30个省级单位，分析数据的时间跨度为2004～2016年，变量的描述统计见表4-4。

表4-4　主要回归变量的描述性统计分析

变量	均值	标准差	最小值	最大值
固定资产投资	8.585	1.060	5.599	10.792
企业所得税税负	1.080	0.794	0.228	4.744
产业集聚指数	9.758	18.324	0.015	87.191
固定资本存量	9.621	0.960	7.000	11.671
经济增长率	0.115	0.038	−0.148	0.245
资本品价格	1.024	0.034	0.960	1.133
公路里程	11.375	0.882	8.777	12.662
职工平均工资	10.411	0.514	9.366	11.695

---

① 单豪杰：《中国资本存量K的再估算：1952—2006年》，《数量经济技术经济研究》2008年第10期。

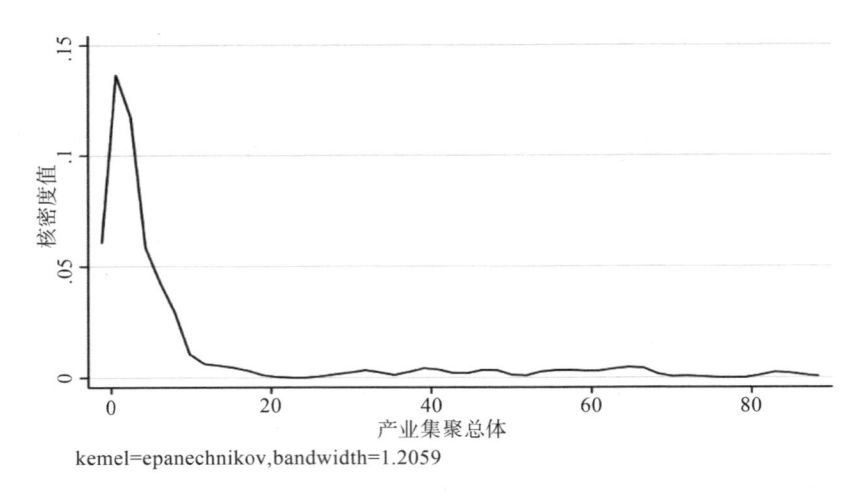

图 4-8　产业集聚的核密度分布

在表 4-4 中，产业集聚的标准差最高，在 2004～2016 年的 30 个省级单位组成的 390 个样本数据集中，产业集聚变化幅度较大。这是因为工业产业集聚的差异性较大，整个样本区间内，最小值是青海省在 2007 年的取值，为 0.015，最大值为江苏省在 2013 年的取值，为 87.191，无论是地区间还是不同时期，产业集聚的差异性都是非常显著的。从集聚变量的核密度来看，图 4-8 显示产业集聚右侧较长拖尾，且坡度比较陡峭，在整个样本区间变化幅度较大，因此，划分不同的产业集聚区间，探索资本税税负弹性的阶段性差异，具有显著的现实意义。

二、产业集聚对资本税税负弹性的阈值效应检验

在进行门槛面板模型回归之前，首先需要对门槛效应进行检验，以确定门槛变量的门槛值及门槛个数。为了进一步检验门槛效应是否显著，利用 Bootstrap 反复抽样 100 次计算 F 值，对门槛模型进行有效性检验。表 4-5 显示单门槛模型显著，双门槛不显著，因此选择拒绝线性模型假设，利用单门槛面板模型进行回归，这说明税负变化对资本投资影响的非线性关系是存在的。进一步估计对应的门槛值及其似然比统计值如图 4-9 所示。

表 4-5　门槛模型检验结果

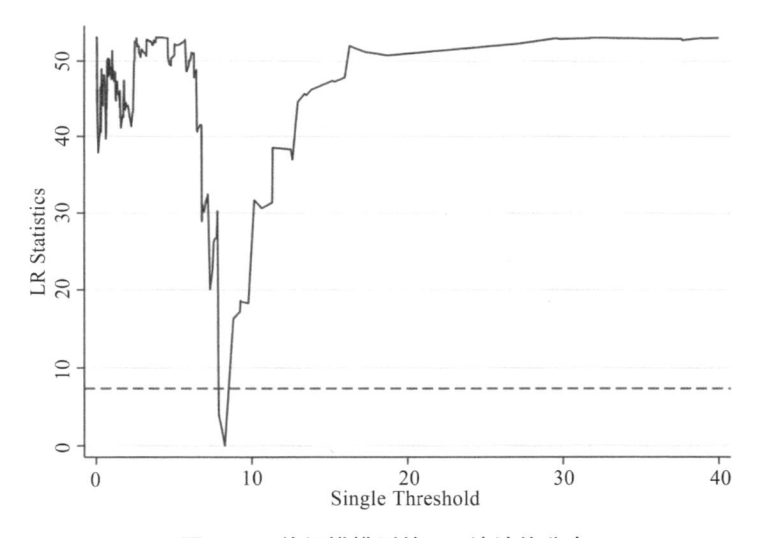

门槛模型	RSS	MSE	Fstat	Prob	Crit10	Crit5	Crit1
单门槛模型 （H0：无门槛）	5.949	0.016	64.100***	0.000	23.388	27.375	35.944
双门槛模型 （H0：单门槛）	5.733	0.015	14.170	0.320	20.995	22.578	40.576

图 4-9　单门槛模型的 LR 统计值分布

门槛参数的估计值是似然比检验统计量 LR 为零时的取值，门槛估计值的 95% 置信区间是所有似然比检验统计量 LR 值小于 5% 的显著性水平下的临界值（图 4-9 中对应的虚线显示的纵轴值）构成的区间，图 4-9 中显示门槛值是有效的。因此，存在一个有效门槛值，使税负对固定资产投资的影响在两个门槛区间内表现出异质性特征，即产业集聚水平低于或高于 8.260 时，税负对投资的影响系数具有显著差异。利用 STATA15.1 分别估计门槛模型，估计结果如表 4-6 所示。

表 4-6　门槛模型估计结果

	固定资产投资	
	线性基准模型	门槛面板模型
企业所得税税负	−0.257***(0.045)	
企业所得税税负 （第一门槛区间：产业集聚指数 $aggl_{it} \leq 8.260$）		−0.245***(0.069)
企业所得税税负 （第二门槛区间：产业集聚指数 $aggl_{it} > 8.260$）		−0.081(0.065)
一阶滞后的固定资本存量	0.476***(0.068)	0.351**(0.130)
一阶滞后的实际经济增长率	1.808***(0.263)	1.575***(0.518)
资本品价格	−0.626**(0.287)	−0.678***(0.169)
一阶滞后的公路里程	0.109**(0.047)	0.083(0.064)
职工平均工资	1.020***(0.108)	1.180***(0.181)
常数项	−7.142***(0.531)	−7.284***(0.563)
样本量	390	390
R^2	0.963	0.967
截面个数	30	30

注："*、**、***"分别表示 P 值通过了 10%、5% 和 1% 的显著性检验，括号内为稳健标准误。

表 4-6 的估计结果显示，线性基准模型和门槛面板模型的 R^2 分别为 0.963 和 0.967，模型拟合效果较好。在线性基准模型中企业所得税税负对资本投资的影响系数为 −0.257，且通过了 1% 的显著性检验，企业所得税税负提高 1 个单位，将导致资本投资减少 0.257 个单位，企业家根据税负的变化做投资决策，并且对税负的提高非常敏感。而当考虑集聚经济所发挥的协调作用时，结果发生了显著变化。从门槛面板模型的估计结果来看，存在一个门槛值 8.260。将税负对资本的影响系数划分为两个区间内的差异性，即

产业集聚指数小于或等于 8.260 时，企业所得税税负对资本投资的影响系数为 -0.245，且通过了 1% 的显著性检验，这一门槛区间内资本投资对税负变化非常敏感，税负提高 1 个单位，将导致投资减少 0.245 个单位。当然，当地方政府采取降低税负的竞争时，企业家受到政策租的吸引，愿意追加投资。这一门槛区间产业集聚还未形成集聚经济，企业家投资决策对税负变化的敏感度较高。当产业集聚大于 8.260，进入第二门槛区间时，虽然影响系数仍然为负，但是不显著，且系数为 -0.081，绝对值也低于第一门槛区间，这说明这一区间内产业集聚比较成熟，集聚经济开始显现，使得税负的提高未显著抑制企业家投资。企业家对税负变化的敏感度降低时，集聚经济所形成的正外部性才逐渐释放出来。

三、中国地区间产业集聚的门槛区间分布演化

结合门槛模型估计结果，存在一个有效门槛值 8.260，使企业家投资决策对税负变化的反应系数产生异质性特征。即产业集聚水平小于或等于 8.260 时，产业集聚进入第一门槛区间，税负的提高将抑制企业家投资，这一阶段下的产业集聚尚未形成足以影响企业资本税税负弹性系数的集聚经济。当产业集聚水平高于 8.260 时，产业集聚进入第二门槛区间，在这一区间内税负的提高对企业家投资影响虽然依然是抑制，但是这种抑制作用不再显著，并且抑制程度大幅度降低，第二门槛区间产业集聚发展逐渐成熟，集聚经济带给企业的正向溢出效应开始显现，企业家投资对税负变化的敏感度降低。

前文统计的 30 个省级单位在 2004～2016 年的 390 个样本数据点，位于第一门槛区间的数据点有 315 个，位于第二门槛区间的数据点有 75 个，占比分别为 80.77% 和 19.23%，可见整个样本以产业集聚第一门槛为主，这符合中国经济发展不均衡状态，即多数地区的产业集聚水平仍然较低，企业投资对税负变化的敏感度非常高，这也给地方政府倾向于税负逐底的税收竞争以吸引资本的策略行为以合理解释。同时也可以发现，有两成的数据点进

入第二门槛区间，资本对税负的敏感性降低，产业集聚发展到集聚经济时对税收竞争的协调作用才开始发挥。

表 4-7 第二门槛区间的地区与所在年份

地区	年份	产业集聚	地区	年份	产业集聚	地区	年份	产业集聚
山东省	2004	38.888	浙江省	2011	29.541	江苏省	2004	53.947
	2005	46.185		2012	37.624		2005	54.428
	2006	47.100		2013	32.655		2006	57.204
	2007	46.534		2014	32.207		2007	57.176
	2008	44.810		2015	29.767		2008	62.215
	2009	47.609		2016	27.134		2009	64.710
	2010	40.888	河南省	2007	9.267		2010	65.530
	2011	39.024		2008	9.772		2011	67.094
	2012	54.743		2009	9.228		2012	82.741
	2013	57.204		2010	9.116		2013	87.191
	2014	58.674		2011	10.635		2014	82.935
	2015	61.493		2012	12.628		2015	83.159
	2016	61.377		2013	13.516		2016	85.010
浙江省	2004	41.263		2014	15.321	广东省	2004	72.021
	2005	39.993		2015	17.275		2005	63.360
	2006	40.349		2016	18.724		2006	61.145
	2007	37.579	辽宁省	2012	13.415		2007	58.438
	2008	35.367		2013	9.259		2008	53.403
	2009	31.749		2014	8.808		2009	49.463
	2010	31.747					2010	48.290

续表

地区	年份	产业集聚	地区	年份	产业集聚	地区	年份	产业集聚
广东省	2011	43.124	福建省	2012	12.522	上海市	2004	16.279
	2012	67.770		2013	11.307		2005	12.976
	2013	65.398		2014	13.824		2006	11.340
	2014	66.348		2015	15.178		2007	10.161
	2015	64.804		2016	15.970		2008	8.799
	2016	64.474						

进一步重点关注样本集内产业集聚大于8.260的省份和年份（见表4-7），发现位于第二门槛区间的有山东、河南、浙江、江苏、辽宁、福建、广东、上海等8个省级单位，除了河南、福建外，其他6个省级单位均为发达地区。山东、江苏、浙江和广东4个发达地区在2004～2016年整个时间段内均位于第二门槛区间，产业集聚的发展在这四个地区形成如克鲁格曼所提到的集聚经济，在这些地区，资本对税负变化的影响显著性逐渐降低。河南自2007年开始产业集聚水平不断提高，集聚经济也在逐渐发挥作用，福建、辽宁等地的集聚经济是从2012年开始逐渐发挥出来的。

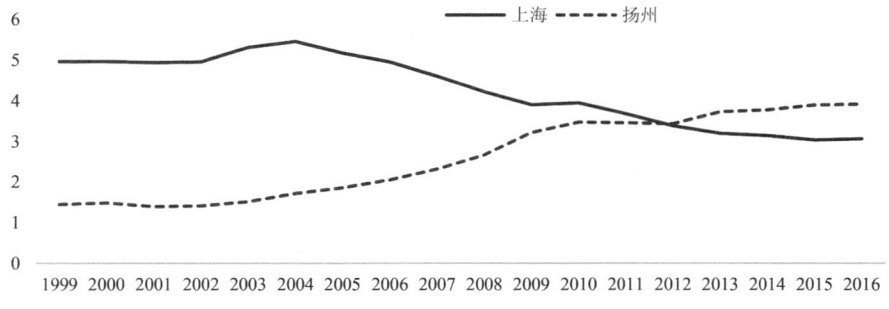

图4-10 上海和扬州的工业产值占比发展趋势（1999～2016，%）

需要说明的是，上海在2008年之前产业集聚水平较高，2009年之后产业集聚开始下降。上海制造业正在加速转移，这与当地经济调整有很大关系。2011年到2015年期间，受到土地成本、劳动力成本、商务成本等的持续上升，资源环境压力的不断增大和自身经济转型、产业结构升级的影响，上海的制造业开始向外转移。根据2017年4月发布的《2017年上海产业结构调整重点工作安排》，将完成市级产业结构调整项目1300项。与此同时，上海的转移伴随的是周边城市的发展，尤其是扬州作为长三角腹地城市，具有承接上海产业转移的区位优势。图4-10显示扬州工业产值占全国工业产业GDP的比重从1999年到2016年一直快速上升，上海的这一比重是持续下降，自2012年开始，扬州的工业产值占比高于上海，上海和扬州的工业产值比重变化趋势形成剪刀差。上海产业转移的同时，产业结构也在持续优化，虽然工业产值占比在降低，但是第三产业在上海的经济增长中发挥着越来越重要的作用。从2017年的数据来看，第三产业增加值占上海GDP的比重达到70.5%，比上年（67.8%）提高了2.7个百分点，而2012年才占到60%。这种产业结构的改善对于提高本地区财政收入具有显著效果。2016年，上海市的第三产业收入占全市地方一般公共预算收入的比重达到81.3%。

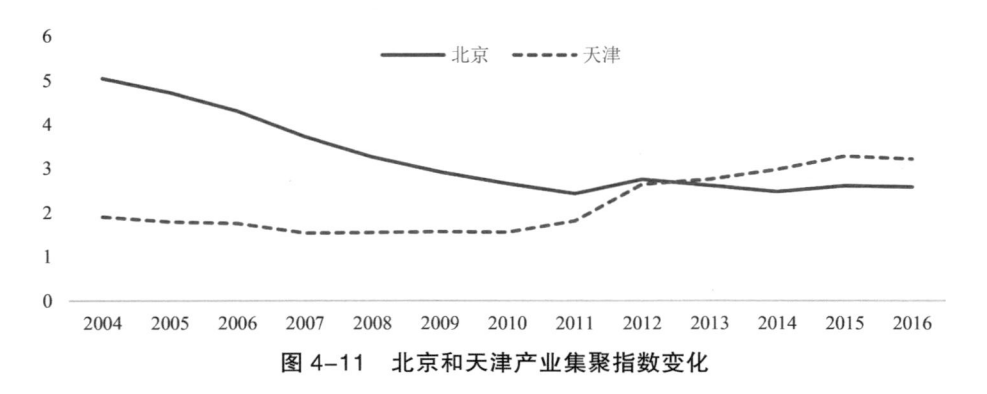

图4-11 北京和天津产业集聚指数变化

与上海情形类似的还有北京，图4-11显示出北京的产业集聚水平逐渐下降，从2004年的5.047下降到2016年的2.578。2014年以来，北京市以疏解北京非首都功能为目的推动京津冀协同发展，加快产业结构调整，执行《北京市新增产业的禁止和限制目录》,实施负面清单管理,实现禁限项目"零准入",2014年至2019年,北京市退出一般制造业企业2759家。北京市的产业转型升级为周边地区创造了产业集聚的机会,与其相邻的天津地区承担了部分产业承接功能,因此产业集聚不断上升,从2004年的1.900上升到2016年的3.207。从2013年开始,天津产业集聚水平逐渐高于北京,两者的产业集聚变化形成剪刀差变化趋势。

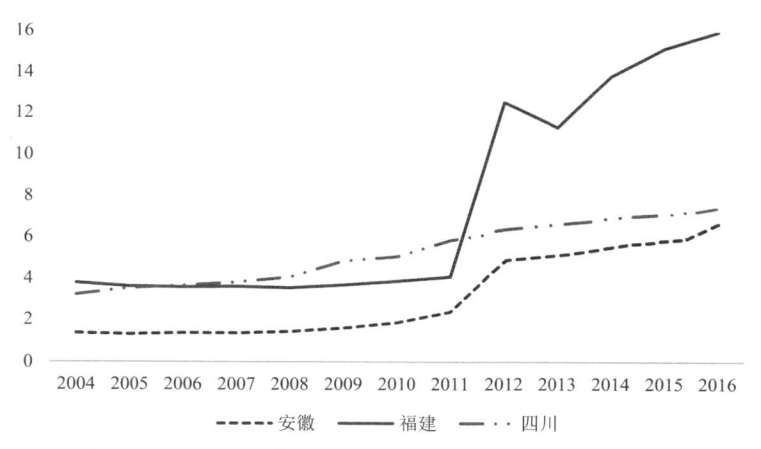

图4-12 安徽、福建和四川的产业集聚水平发展趋势

从产业集聚发展来看,虽然大多数地区目前产业集聚形成的集聚经济还不足以显著降低企业投资决策过程中的税负弹性,但是从变化趋势来看,产业集聚水平有不断提高的态势,以东部的福建地区、中部的安徽地区和西部的四川地区为例,图4-12显示出这三个省份的产业集聚水平在2004~2016年经历了较快速增长,尤其是位于东部沿海地区的福建,得益于区位优势,自2011年开始产业集聚水平提高较快,从2011年的4.075增长到2016年的15.970,从产业集聚的第一门槛区间跨入第二门槛区间,产业集聚形成的集聚经济开始发挥作用。安徽和四川的产业集聚增长也较快,分别从2004年的1.347和3.204上升到2016年的6.443和7.315,接近产业集聚的第二门槛区间。

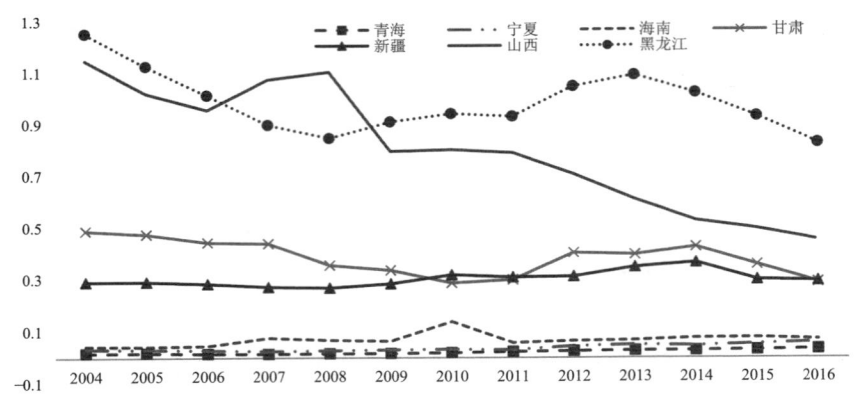

图 4-13 青海、宁夏等欠发达地区的产业集聚发展趋势

虽然多数地区产业集聚水平正在持续上升，但是从数据来看，位于第一门槛区间的青海、宁夏、甘肃、山西、黑龙江等欠发达地区的产业集聚或经历快速下降，或维持在低水平，没有发生显著改善。图 4-13 显示，山西的产业集聚度发生显著下降，从 2004 年的 1.150 下降到 2016 年的 0.477，下降幅度达到 58.52%，其次是黑龙江地区发生比较明显的下降，产业集聚水平从 2004 年的 1.255 下降到 2016 年的 0.827，下降幅度达到 34.10%。甘肃和新疆的产业集聚水平持续处于 0.2～0.5 之间，其中甘肃经历了先下降后上升，然后又下降的发展趋势，最终 2016 年指数为 0.289，相比于 2004 年的 0.489，下降幅度达到 40.90%。而新疆的产业集聚水平则长期围绕在 0.3 附近，在 2004 年为 0.291，经过 13 年的发展，在 2016 年为 0.294，产业集聚发展水平变化不大。此外，青海、宁夏和海南的产业集聚水平长期处于全国的最低位，其中海南的产业集聚水平持续高于宁夏，青海垫底，这三个地区自 2004 年到 2016 年的产业集聚水平均未高于 0.1，无法形成较成熟的集聚经济，在这产业集聚的初期阶段，资本对税负变化的弹性系数就会非常高，税负的变化将显著影响企业家的资本投资决策。

以上研究是围绕企业家投资对税负变化做出的策略性选择异质性的探讨，根据新经济地理学理论，产业集聚发展形成的集聚经济可以为企业提供正向的外部性，从而使企业投资对税负变化的敏感度降低。因此本部分以产业集聚为门槛变量，以中国除西藏、港澳台外的 30 个省级单位在 2004~2016 年的样本期间产业集聚对企业投资与税负关系的影响，研究发现存在一个门槛值将产业集聚划分为两个门槛区间，使税负的变化对企业家投资形成非线性影响，当产业集聚小于或等于 8.260 时，企业家投资受到税负变化的显著抑制作用，即税负提高将显著抑制企业投资；当产业集聚发展逐渐成熟，大于 8.260 时，这种抑制作用不再显著，且拟合系数也大幅度降低，集聚经济逐渐发挥作用，阻止企业因税负的提高而选择转移。

第三节　中国地方政府对集聚租征税了吗

地方政府之间进行税收竞争的目的是通过降低税负以吸引企业投资，这一前提假设是认为企业投资显著偏好低税负，而以上研究认为，企业投资对税负变化的敏感度取决于产业集聚所处的阶段。新经济地理学理论也认为，当一个地区产业集聚发展到足够成熟后，地方政府可以利用集聚经济带来的正外部性，形成集聚租征税，而不担心资本外流，由此缓解了地区间恶性的税负逐底竞争。上一节研究发现，产业集聚达到一定阶段后形成的集聚经济使企业家投资的策略选择对税负变化的敏感度降低，那么本部分研究的目的是，回答当前中国地方政府是否存在对集聚租征税的问题，并分析背后的原因。

一、双向影响的联立方程构建与变量说明

根据新经济地理理论，集聚经济能够影响企业的税收负担，反过来，税

收负担也同样会是影响经济活动空间集聚与扩散的一个重要因素。① 钱学锋等也提到引入集聚经济的税收竞争模型存在明显的内生性问题，导致估计结果出现偏差。② 结合前文中国地区产业集聚的现实分析，本部分同时考虑税负与产业集聚的双向影响，构建包含税负影响模型和集聚影响模型的联立方程组，通过三阶段最小二乘回归方法进行模型估计。

联立方程组系统估计方法充分考虑到了变量之间的相互依存、互为因果关系，因此在系统估计方法中，每个方程都包含了若干内生变量，而且这些变量的值是由一系列相互联系的方程共同决定的，从而避免了变量之间相互影响所产生的内生性问题。结合本书研究目的及前期的检验结论，得到需要估计的联立方程组模型如下：

$$\begin{cases} tax_{it} = \beta_1 aggl_{it} + \beta_2 dens_{it} + \beta_3 open_{it} + \varepsilon_{it} \\ aggl_{it} = \mu_1 tax_{it} + \mu_2 ind_{it} + \mu_3 pop_{it} + \upsilon_{it} \end{cases} \quad (4-23)$$

以上构建的联立方程组中包含了税负影响方程和集聚影响方程，税负 tax_{it} 为被解释变量，$aggl_{it}$ 为地区的产业集聚水平，其对应的系数 β_1 表示产业集聚对税负的影响，检验是否一个地区产业集聚水平越高，其形成的集聚租使税负越高。如果这一系数显著为正，则说明产业集聚水平提高 1 个单位，将显著促进税负提高 β_1 单位，因而新经济地理理论关于集聚经济有助于缓解税负逐底竞争的协调路径就生效了。$dens_{it}$ 和 $open_{it}$ 分别是人口密度和对外开放水平，是税负影响模型的控制变量。产业集聚影响方程中，税负 tax_{it} 为解释变量，$aggl_{it}$ 为被解释变量，税负的影响系数 μ_1 反映的是税负变化对产业集聚的影响，根据前文对政策租的分析，这一影响系数可能为负，即税负降低形成政策租吸引企业入驻。ind_{it}、pop_{it} 分别表示地区的工业化水平、人口规模，这些因素作为控制变量引入方程。ε_{it} 和 υ_{it} 为两个方程的回归残差。

---

① De Mooij, R. A., Ederveen, S., 2003: "Taxation and Foreign Direct Investment: A Synthesis of Empirical Research", *International Tax and Public Finance*, 6.

② 钱学锋，黄玖立，黄云湖:《地方政府对集聚租征税了吗？——基于中国地级市企业微观数据的经验研究》,《管理世界》2012 年第 2 期。

联立方程组的估计方法有两种，一种是有限信息的单方程估计方法，另一种是完全信息的系统估计方法。有限信息的单方程估计方法只利用了所估计方程中的样本数据信息，而没有利用方程之间的关系信息。单一方程法对联立方程逐个估计，会损失方程部分信息，忽略了两个方程扰动项之间的联系；系统估计方程法对所有结构方程同时进行估计，可以克服上述缺陷，完全信息的系统估计方法充分利用了系统中全部变量的所有信息。[1]前者较常用的是 2SLS，后者则为 3SLS，是两阶段最小二乘法和似不相关回归法的结合。除了在大样本下 3SLS 优于 2SLS 外，3SLS 还能够同时估计模型中的所有方程，并且能够比较好地利用样本信息，估计结果的有效性要高于 2SLS 和有限信息的极大似然估计，所以本部分采用 3SLS 三阶段最小二乘估计来估计方程。需要注意的是，在联立方程组进行估计之前必须考虑联立方程组的识别问题，识别问题是联立方程是否可以进行估计的充要条件，模型识别需要识别秩条件和阶条件[2]。联立方程识别的秩条件为：系统中不含该方程所有变量构成的系数矩阵，若该矩阵秩等于内生变量数减 1，则该联立方程可识别；本部分的联立方程组中内生变量为 tax_{it} 和 $aggl_{it}$ 两个，满足秩条件 [r(1, 1)=2−1]。联立方程识别的阶条件为：方程组排斥的外生变量个数大于或者等于方程所包含的内生变量个数；本部分联立方程组 4 个外生变量大于 2 个内生变量，因此也满足阶条件，可以根据联立方程组模型进行有效估计。

以上变量的测算方法在本书前述章节已有说明，此处不再赘述。需要说明的是，对税负的代理变量选择与前文不同，结合中国实际，为了对比分析外资与内资在产业集聚与税收竞争方面的差异性，参考蒲艳玲、成肖的做

---

[1] 余官胜，朱文欢：《我国贸易开放和金融开放的相互促进关系研究——基于联立方程组的实证检验》，《温州大学学报（自然科学版）》2012 年第 2 期。

[2] 方程识别的秩条件可以表述为，在一个含有 k 个内生变量的 k 个方程的联立方程系统中，一个方程是可识别的，当且仅当能从系统的不含该方程外的所有变量的系数矩阵中构造出至少一个 (k−1)×(k−1) 阶的非零行列式时，方程识别的阶条件是，如果一个方程是可识别的，那么它所包含的先决变量的个数必须大于等于它所包含的内生变量的个数减 1。

法[1]，分别测算外资企业和内资企业[2]所得税实际税负。其中外资企业所得税税负的测算方法是由外资企业所得税税收收入除以外资企业增加值；同样，内资企业所得税税负是内资企业所得税税收收入除以内资企业增加值。其中，外资企业增加值是由外资工业企业资产占地区工业总资产的比重乘以地区生产总值，内资企业增加值是地区生产总值减去地区外资企业增加值。本部分估计联立方程组进行回归使用的面板数据为2004~2016年中国除西藏、港澳台外的30个省级单位，研究数据来源为《中国税务年鉴》、历年《中国统计年鉴》及各省级单位的《统计年鉴》，各省级单位数据有缺失的，用移动平均法补齐，由此形成平衡面板。测算得到的研究变量主要描述统计结果如表4-8所示。

表4-8 描述统计结果

	均值	标准差	最小值	最大值
外资企业所得税税负	3.687	3.312	0.144	20.764
内资企业所得税税负	3.282	4.423	0.002	31.417
产业集聚	9.758	18.324	0.015	87.191
人口规模	8.166	0.751	6.290	9.306
对外开放水平	0.324	0.397	0.032	1.721
工业化水平	18.592	34.671	1.940	256.410
人口密度	5.429	1.270	2.010	8.256

我们可以进一步观察产业集聚分别与内、外资企业所得税税负之间的散点图（见图4-14），以判断地方政府是否因为产业集聚的存在而对集聚租征税，或者是否因为税负降低形成的政策租而吸引要素集聚。

---

[1] 蒲艳萍，成肖：《经济集聚、市场一体化与地方政府税收竞争》，《财贸经济》2017年第10期。
[2] 外资企业包括外商投资及港澳台投资工业企业，内资企业包括国有及国有控股企业、集体企业、股份合作企业、联营企业、有限责任公司、股份有限公司、私营企业及其他企业。

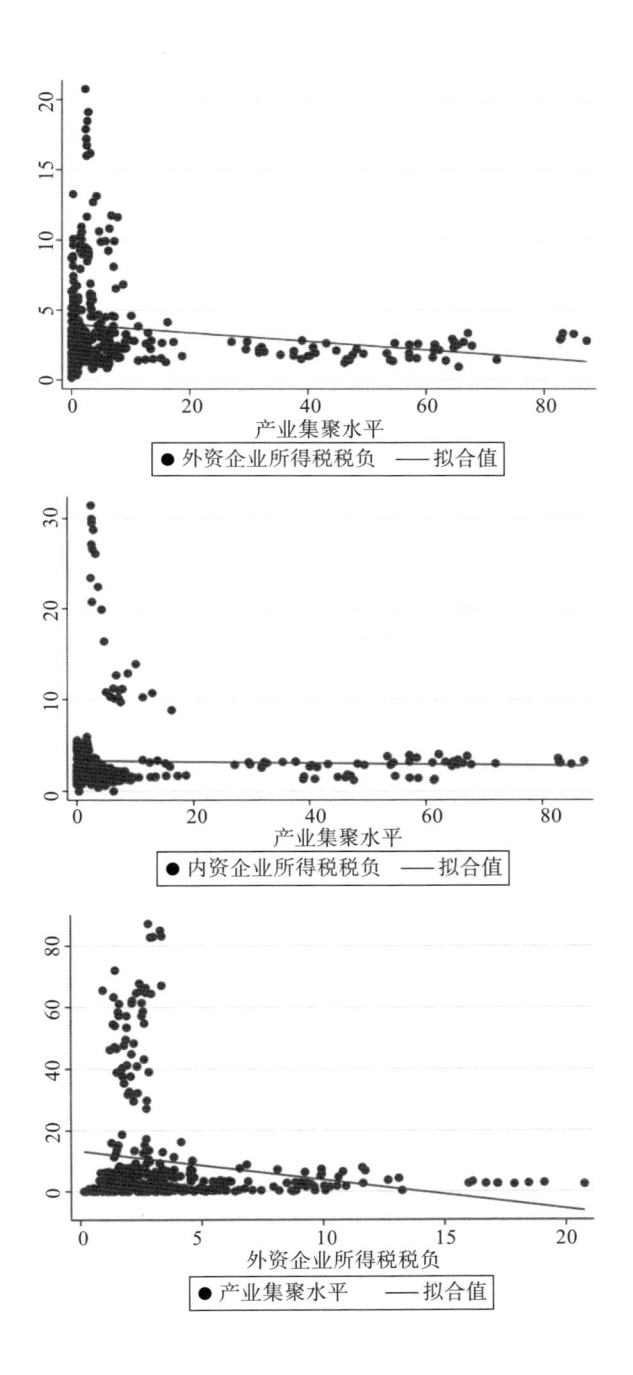

第四章 新经济地理框架下税收竞争的协调路径 245

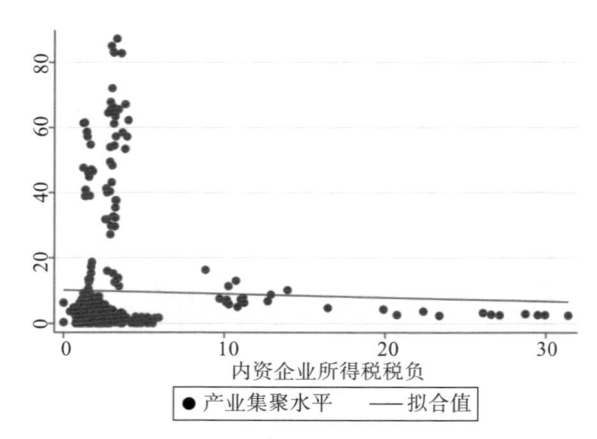

图 4-14　产业集聚与内、外资企业所得税税负关系散点图

图 4-14 表明，无论是内资企业还是外资企业，样本均密集分布在左侧，即税负较低且产业集聚较高的或者产业集聚较低且税负较高的区域，可见在中国 30 个省级单位的 2004～2016 年共 390 个样本中，绝大多数处于低税负高集聚的分布状态，依靠税收优惠形成的政策租成为吸引要素集聚的重要手段。进一步观察散点图的拟合值，对于外资企业来说，无论是产业集聚对税负的影响，还是税负对产业集聚的影响，都呈现出相对显著的负向关系，即外资企业税负的降低比较显著地促进了产业集聚的提高，另外，产业集聚的提高也伴随着外资企业税负的降低。而对于内资企业来说，则产业集聚与税负之间呈现出非常微弱的负向关系，至少在图 4-14 中我们没有观察到产业集聚与内、外资企业税负之间明显的正向关系。这可能意味着集聚经济的存在并没有提高企业的总体税负，地方政府间税收竞争过程中没有因为产业集聚的存在而对集聚租征税，并且针对外资企业的竞争更加敏感。这一结论有待进一步严格的计量证明。

很显然，对于中国产业集聚与税负关系的初步观察发现，似乎新经济地理学认为的集聚经济缓解税收竞争与中国现实不符，那么中国的故事又是怎样的呢，我们进一步通过计量模型，并引入市场一体化中介效应，从动态发展的视角考察产业集聚与地区间税收竞争的关系特征。

二、产业集聚与税收竞争的双向影响检验

参考余官胜、朱文欢的处理方法[①]，使用联立方程系统中各变量的滞后一期值作为工具变量，基于系统估计方法中的三阶段最小二乘法（3SLS）对联立方程组进行回归，如前所述，一方面能充分利用联立方程系统中的所有信息，另一方面也能避免产生内生性问题。表 4-9 列出了全样本的联立方程组系统估计结果，其中 D-W^1 和 D-W^2 分别表示联立方程组中的税收竞争模型和产业集聚模型，从不同阶段的两个模型 D-W 值来看，模型的设定是恰当的。

表 4-9 联立方程模型回归结果

	外资企业			内资企业		
	全样本	2004～2008	2009～2016	全样本	2004～2008	2009～2016
	税负影响模型					
产业集聚	-0.176*** (-14.230)	-0.153*** (-11.794)	-0.217*** (-15.372)	-0.155*** (-9.801)	-0.119*** (-7.323)	-0.153*** (-8.090)
人口密度	0.765*** (23.688)	0.473*** (12.576)	0.859*** (19.640)	0.301*** (6.818)	0.183*** (3.747)	0.273*** (4.610)
对外开放	3.167*** (7.221)	3.739*** (7.564)	5.235*** (7.800)	9.845*** (18.41)	7.854*** (14.504)	12.420*** (15.870)
Durbin-Watson	0.322	0.259	0.121	0.368	0.159	0.137
Obs.	390	150	240	390	150	240
	集聚影响模型					
所得税税负	-9.065*** (-7.342)	-9.112*** (-3.654)	-6.819*** (-6.860)	4.579*** (3.455)	17.794** (2.299)	3.212** (2.583)

[①] 余官胜，朱文欢：《我国贸易开放和金融开放的相互促进关系研究——基于联立方程组的实证检验》，《温州大学学报（自然科学版）》2012 年第 2 期。

续表

	外资企业			内资企业		
	全样本	2004～2008	2009～2016	全样本	2004～2008	2009～2016
	集聚影响模型					
工业化水平	0.420*** (5.597)	0.628*** (3.834)	0.362*** (6.070)	−0.450*** (−3.298)	−2.270** (−2.164)	−0.308** (−2.584)
人口规模	4.104*** (9.207)	2.784*** (3.906)	3.637*** (8.577)	0.489* (1.746)	−1.069 (−1.084)	0.782** (2.555)
Durbin-Watson	0.294	0.225	0.138	0.204	0.144	0.037
Obs.	390	150	240	390	150	240

注："*、**、***"分别表示 P 值通过了 10%、5% 和 1% 的显著性检验，括号内为 t 值。

对构建的联立方程组进行估计，区分了外资企业所得税税负和内资企业所得税税负在其中的影响差异，并考察了 2008 年两税合并改革前后的政策影响。从估计结果可以得到以下结论。

1. 产业集聚没有能够使地方政府对集聚租征税，地方政府间仍然表现为较强的税收竞争。从回归结果来看，无论在哪个时间段，产业集聚对外资企业所得税税负或内资企业所得税税负的影响都显著为负。在全样本回归下，产业集聚每上升 1 个百分点，外资企业所得税税负就下降 17.6%，内资企业所得税税负下降 15.5%。这与钱学锋等[1]，蒲艳萍、成肖[2]等多数学者的研究结论一致，钱学锋等以 1999～2007 年间中国 284 个地级市 458704 家企业的非平衡面板数据研究发现，中国的地方政府并没有对集聚经济创造的集聚

---

[1] 钱学锋，黄玖立，黄云湖：《地方政府对集聚租征税了吗？——基于中国地级市企业微观数据的经验研究》，《管理世界》2012 年第 2 期。

[2] 蒲艳萍，成肖：《经济集聚、市场一体化与地方政府税收竞争》，《财贸经济》2017 年第 10 期。

租征税，向下的税收竞争仍然是地方政府之间策略性反应的常态。蒲艳萍、成肖以2002～2014年我国省际面板数据构建计量模型，通过引入不同空间权重因素对经济集聚与地区策略性税收行为之间的关系进行检验，发现目前中国地方政府没有对集聚租进行征税，经济集聚降低了地区企业所得税实际税率。本书以2004～2016年的省际面板数据进行研究，并构建联立方程组解决内生性问题，检验也发现目前地方政府还未对集聚租征税，产业集聚没有起到协调税收竞争的作用，地方政府仍然倾向于以降低税负为手段的税收竞争策略选择。本章第二节也研究发现，超过八成的样本处于产业集聚的第一门槛区间，即税负提高导致资本外流，资本税税负弹性为负且显著。在这种情况下，地方政府不愿意提高征税，仍然选择税负逐底的税收竞争以吸引资本。这意味着对于绝大多数地方政府而言，对集聚租征税的空间基本不存在。

2. 地方政府以税收优惠形成的政策租吸引要素集聚，这种影响对外资企业尤其显著。表4-9的估计结果显示，在集聚影响模型中，外资企业所得税税负对外资企业产业集聚的影响显著为负，外资企业所得税税负的下降显著促进了产业集聚规模的扩大。全样本下外资企业所得税税负每降低1个单位，将导致产业集聚上升9.065个单位，外资企业可能受到政府税收优惠的政策租影响而发生"扎堆"现象。对于此，蒲艳萍、成肖也研究发现，地方政府之间对外资企业的税收竞争显著高于内资企业。[①] 因此，地方政府对外资企业的税收优惠力度也会更大，这就导致这种优惠形成的政策租更强烈，从而吸引外资企业集聚的强度也会更高。

政策租在我国产业集聚过程中发挥着非常重要的作用，亦有学者对不同时间段不同地区的同类情况做了大量论证，钱学锋、陈勇兵发现，2002～2006年期间中国省际产业集聚的表现中是"政策租"而不是"集聚

---

① 蒲艳萍，成肖:《经济集聚、市场一体化与地方政府税收竞争》，《财贸经济》2017年第10期。

租"在东部和中部的工业集聚中起到了重要作用。[①]王猛、李勇刚基于 2013 年江苏 9 个服务业集聚区的 939 家企业数据研究分析企业入驻服务业集聚区的动机，也发现企业更偏好政策租。[②]臧新等以制造业 2000～2007 年面板数据及 2006 年横截面数据对制造业 4 个高度集聚和 3 个低度集聚典型行业进行实证研究，发现政策租对制造业各行业集聚的影响显著高于集聚租。[③]师博、任保平以 1999～2015 年数据研究发现，面对晋升博弈，地方政府有充分理由伸出"攫取之手"，促成表面的产业集聚。[④]郑江淮等在 2005 年对江苏省沿江开发区进行调研，通过 241 个有效样本，分析发现企业进驻开发区的主要目的是获取"政策租"，由此导致开发区企业"扎堆"，不具有一般意义上的产业集聚效应。[⑤]

3. 政策租对产业集聚的促进作用逐渐减弱，政策租的耗散预示着亟须提高非政策性的集聚效应。估计结果显示，2008 年两税合并改革之前，政策租对产业集聚的影响高于改革之后，前者为 -9.112，后者为 -6.819。在新企业所得税法颁布之前，地方政府对外资施行区别税率，引发的竞争更加激烈，因此税负每降低 1 个单位，导致产业集聚提高 9.112 个单位，外资企业集聚较快，而在政策颁布以后，税负逐底的竞争有所缓解，再加上产业集聚不断成熟，税负的降低吸引产业集聚的力度开始下降，税负每降低 1 个单位，产业集聚提高 6.819 个单位，这与吴斌等的研究一致。在 2008 年两税合并改革之前，地方政府积极招商引资，以税收优惠政策吸引外资，这时

[①] 钱学锋，陈勇兵：《国际分散化生产导致了集聚吗：基于中国省级动态面板数据 GMM 方法》，《世界经济》2009 年第 12 期。
[②] 王猛，李勇刚：《服务业集聚区影响企业绩效的机制研究——基于集聚租和政策租视角》，《产业经济研究》2018 年第 5 期。
[③] 臧新，刘晓沛，张昕：《产业集聚与分散状态决定因素的比较研究——基于制造业典型行业的实证分析》，《产业经济研究》2011 年第 6 期。
[④] 师博，任保平：《产业集聚会改进能源效率么？》，《中国经济问题》2019 年第 1 期。
[⑤] 郑江淮，高彦彦，胡小文：《企业"扎堆"、技术升级与经济绩效——开发区集聚效应的实证分析》，《经济研究》2008 年第 5 期。

候税负的降低显著提高产业集聚。[①] 而随着两税合并改革的实施，税收竞争与产业集聚的关系发生了结构性变化，这期间产业集聚开始逐步形成，位于集群中的核心企业对周边配套企业形成了较强的辐射力和吸引力，政策租在吸引集聚中的作用开始弱化，集聚租的影响开始凸显。正如郑江淮等所提到的，随着产业转移和国家经济政策的调整，"政策租"逐渐耗散，企业集群可持续发展的关键在于提升非政策性的集聚效应。[②]

以开发区为例解释本部分回归结果，开发区企业"集中"却不"集聚"，这导致开发区的集聚经济效应有限。首先是政策效应出现边际递减，随着我国区域发展战略开始从效率优先向协调发展转变，开发区政策得以迅速推广复制，呈现出"遍地开花"的空间格局。对优惠政策的过度依赖造成政府制度创新和企业技术创新的惰性，随着时间的推进，开发区表现出优惠政策效应边际递减趋势。上述回归分析也发现，在2008年之后，税负的降低对产业集聚的影响系数绝对值下降，伴随着税收相关政策的调整，中央政府也相继实施了城市群、都市圈、长江经济带等区位导向性的区域发展战略，这也进一步稀释了开发区政策的激励作用。再加上地方政府之间晋升激励下的税收竞争造成开发区短期发展倾向，进驻企业质量不高，无法形成有效的产业集聚效应，这就导致产业集聚的提高没有显著缓解税负逐底的税收竞争。长期以来开发区以 GDP 增长、招商引资、项目引进和加工模仿为主的发展路径，在收益递增和循环累积作用下，将不断得以强化。[③] 而这一路径又高度依赖优惠政策的供给，最终可能陷入"技术引进——落后——再引进——再落后"的"死循环"，严重阻碍开发区集聚经济的产生，以及转型升级

---

① 吴斌，徐雪飞，孟鹏，魏军波：《产业集聚、税收竞争与企业税负》，《东南大学学报（哲学社会科学版）》2019年第1期。

② 郑江淮，高彦彦，胡小文：《企业"扎堆"、技术升级与经济绩效——开发区集聚效应的实证分析》，《经济研究》2008年第5期。

③ 张克俊，唐琼：《高新区动态演化的阶段性、路径依赖性与动力学机制研究》，《经济体制改革》2012年第1期。

进程。①

三、中国渐进市场一体化的中介效应检验

随着市场一体化的不断加深，集聚经济逐渐显现，考察中国产业集聚是否有效缓解了税收竞争，应该用动态变化的眼光去看。郑江淮等②和钱学锋等③研究发现，地方政府尚未对集聚租征税，是分别基于2005年、1999~2007年的研究，吴斌等拉长了时间序列，以1996~2015年的样本研究发现了阶段性差异特征，在产业集聚前期是利用政策租吸引要素集聚，后期是集聚形成一定成熟度后产生集聚租，并且东部地区这种关系更加显著。尤其是2008年后，发现产业集聚对东部地区税负的正向影响更加显著，政府可能对集聚租征税。④对于中国渐进一体化发展的社会现实，刘安国等在Pfluger渐进式一体化模型框架基础上构建微观理论模型，探究在一体化不同阶段，政策租与集聚租的消长特征下不同地方政府的征税策略行为，这一研究发现为本部分研究提供了重要启发。⑤

本书引入市场一体化与产业集聚、税负的交叉项，探索市场一体化的不同阶段税收竞争与集聚经济的关系。为检验市场一体化与产业集聚或与税负的交互影响，又在联立方程（4-23）中分别引入产业集聚与市场一体化的交叉项、税负与市场一体化的交叉项，得到计量方程如下：

---

① 杨朝远，张学良，杨羊：《双循环发展的改革开放空间试验场——我国开发区的缘起、演进和趋势》，《重庆大学学报（社会科学版）》2021年第4期。
② 郑江淮，高彦彦，胡小文：《企业"扎堆"、技术升级与经济绩效——开发区集聚效应的实证分析》，《经济研究》2008年第5期。
③ 钱学锋，黄玖立，黄云湖：《地方政府对集聚租征税了吗？——基于中国地级市企业微观数据的经验研究》，《管理世界》2012年第2期。
④ 吴斌，徐雪飞，孟鹏，魏军波：《产业集聚、税收竞争与企业税负》，《东南大学学报（哲学社会科学版）》2019年第1期。
⑤ 刘安国，卢晨曦，杨开忠：《经济一体化、集聚租和区际税收政策协调》，《经济研究》2019年第10期。

$$\begin{cases} tax_{it} = \beta_1 aggl_{it} + \eta aggl_{it} \times integ_{it} + \beta_2 dens_{it} + \beta_3 open_{it} + \varepsilon_{it} \\ aggl_{it} = \mu_1 tax_{it} + \delta tax_{it} \times integ_{it} + \mu_2 ind_{it} + \mu_3 pop_{it} + \upsilon_{it} \end{cases}$$ （4-24）

其中 $aggl_{it} \times integ_{it}$ 为产业集聚与市场一体化的交叉项,其系数 η 表示的是市场一体化在不同程度下产业集聚对税负的影响。$tax_{it} \times integ_{it}$ 为税负与市场一体化的交叉项,其系数 δ 表示的是市场一体化在不同程度下税负对产业集聚的影响。根据新经济地理理论,集聚经济形成的集聚租与市场一体化呈现钟形的非线性关系,随着市场一体化水平的提高,集聚租先增大后降低。本书研究的是中国的地区之间一体化水平,因此使用市场分割的倒数来表示,市场分割的概念及测算方法在第三章第一节已有说明,利用基于一价定律的相对价格法测算地区间市场分割水平,值越大表示地区间市场分割越严重,即市场一体化水平越低。此处为便于分析,我们采用市场分割的倒数表示市场一体化,值越高表示市场一体化水平越高。由模型（4-24）得到回归结果如表 4-10 所示。

表 4-10 引入市场一体化交叉项后的模型回归结果

	外资企业			内资企业		
	全样本	2004～2008	2009～2016	全样本	2004～2008	2009～2016
税负影响模型							
产业集聚	-0.349*** (-11.239)	-0.258*** (-9.168)	-0.400*** (-8.607)	-0.487*** (-13.753)	-0.331*** (-8.023)	-0.523*** (-10.700)
产业集聚×市场一体化	0.220*** (7.442)	0.174*** (4.072)	0.222*** (5.391)	0.289*** (8.129)	0.267*** (4.295)	0.291*** (6.379)
人口密度	0.707*** (16.574)	0.504*** (11.448)	0.829*** (13.867)	0.522*** (10.453)	0.277*** (4.875)	0.559*** (8.285)
对外开放	5.321*** (8.887)	4.364*** (8.143)	6.454*** (7.043)	10.314*** (15.320)	8.665*** (13.311)	12.139*** (12.259)
Durbin-Watson	0.705	0.389	0.510	0.695	0.431	0.515

续表

	外资企业			内资企业		
	全样本	2004~2008	2009~2016	全样本	2004~2008	2009~2016
税负影响模型						
Obs.	390	150	240	390	150	240
集聚影响模型						
所得税税负	−11.716*** (−7.408)	−9.681*** (−4.419)	−9.000*** (−6.855)	−3.321*** (−2.979)	−0.540 (−0.178)	−4.306*** (−3.542)
所得税税负×市场一体化	4.907*** (4.360)	2.974 (1.372)	3.218*** (3.516)	2.109** (2.082)	−0.707 (−0.365)	3.481*** (2.622)
工业化水平	0.623*** (6.957)	0.655*** (6.038)	0.489*** (6.352)	0.236*** (2.782)	0.152 (0.500)	0.288*** (3.338)
人口规模	3.774*** (10.054)	2.818*** (6.706)	3.551*** (8.986)	1.582*** (9.722)	1.200*** (3.756)	1.535*** (6.812)
Durbin-Watson	0.446	0.307	0.239	0.285	0.017	0.155
Obs.	390	150	240	390	150	240

注:"*、**、***"分别表示P值通过了10%、5%和1%的显著性检验,括号内为t值。

表4-10是分别加入交叉项"产业集聚×市场一体化""所得税税负×市场一体化"后的估计结果,由此得到如下结论。

1. 市场一体化水平的提高有利于促进产业集聚发挥对税收竞争的协调作用。根据新经济地理理论,集聚租随着市场一体化的提高而呈现出钟形特征。市场一体化水平的提高对产业集聚及集聚租呈现钟形关系,因此产业集聚与市场一体化的交互影响,会使地区间税负的差异变得更加多样化。对于某一特定地区来说,如果市场一体化提高的同时提高了集聚租,那么地方政府就可能对集聚租征税,从而缓解税负逐底的税收竞争。要明确这一效应大小，就需要利用表 4-10 中的回归系数进行分析，根据回归方程（4-24）可以得到产业集聚通过市场一体化因素对税负产生的作用，即：

$$\frac{\partial tax_{it}}{\partial aggl_{it}} = \beta_1 + \eta \times integ_{it} \qquad (4-25)$$

税负关于产业集聚的一阶偏导数大小由产业集聚、产业集聚与市场一体化的交叉项系数、市场一体化的水平高低共同决定。表 4-10 中的回归结果显示，在税负影响模型中，无论是外资企业还是内资企业，产业集聚对税负的影响显著为负，而产业集聚与市场一体化交互影响系数为正且显著。也就是说，β_1 均显著为负值，η 均显著为正值，而市场一体化的取值又均为正值，这就意味着，市场一体化水平的提高，将降低集聚对税负的负向影响，这种抑制作用会减弱。可能正如钱学锋等所分析的，目前中国的市场一体化发展与集聚租的关系仍然在钟形的左侧。① 市场一体化程度虽然在逐渐提高，但是总体水平不高，因此在市场一体化持续提高的过程中，集聚租不断提高。

产业集聚对税负的影响大小取决于市场一体化 $integ_{it}$ 的大小，对于市场一体化水平非常高的地区，偏导数可能会大于 0，即如果这些地区的产业集聚提高，就会提高税负水平，地方政府对集聚租征税而不担心资本外流，从而形成集聚租自发的税收竞争协调机制。简单测算发现，在全样本回归下的外资企业所得税受到产业集聚的影响系数 β_1 为 -0.349，交叉项系数 η 为 0.220，且均通过了 1% 的显著性检验；如果使偏导数大于 0，那么市场一体化的取值应该高于 1.587。例如 2016 年山东省的市场一体化水平是 1.885，根据公式（4-25），山东的产业集聚上升 1%，大致会使外资企业所得税税负上升 6.57%，产业集聚发展形成的集聚租开始起作用，起到了缓解税收竞争的效果。而相反，一些市场一体化水平比较低，如小于 1.587 的地区，企业

---

① 钱学锋，黄玖立，黄云湖：《地方政府对集聚租征税了吗？——基于中国地级市企业微观数据的经验研究》，《管理世界》2012 年第 2 期。

所得税税负关于产业集聚的一阶偏导数小于 0，产业集聚的上升伴随的是税负的下降。如山西省在 2009 年市场一体化水平为 1.121，那么其总体影响系数为 -0.1024，即产业集聚提高 1% 伴随的是税负降低 10.24%。

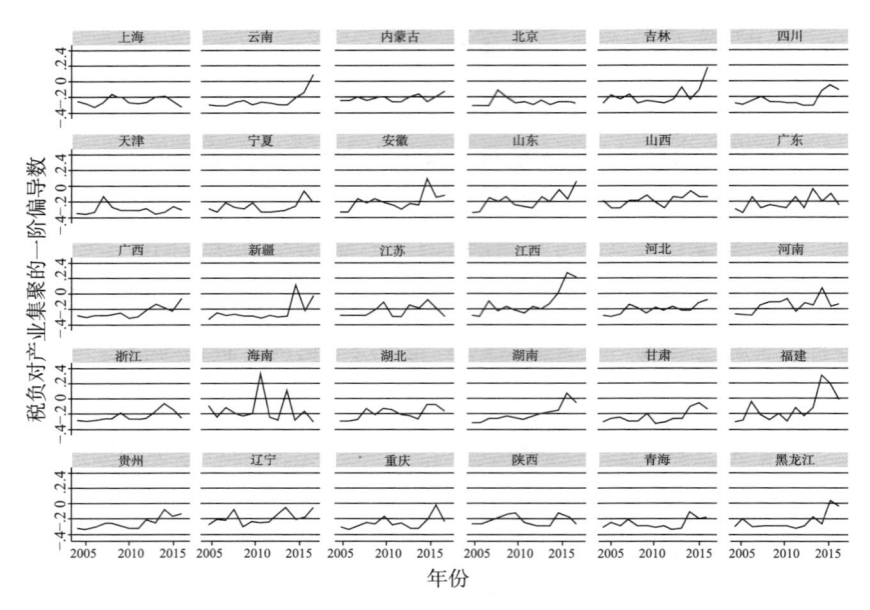

图 4-15　各地区税负对产业集聚的一阶偏导数分布

需要说明的是，虽然集聚对税负的影响仍然为负，但是随着市场一体化的提高，这种负效应在减弱，集聚租逐渐发挥作用。由于政策租的存在，如果政策租影响高于集聚租，那么负影响依然显著。图 4-15 显示，30 个省级单位的税负对产业集聚的一阶偏导数，多数是从负值开始上升，部分提高到正值的水平。比如江西、福建等地的上升幅度较大，产业集聚的上升有利于集聚租作用的发挥。

2. 随着市场一体化水平的提高，政策租对产业集聚的吸引力开始减弱，尤其是在两税合并改革后这种影响更加显著。地方政府进行税收优惠形成的政策租吸引企业集聚，而随着市场一体化水平的提高，地方保护降低，政策租逐渐耗散，集聚租开始在产业集聚中发挥更加重要的作用。根据回归方程（4-24）可以得到所得税税负通过市场一体化因素对产业集聚产生的作用，即：

$$\frac{\partial aggl_{it}}{\partial tax_{it}} = \mu_1 + \delta \times integ_{it} \quad (4-26)$$

从产业集聚影响方程的回归结果来看，通过显著性检验的系数均表现为 μ_1 为负，δ 为正，又因为市场一体化水平为正值，也就说明随着市场一体化水平的扩大，税负降低引起的产业集聚增加幅度有所降低。外资与内资企业全样本回归系数中 μ_1 和 δ 取值组合分别为（-11.716，4.907）和（-3.321，2.109），而分时间阶段后发现，在2008年两税合并改革后，市场一体化的中介效应更加显著，系数分别为（-9.000，3.218）和（-4.306，3.481）。由此测算得到四组偏导数结果，分别是全样本回归下的外资企业和内资企业结果，以及两税合并改革后的外资企业和内资企业结果。

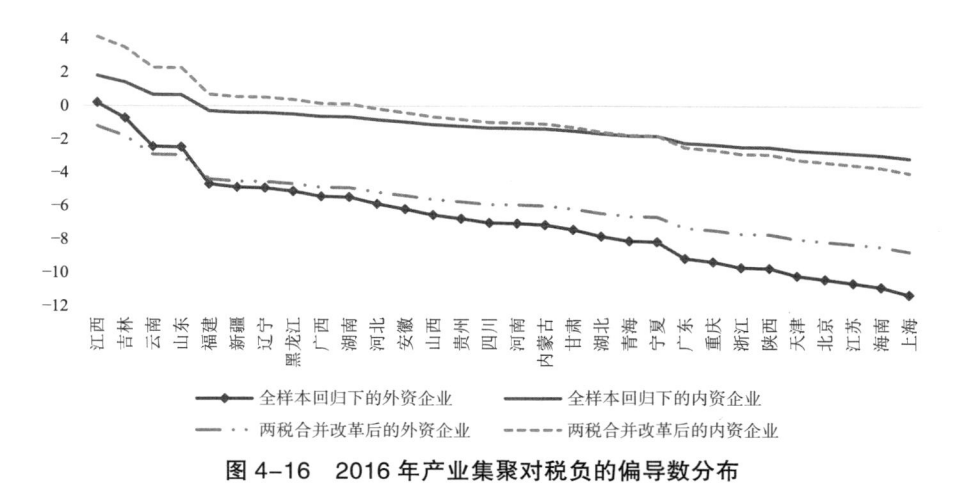

图4-16　2016年产业集聚对税负的偏导数分布

从内、外资企业集聚对政策租的依赖程度来看，图4-16中显示总体上外资企业税负降低后产业集聚水平提高程度高于内资企业税负对产业集聚的影响，可见，外资企业享受的政策租高于内资企业。地方政府对外资企业的税收竞争强度高于内资企业，将导致外资企业税负的变化对产业集聚的吸引力更强，外资企业对政府提供的政策租存在过度依赖。

从地区分布来看，无论是外资企业还是内资企业，对上海、海南、江苏、北京、天津、浙江等发达地区的税负降低形成的政策租反应更加敏感，这可能是因为这些地区本身所具有的区位优势提高了吸引力，而江西、吉林、云南等地区税负的降低对企业集群影响不高，这些地区税负逐底也无法显著提高产业集聚水平。正如钱学锋、陈勇兵研究发现的，中国东部和中部地区的工业集聚并不是为了分享集聚租，而是为了利用政策租。① 在东部和中部地区，工业集聚主要表现为各种类型的开发区和产业园区，政府为了吸引投资而给予了企业大量的政策优惠，导致企业为了从政策租中受益而扎堆集聚。郑江淮等也发现，江苏省沿江开发区企业扎堆的初始原因不是与关联企业空间集中为依托的产业集聚效应，而是政府主导下的政策租。这种只是为了享受政策租而聚集，而不是利用集聚租才形成空间集中的现象，必然削弱集聚的经济效率。②

从两税合并改革的政策效应来看，无论是内资企业还是外资企业，产业集聚对政策租的依赖都有明显降低，税负的降低对产业集聚的吸引程度减弱，政策租不断耗散，提升非政策性的集聚效应是可持续产业集聚的关键。郑江淮等就这一问题从开发区的产业集聚发展角度进行了集中分析，其认为在产业转移和政策调整的背景下，经济开发区要么因政策租金的耗散和新建开发区的竞争而失去竞争力，要么形成集聚效应而变成具有可持续发展能力的产业集群。③ 因此，在本章研究结论的基础上，进一步探讨地方政府未来如何促进开发区转型升级，在政策租逐渐耗散的情况下发挥市场机制，以不

---

① 钱学锋，陈勇兵：《国际分散化生产导致了集聚吗：基于中国省级动态面板数据 GMM 方法》，《世界经济》2009 年第 12 期。
② 王猛，李勇刚：《服务业集聚区影响企业绩效的机制研究——基于集聚租和政策租视角》，《产业经济研究》2018 年第 5 期。
③ 郑江淮，高彦彦，胡小文：《企业"扎堆"、技术升级与经济绩效——开发区集聚效应的实证分析》，《经济研究》2008 年第 5 期。

断增强的集聚经济发挥税收竞争协调作用,促进经济高质量发展,便具有非常重要的现实意义。

综上所述,前述章节研究发现中国地区间存在不对称的税收竞争策略互动行为,其中税负逐底的征税策略加剧市场分割、债务扩张和环境污染水平,阻碍全国统一大市场建设的同时,也加大了重大风险防范控制难度。而新经济地理理论提供了市场机制下税收竞争的自发协调路径,地方政府可以对集聚租征税而不担心资本外流。而本章研究发现,中国的地方政府并没有对集聚经济创造的集聚租征税,向下的税收竞争仍然是地方政府之间策略性反应的常态。同时发现,以开发区为载体的产业集聚中政策租逐渐耗散,并且两税合并改革及市场一体化的提高,也显著促进了集聚租协调作用的释放,这为政府相关部门提供了有价值的政策启示。

附录 4-1　中国各地区产业集聚水平（2004～2016 年）

年份 地区	2004	2005	2006	2007	2008	2009	2010	2011	2012	2013	2014	2015	2016
北京	5.047	4.726	4.303	3.717	3.251	2.915	2.655	2.429	2.750	2.611	2.472	2.603	2.578
天津	1.900	1.785	1.750	1.529	1.540	1.558	1.549	1.809	2.641	2.752	2.970	3.272	3.207
河北	6.078	6.298	6.145	6.001	6.279	6.417	6.522	7.133	8.260	7.879	7.744	7.801	8.108
山西	1.150	1.022	0.958	1.075	1.103	0.795	0.801	0.789	0.706	0.609	0.528	0.497	0.477
内蒙古	0.906	0.991	1.067	1.126	1.324	1.521	1.406	1.342	1.223	1.277	1.163	1.034	1.026
辽宁	5.972	5.958	6.381	6.119	6.818	7.629	7.478	7.027	13.415	9.259	8.808	4.248	4.629
吉林	1.565	1.340	1.230	1.358	1.350	1.509	1.590	1.776	2.965	2.846	2.678	2.438	2.333
黑龙江	1.255	1.127	1.014	0.899	0.846	0.910	0.941	0.931	1.046	1.090	1.021	0.931	0.827
上海	16.279	12.976	11.340	10.161	8.799	7.549	7.185	6.303	7.303	5.801	6.484	7.863	6.795
江苏	53.947	54.428	57.204	57.176	62.215	64.710	65.530	67.094	82.741	87.191	82.935	83.159	85.010
浙江	41.263	39.993	40.349	37.579	35.367	31.749	31.747	29.541	37.624	32.655	32.207	29.767	27.134
安徽	1.347	1.297	1.351	1.347	1.421	1.588	1.848	2.368	4.826	5.095	5.527	5.723	6.443
福建	3.779	3.606	3.570	3.599	3.538	3.675	3.858	4.075	12.522	11.307	13.824	15.178	15.970
江西	0.788	0.810	0.946	1.163	1.460	1.512	1.792	2.038	2.741	3.023	3.508	3.680	3.855
山东	38.888	46.185	47.100	46.533	44.810	47.609	40.888	39.024	54.743	57.204	58.674	61.493	61.376
河南	6.120	7.041	7.749	9.267	9.772	9.228	9.116	10.635	12.628	13.516	15.321	17.275	18.724

续表

年份 地区	2004	2005	2006	2007	2008	2009	2010	2011	2012	2013	2014	2015	2016
湖北	2.478	2.373	2.380	2.392	2.784	2.948	3.462	4.047	5.339	6.059	6.713	7.124	7.347
湖南	2.467	2.578	2.590	2.742	3.082	3.424	3.908	4.732	5.538	5.700	5.689	5.978	6.285
广东	72.021	63.360	61.145	58.438	53.403	49.463	48.290	43.124	67.770	65.398	66.348	64.804	64.474
广西	0.693	0.652	0.660	0.658	0.655	0.685	0.752	0.863	1.417	1.550	1.748	2.253	2.464
海南	0.044	0.043	0.046	0.076	0.067	0.064	0.138	0.057	0.065	0.067	0.076	0.077	0.070
重庆	0.755	0.724	0.706	0.675	0.681	0.711	0.672	0.701	1.665	1.738	1.852	1.939	2.067
四川	3.204	3.521	3.646	3.808	4.054	4.827	5.041	5.827	6.238	6.514	6.776	6.927	7.315
贵州	0.354	0.356	0.334	0.323	0.355	0.375	0.370	0.437	0.498	0.569	0.622	0.752	0.867
云南	5.093	5.054	4.603	4.486	3.845	3.661	3.249	3.271	3.494	3.299	3.238	3.328	3.412
陕西	0.680	0.657	0.756	0.751	0.763	0.830	0.858	0.906	1.191	1.180	1.241	1.255	1.272
甘肃	0.489	0.476	0.443	0.439	0.354	0.335	0.286	0.299	0.402	0.395	0.425	0.356	0.289
青海	0.018	0.019	0.016	0.015	0.016	0.016	0.019	0.023	0.025	0.027	0.028	0.030	0.033
宁夏	0.034	0.032	0.029	0.025	0.027	0.030	0.033	0.030	0.044	0.049	0.046	0.053	0.059
新疆	0.291	0.292	0.284	0.271	0.267	0.283	0.317	0.308	0.311	0.347	0.365	0.298	0.294

附录 4-2　2019 年经济开发区的税负变动熵

开发区	税负变动熵	开发区	税负变动熵	开发区	税负变动熵	开发区	税负变动熵
松原经济技术开发区	3.9742	哈尔滨经济技术开发区	1.0895	新乡经济技术开发区	1.0083	东丽经济技术开发区	0.9052
遂宁经济技术开发区	2.2902	上饶经济技术开发区	1.0872	海门经济技术开发区	1.0070	五家渠经济技术开发区	0.9024
重庆经济技术开发区	2.2271	铁岭经济技术开发区	1.0861	铜陵经济技术开发区	1.0049	宁乡经济技术开发区	0.9004
扬州经济技术开发区	2.2041	淮南经济技术开发区	1.0853	福州经济技术开发区	1.0041	聊城经济技术开发区	0.8980
广州南沙经济技术开发区	2.0190	长兴经济技术开发区	1.0839	荆州经济技术开发区	1.0038	武汉经济技术开发区	0.8963
海林经济技术开发区	1.7725	吴江经济技术开发区	1.0778	库车经济技术开发区	1.0031	海安经济技术开发区	0.8948
东营经济技术开发区	1.6870	惠州大亚湾经济技术开发区	1.0713	襄阳经济技术开发区	1.0031	长春汽车经济技术开发区	0.8909
贵阳经济技术开发区	1.5485	萧山经济技术开发区	1.0702	嘉善经济技术开发区	0.9989	武清经济技术开发区	0.8805
西宁经济技术开发区	1.5163	宾西经济技术开发区	1.0666	上海漕河泾新兴技术开发区	0.9980	唐山曹妃甸经济技术开发区	0.8804
旅顺经济技术开发区	1.4954	乌鲁木齐甘泉堡经济技术开发区	1.0652	青岛经济技术开发区	0.9962	闵行经济技术开发区	0.8788
吉林经济技术开发区	1.4420	九江经济技术开发区	1.0651	珠海经济技术开发区	0.9958	乌鲁木齐经济技术开发区	0.8761
库尔勒经济技术开发区	1.4385	宿迁经济技术开发区	1.0628	合肥经济技术开发区	0.9942	嵩明杨林经济技术开发区	0.8734
绍兴袍江经济技术开发区	1.3948	嘉兴经济技术开发区	1.0625	昆山经济技术开发区	0.9933	湘潭经济技术开发区	0.8704

续表

开发区	税负变动熵	开发区	税负变动熵	开发区	税负变动熵	开发区	税负变动熵
拉萨经济技术开发区	1.3258	南通经济技术开发区	1.0613	苏州工业园区	0.9922	营口经济技术开发区	0.8691
天津经济技术开发区	1.3063	瑞金经济技术开发区	1.0612	汉中经济技术开发区	0.9920	杭州经济技术开发区	0.8614
中国-马来西亚钦州产业园区	1.3029	双鸭山经济技术开发区	1.0608	广州经济技术开发区	0.9919	北辰经济技术开发区	0.8611
东侨经济技术开发区	1.2780	牡丹江经济技术开发区	1.0573	太原经济技术开发区（山西转型综改示范区太原区域）	0.9905	常熟经济技术开发区	0.8577
沈阳辉山经济技术开发区	1.2774	增城经济技术开发区	1.0558	赣州经济技术开发区	0.9886	上海金桥经济技术开发区	0.8505
奎屯-独山子经济技术开发区	1.2741	开封经济技术开发区	1.0552	潍坊滨海经济技术开发区	0.9883	德阳经济技术开发区	0.8457
石家庄经济技术开发区	1.2655	许昌经济技术开发区	1.0536	相城经济技术开发区	0.9866	廊坊经济技术开发区	0.8403
洛阳经济技术开发区	1.2509	池州经济技术开发区	1.0529	盐城经济技术开发区	0.9862	泉州经济技术开发区	0.8329
龙岩经济技术开发区	1.2450	岳阳经济技术开发区	1.0527	南昌经济技术开发区	0.9861	兰州经济技术开发区	0.8289
大理经济技术开发区	1.2363	宜兴经济技术开发区	1.0507	天津子牙经济技术开发区	0.9860	威海经济技术开发区	0.8245
连云港经济技术开发区	1.2358	杭州余杭经济技术开发区	1.0495	太仓港经济技术开发区	0.9843	金华经济技术开发区	0.8176
苏州浒墅关经济技术开发区	1.2157	温州经济技术开发区	1.0493	绍兴柯桥经济技术开发区	0.9841	万州经济技术开发区	0.8174

续表

开发区	税负变动熵	开发区	税负变动熵	开发区	税负变动熵	开发区	税负变动熵
盘锦辽滨沿海经济技术开发区	1.2066	四平红嘴经济技术开发区	1.0476	烟台经济技术开发区	0.9824	长春经济技术开发区	0.8045
张家港经济技术开发区	1.2013	南昌小蓝经济技术开发区	1.0463	成都经济技术开发区	0.9809	曲靖经济技术开发区	0.7972
广西－东盟经济技术开发区	1.2012	宜宾临港经济技术开发区	1.0441	郑州经济技术开发区	0.9794	萍乡经济技术开发区	0.7870
秦皇岛经济技术开发区	1.1994	常德经济技术开发区	1.0439	邹平经济技术开发区	0.9791	马鞍山经济技术开发区	0.7724
广安经济技术开发区	1.1982	北京经济技术开发区	1.0412	张掖经济技术开发区	0.9786	晋城经济技术开发区	0.7701
丽水经济技术开发区	1.1862	靖江经济技术开发区	1.0404	井冈山经济技术开发区	0.9780	绥化经济技术开发区	0.7687
望城经济技术开发区	1.1848	遵义经济技术开发区	1.0362	绵阳经济技术开发区	0.9774	沧州临港经济技术开发区	0.7506
东山经济技术开发区	1.1713	福清融侨经济技术开发区	1.0358	黄石经济技术开发区	0.9773	六安经济技术开发区	0.7465
浏阳经济技术开发区	1.1697	南宁经济技术开发区	1.0351	广元经济技术开发区	0.9772	滁州经济技术开发区	0.7438
沭阳经济技术开发区	1.1685	昆明经济技术开发区	1.0329	锡山经济技术开发区	0.9721	陕西航空经济技术开发区	0.7399
天水经济技术开发区	1.1641	湖州经济技术开发区	1.0314	江宁经济技术开发区	0.9575	十堰经济技术开发区	0.7376
石嘴山经济技术开发区	1.1516	杭州湾上虞经济技术开发区	1.0309	富阳经济技术开发区	0.9562	招远经济技术开发区	0.7323

续表

开发区	税负变动熵	开发区	税负变动熵	开发区	税负变动熵	开发区	税负变动熵
阿拉尔经济技术开发区	1.1506	湛江经济技术开发区	1.0307	芜湖经济技术开发区	0.9524	大连长兴岛经济技术开发区	0.7196
钦州港经济技术开发区	1.1492	南京经济技术开发区	1.0295	宁波石化经济技术开发区	0.9493	虹桥经济技术开发区	0.6904
胶州经济技术开发区	1.1379	吴中经济技术开发区	1.0275	宜春经济技术开发区	0.9492	石河子经济技术开发区	0.6825
银川经济技术开发区	1.1372	内江经济技术开发区	1.0252	沈阳经济技术开发区	0.9491	晋中经济技术开发区	0.6574
德州经济技术开发区	1.1293	鄂州葛店经济技术开发区	1.0245	宁国经济技术开发区	0.9413	松江经济技术开发区	0.6293
海南洋浦经济技术开发区	1.1291	邯郸经济技术开发区	1.0241	宁波大榭开发区	0.9392	泉州台商投资区	0.6214
陕西航天经济技术开发区	1.1276	武汉临空港经济技术开发区	1.0225	西青经济技术开发区	0.9366	漳州台商投资区	0.5946
日照经济技术开发区	1.1185	如皋经济技术开发区	1.0220	徐州经济技术开发区	0.9338	滨州经济技术开发区	0.5898
漯河经济技术开发区	1.1184	锦州经济技术开发区	1.0203	镇江经济技术开发区	0.9307	漳州招商局经济技术开发区	0.5677
龙南经济技术开发区	1.1076	准东经济技术开发区	1.0191	义乌经济技术开发区	0.9305	巴彦淖尔经济技术开发区	0.5551
威海临港经济技术开发区	1.0968	娄底经济技术开发区	1.0182	平湖经济技术开发区	0.9304	厦门海沧台商投资区	0.5298
宣城经济技术开发区	1.0962	明水经济技术开发区	1.0178	红旗渠经济技术开发区	0.9301	呼和浩特经济技术开发区	0.5278
大连经济技术开发区	1.0959	宁波经济技术开发区	1.0167	安庆经济技术开发区	0.9289	格尔木昆仑经济技术开发区	0.4791

续表

开发区	税负变动熵	开发区	税负变动熵	开发区	税负变动熵	开发区	税负变动熵
大庆经济技术开发区	1.0957	长寿经济技术开发区	1.0157	宁波杭州湾经济技术开发区	0.9255	金昌经济技术开发区	0.3696
桐城经济技术开发区	1.0956	长沙经济技术开发区	1.0156	衢州经济技术开发区	0.9198	哈尔滨利民经济技术开发区	0.1854
濮阳经济技术开发区	1.0942	鹤壁经济技术开发区	1.0127	临沂经济技术开发区	0.9186	蒙自经济技术开发区	0.1556
大同经济技术开发区	1.0903	西安经济技术开发区	1.0114	淮安经济技术开发区	0.9108	呼伦贝尔经济技术开发区	0.0281

参考文献

一、中文文献

白重恩，杜颖娟，陶志刚，仝月婷:《地方保护主义及产业地区集中度的决定因素和变动趋势》，《经济研究》2004 年第 4 期。

白云霞，唐伟正，刘刚:《税收计划与企业税负》，《经济研究》2019 年第 5 期。

曹信邦，裴育，欧阳华生:《经济发达地区基层地方政府债务问题实证分析》，《财贸经济》2005 年第 10 期。

陈德球，陈运森，董志勇:《政策不确定性、税收征管强度与企业税收规避》，《管理世界》2016 年第 5 期。

陈工，洪礼阳:《省级政府非税收入竞争的强度比较与分析——基于财政分权的视角》，《财贸经济》2014 年第 4 期。

陈菁，李建发:《财政分权、晋升激励与地方政府债务融资行为——基于城投债视角的省级面板经验证据》，《会计研究》2015 年第 1 期。

陈静，马小勇:《新经济地理视角下产业集聚对税收竞争的影响——基于 GMM 估计的省级动态面板数据分析》，《生产力研究》2014 年第 6 期。

陈敏，桂琦寒，陆铭，陈钊:《中国经济增长如何持续发挥规模效应？——经济开放与国内商品市场分割的实证研究》，《经济学（季刊）》2008 年第 1 期。

陈晓光:《财政压力、税收征管与地区不平等》，《中国社会科学》2016 年第 4 期。

程风雨:《中国城市群地方税收竞争发展：分布动态、区域差异及空间收敛》，《税收经济研究》2021 年第 2 期。

储德银，邵娇，迟淑娴:《财政体制失衡抑制了地方政府税收努力吗？》，《经济研究》2019 年第 10 期。

崔亚飞，刘小川：《中国省级税收竞争与环境污染——基于1998～2006年面板数据的分析》，《财经研究》2010年第4期。

邓慧慧：《贸易自由化、要素分布和制造业集聚》，《经济研究》2009年第11期。

邓力平：《国际税收竞争的不对称性及其政策启示》，《税务研究》2006年第5期。

邓若冰，刘颜：《工业集聚、空间溢出与区域经济增长——基于空间面板杜宾模型的研究》，《经济问题探索》2016年第1期。

刁伟涛：《我国省级地方政府间举债竞争的空间关联性研究》，《当代财经》2016年第7期。

段葳：《地方税收优惠政策清理中公平竞争审查制度实施探究》，《财会月刊》2021年第11期。

范欣，宋冬林，赵新宇：《基础设施建设打破了国内市场分割吗？》，《经济研究》2017年第2期。

范欣，宋冬林：《税收竞争与市场分割》，《商业研究》2020年第4期。

范子英，田彬彬：《税收竞争、税收执法与企业避税》，《经济研究》2013年第9期。

范子英，张军：《中国如何在平衡中牺牲了效率：转移支付的视角》，《世界经济》2010年第11期。

范子英：《国地税合并将对地方经济和政府行为产生深远影响》，《中国经济时报》2018年5月31日。

冯兴元：《地方政府竞争：理论范式、分析框架与实证研究》，南京：译林出版社，2010年。

伏润民，缪小林，高跃光：《地方政府债务风险对金融系统的空间外溢效应》，《财贸经济》2017年第9期。

付文林，耿强：《税收竞争、经济集聚与地区投资行为》，《经济学（季刊）》2011年第4期。

傅勇，张晏：《中国式分权与财政支出结构偏向：为增长而竞争的代价》，《管理世界》2007年第3期。

高凤勤，徐震寰：《"竞高"还是"竞低"：基于我国省级政府税收竞争的实证检验》，《上海财经大学学报》2020年第1期。

高健，吴佩林：《城市人口规模对城市经济增长的影响》，《城市问题》2016 年第 6 期。

高培勇，毛捷：《间接税税收优惠的规模、结构和效益：来自全国税收调查的经验证据》，《中国工业经济》2013 年第 12 期。

高培勇：《中国税收持续高速增长之谜》，《经济研究》2006 年第 12 期。

龚锋，陶鹏，潘星宇：《城市群对地方税收竞争的影响——来自两区制面板空间杜宾模型的证据》，《财政研究》2021 年第 4 期。

关爱萍：《经济集聚、税收竞争与地区间产业转移》，《宏观经济研究》2018 年第 4 期。

管金平：《地方税收优惠政策治理的理念重塑与制度回应》，《财经问题研究》2020 年第 10 期。

桂琦寒，陈敏，陆铭，陈钊：《中国国内商品市场趋于分割还是整合：基于相对价格法的分析》，《世界经济》2006 年第 2 期。

何吾洁，陈含桦，郑婕：《税收竞争与环境污染：机理分析与实证检验》，《兰州财经大学学报》2019 年第 3 期。

贺俊，刘亮亮，张玉娟：《税收竞争、收入分权与中国环境污染》，《中国人口·资源与环境》2016 年第 4 期。

洪兴建：《中国地区差距、极化与流动性》，《经济研究》2010 年第 12 期。

洪源，陈丽，曹越：《地方竞争是否阻碍了地方政府债务绩效的提升？——理论框架及空间计量研究》，《金融研究》2020 年第 4 期。

洪正，谢漾：《财政分权制度、市场分割同群效应与产能过剩》，《中南大学学报（社会科学版）》2021 年第 4 期。

黄志雄，徐铖荣：《税收优惠政策清理的价值取向、政策评估与顶层设计》，《财经理论与实践》2020 年第 6 期。

姜海宁，谷人旭：《边界区域整合理论研究综述》，《工业技术经济》2010 年第 3 期。

姜子叶，胡育蓉：《财政分权、预算软约束与地方政府债务》，《金融研究》2016 年第 2 期。

蒋伏心，林江：《晋升锦标赛、财政周期性与经济波动——中国改革开放以来的经验》，《财贸经济》2010 年第 7 期。

康京涛：《论区域大气污染联防联控的法律机制》，《宁夏社会科学》2016 年第 2 期。

李丹,裴育:《国家贫困县存在税收竞争吗?》,《审计与经济研究》2019年第1期。

李尚蒲,郑仲晖,罗必良:《资源基础、预算软约束与地方政府债务》,《当代财经》2015年第10期。

李社宁,马楠:《在产业集聚背景下的地方税收竞争与经济增长》,《西部财会》2015年第4期。

李胜兰,初善冰,申晨:《地方政府竞争、环境规制与区域生态效率》,《世界经济》2014年第4期。

李维安,李浩波,李慧聪:《创新激励还是税盾?——高新技术企业税收优惠研究》,《科研管理》2016年第11期。

李香菊,赵娜:《税收竞争如何影响环境污染——基于污染物外溢性属性的分析》,《财贸经济》2017年第11期。

李永友,沈玉平:《财政收入垂直分配关系及其均衡增长效应》,《中国社会科学》2010年第6期。

李永友:《财政分权、财政政策与需求结构失衡》,北京:中国人民大学出版社,2012年。

李子豪:《地区差异、外资来源与FDI环境规制效应研究》,《中国软科学》2016年第8期。

林毅夫,刘培林:《地方保护和市场分割:从发展战略的角度考察》,北京大学中国经济研究中心工作论文,2004年。

林毅夫,刘培林:《振兴东北,不能采取发动新一轮赶超的办法》,《国际融资》2004年第4期。

刘安国,卢晨曦,杨开忠:《经济一体化、集聚租和区际税收政策协调》,《经济研究》2019年第10期。

刘洁,李文:《中国环境污染与地方政府税收竞争——基于空间面板数据模型的分析》,《中国人口·资源与环境》2013年第4期。

刘金东,冯经纶:《中国税收超GDP增长的因素分解研究——基于Divisia指数分解方法》,《财经研究》2014年第2期。

刘骏,刘峰:《财政集权、政府控制与企业税负——来自中国的证据》,《会计研究》

2014 年第 1 期。

刘文玉:《中国地方政府税收竞争对环境污染的影响研究——基于全国及区域视角》,《江西师范大学学报(哲学社会科学版)》2018 年第 4 期。

刘怡,刘维刚:《税收分享、征税努力与地方公共支出行为——基于全国县级面板数据的研究》,《财贸经济》2015 年第 6 期。

龙小宁,朱艳丽,蔡伟贤,李少民:《基于空间计量模型的中国县级政府间税收竞争的实证分析》,《经济研究》2014 年第 8 期。

卢洪友,朱耘婵:《城镇化、人口流动与地方政府债务水平——基于中国地级市的经验证据》,《经济社会体制比较》2020 年第 1 期。

陆铭,陈钊,杨真真:《平等与增长携手并进——收益递增、策略性行为和分工的效率损失》,《经济学(季刊)》2007 年第 2 期。

陆铭,陈钊:《分割市场的经济增长——为什么经济开放可能加剧地方保护?》,《经济研究》2009 年第 3 期。

路江涌,陶志刚:《我国制造业区域集聚程度决定因素的研究》,《经济学(季刊)》2007 年第 3 期。

罗党论,佘国满:《地方官员变更与地方债发行》,《经济研究》2015 年第 6 期。

吕冰洋,郭庆旺:《中国税收高速增长的源泉:税收能力和税收努力框架下的解释》,《中国社会科学》2011 年第 2 期。

吕冰洋,马光荣,毛捷:《分税与税率:从政府到企业》,《经济研究》2016 年第 7 期。

马草原,李廷瑞,孙思洋:《中国地区之间的市场分割——基于"自然实验"的实证研究》,《经济学(季刊)》2021 年第 3 期。

马文涛,马草原:《政府担保的介入、稳增长的约束与地方政府债务的膨胀陷阱》,《经济研究》2018 年第 5 期。

毛捷,曹婧:《中国地方政府债务问题研究的文献综述》,《公共财政研究》2019 年第 1 期。

毛捷,韩瑞雪,徐军伟:《财政压力与地方政府债务扩张——基于北京市全口径政府债务数据的准自然实验分析》,《经济社会体制比较》2020 年第 1 期。

毛军,梁宏志:《财税竞争、空间关联与我国市场一体化发展》,《财经论丛》2019 年第 11 期。

毛其淋，盛斌：《对外经济开放、区域市场整合与全要素生产率》，《经济学（季刊）》2011 年第 1 期。

孟向京：《中国人口分布合理性评价》，《人口研究》2008 年第 3 期。

牛霖琳，夏红玉，许秀：《中国地方债务的省级风险度量和网络外溢风险》，《经济学（季刊）》2021 年第 3 期。

庞晓波，李丹：《中国经济景气变化与政府债务风险》，《经济研究》2015 年第 10 期。

平新乔：《政府保护的动机与效果——一个实证分析》，《财贸经济》2004 年第 5 期。

Poncet, S.：《中国市场正在走向"非一体化"？——中国国内和国际市场一体化程度的比较分析》，《世界经济文汇》2002 年第 1 期。

蒲龙，杨高举：《地方政府间税收竞争会诱发过度投资吗》，《经济理论与经济管理》2020 年第 4 期。

蒲龙：《税收竞争与公共支出结构——来自县级政府的视角》，《中南财经政法大学学报》2017 年第 2 期。

蒲艳萍，成肖：《经济集聚、市场一体化与地方政府税收竞争》，《财贸经济》2017 年第 10 期。

钱学锋，陈勇兵：《国际分散化生产导致了集聚吗：基于中国省级动态面板数据 GMM 方法》，《世界经济》2009 年第 12 期。

钱学锋，黄玖立，黄云湖：《地方政府对集聚租征税了吗？——基于中国地级市企业微观数据的经验研究》，《管理世界》2012 年第 2 期。

乔坤元：《我国官员晋升锦标赛机制的再考察——来省、市两级政府的证据》，《财经研究》2013 年第 4 期。

单豪杰：《中国资本存量 K 的再估算：1952—2006 年》，《数量经济技术经济研究》2008 年第 10 期。

邵明伟，钟军委，张祥建：《地方政府竞争：税负水平与空间集聚的内生性研究——基于 2000～2011 年中国省域面板数据的空间联立方程模型》，《财经研究》2015 年第 6 期。

沈坤荣，付文林：《税收竞争、地区博弈及其增长绩效》，《经济研究》2006 年第 6 期。

沈坤荣，金刚，方娴：《环境规制引起了污染就近转移吗？》，《经济研究》2017 年第 5 期。

沈丽，范文晓：《地方政府债务扩张对区域金融风险的溢出效应》，《经济与管理评论》2021 年第 2 期。

师博，任保平：《产业集聚会改进能源效率么？》，《中国经济问题》2019 年第 1 期。

时红秀：《财政分权、政府竞争与中国地方政府的债务》，北京：中国财政经济出版社，2007 年。

孙博文：《环境经济地理学研究进展》，《经济学动态》2020 年第 3 期。

孙晓华，郭旭：《工业集聚效应的来源：劳动还是资本》，《中国工业经济》2015 年第 11 期。

唐飞鹏，叶柳儿：《税收竞争、资本用脚投票与产业转型升级》，《财贸经济》2020 年第 11 期。

唐云锋，刘清杰：《地方政府债务诱发金融风险的逻辑与路径》，《社会科学战线》2018 年第 3 期。

陶然，苏福兵，陆曦，朱昱铭：《经济增长能够带来晋升吗？——对晋升锦标竞赛理论的逻辑挑战与省级实证重估》，《管理世界》2010 年第 12 期。

田彬彬，范子英：《税收分成、税收努力与企业逃税——来自所得税分享改革的证据》，《管理世界》2016 年第 12 期。

王凤荣，苗妙：《税收竞争、区域环境与资本跨区流动——基于企业异地并购视角的实证研究》，《经济研究》2015 年第 2 期。

王猛，李勇刚：《服务业集聚区影响企业绩效的机制研究——基于集聚租和政策租视角》，《产业经济研究》2018 年第 5 期。

王韧，刘柳巧，刘于萍：《地方政府债务负担会阻碍区域经济一体化吗？——城市群视角的异质性诊断》，《财政研究》2021 年第 5 期。

王守坤，任保平：《中国省级政府间财政竞争效应的识别与解析：1978～2006 年》，《管理世界》2008 年第 11 期。

王叙果，张广婷，沈红波：《财政分权、晋升激励与预算软约束——地方政府过度负债的一个分析框架》，《财政研究》2012 年第 3 期。

王永钦,陈映辉,杜巨澜:《软预算约束与中国地方政府债务违约风险:来自金融市场的证据》,《经济研究》2016 年第 11 期。

王永钦,张晏等:《中国的大国发展道路——论分权式改革的得失》,《经济研究》2007 年第 1 期。

魏后凯,蔡翼飞:《西部大开发的成效与展望》,《中国发展观察》2009 年第 10 期。

魏后凯:《中国制造业集中状况及其国际比较》,《中国工业经济》2002 年第 1 期。

魏志华,卢沛:《税收竞争、征税努力与企业税负粘性》,《经济学动态》2021 年第 6 期。

文玫:《中国工业在区域上的重新定位和聚集》,《经济研究》2004 年第 2 期。

吴斌,徐雪飞,孟鹏,魏军波:《产业集聚、税收竞争与企业税负》,《东南大学学报(哲学社会科学版)》2019 年第 1 期。

吴小强,韩立彬:《中国地方政府债务竞争:基于省级空间面板数据的实证研究》,《财贸经济》2017 年第 9 期。

习近平:《在黄河流域生态保护和高质量发展座谈会上的讲话》,《人民日报》2019 年 10 月 16 日。

肖叶,刘小兵:《税收竞争促进了产业结构转型升级吗?——基于总量与结构双重视角》,《财政研究》2018 年第 5 期。

谢乔昕,孔刘柳,张宇:《经济差距、产业集聚与税收竞争——基于区域差异的角度》,《税务与经济》2011 年第 1 期。

谢贞发,范子英:《中国式分税制、中央税收征管权集中与税收竞争》,《经济研究》2015 年第 4 期。

许敬轩,王小龙,何振:《多维绩效考核、中国式政府竞争与地方税收征管》,《经济研究》2019 年第 4 期。

杨朝远,张学良,杨羊:《双循环发展的改革开放空间试验场——我国开发区的缘起、演进和趋势》,《重庆大学学报(社会科学版)》2021 年第 4 期。

杨大楷,汪若君,夏有为:《基于竞争视角的地方政府债务研究述评》,《审计与经济研究》2014 年第 1 期。

杨柳,方元子:《集聚效应对我国地方税收竞争行为的影响——基于行业税负的实证研究》,《当代财经》2014 年第 10 期。

杨龙见,尹恒:《中国县级政府税收竞争研究》,《统计研究》2014 年第 6 期。

杨婷,晏平仲等:《基于数值模拟的 2015 年 11 月东北极端重污染过程成因的定量评估》,《环境科学学报》2017 年第 1 期。

杨振兵:《对外直接投资、市场分割与产能过剩治理》,《国际贸易问题》2015 年第 11 期。

姚子健,李慧妍:《我国地方税收优惠制度的问题与完善——基于对 212 份税收优惠政策文本的研究》,《公共财政研究》2020 年第 6 期。

叶金育:《税收优惠统一立法的证成与展开——以税收优惠生成模式为分析起点》,《江西财经大学学报》2016 年第 2 期。

殷存毅,何晓裴:《开发区管理体制"政府化"演变的理论分析:新制度经济学的视角》,《公共管理评论》2015 年第 2 期。

银温泉,才婉茹:《我国地方市场分割的成因和治理》,《经济研究》2001 年第 6 期。

余东华,孙婷:《环境规制、技能溢价与制造业国际竞争力》,《中国工业经济》2017 年第 5 期。

余官胜,朱文欢:《我国贸易开放和金融开放的相互促进关系研究——基于联立方程组的实证检验》,《温州大学学报（自然科学版）》2012 年第 2 期。

袁冬梅,魏后凯:《对外开放促进产业集聚的机理及效应研究——基于中国的理论分析与实证检验》,《财贸经济》2011 年第 12 期。

臧新,刘晓沛,张昕:《产业集聚与分散状态决定因素的比较研究——基于制造业典型行业的实证分析》,《产业经济研究》2011 年第 6 期。

张宏翔,席丽娟:《政府间的税收竞争与环境污染的非线性关系研究——基于面板门槛模型的实证分析》,《西安财经学院学报》2018 年第 6 期。

张宏翔,张宁川,匡素帛:《政府竞争与分权通道的交互作用对环境质量的影响研究》,《统计研究》2015 年第 6 期。

张华:《税收竞争与环境污染:影响机制与实证检验》,《财经问题研究》2019 年第 3 期。

张军,高远,傅勇,张弘:《中国为什么拥有了良好的基础设施?》,《经济研究》

2007 年第 3 期。

张军:《中国经济发展:为增长而竞争》,《世界经济文汇》2005 年第 Z1 期。

张克俊,唐琼:《高新区动态演化的阶段性、路径依赖性与动力学机制研究》,《经济体制改革》2012 年第 1 期。

张牧扬:《晋升锦标赛下的地方官员与财政支出结构》,《世界经济文汇》2013 年第 1 期。

张维迎,栗树和:《地区间竞争与中国国有企业的民营化》,《经济研究》1998 年第 12 期。

张宇:《地方保护与经济增长的囚徒困境》,《世界经济》2018 年第 3 期。

赵伟,向永辉:《区位优势、集聚经济和中国地区间 FDI 竞争》,《浙江大学学报(人文社会科学版)》2012 年第 6 期。

赵永辉,付文林,冀云阳:《分成激励、预算约束与地方政府征税行为》,《经济学(季刊)》2020 年第 1 期。

郑江淮,高彦彦,胡小文:《企业"扎堆"、技术升级与经济绩效——开发区集聚效应的实证分析》,《经济研究》2008 年第 5 期。

钟辉勇,陆铭:《财政转移支付如何影响了地方政府债务?》,《金融研究》2015 年第 9 期。

钟辉勇,陆铭:《中国经济的欧洲化——统一货币区、央地关系和地方政府债务》,《学术月刊》2015 年第 10 期。

周飞舟:《分税制十年:制度及其影响》,《中国社会科学》2006 年第 6 期。

周黎安:《晋升博弈中政府官员的激励与合作——兼论我国地方保护主义和重复建设问题长期存在的原因》,《经济研究》2004 年第 6 期。

周黎安:《中国地方官员的晋升锦标赛模式研究》,《经济研究》2007 年第 7 期。

周黎安:《转型中的地方政府:官员激励与治理》,上海:格致出版社,上海人民出版社,2008 年。

周林意,朱德米:《地方政府税收竞争、邻近效应与环境污染》,《中国人口·资源与环境》2018 年第 6 期。

周雪光:《"逆向软预算约束":一个政府行为的组织分析》,《中国社会科学》2005 年第 2 期。

周业安，赵晓男：《地方政府竞争模式研究——构建地方政府间良性竞争秩序的理论和政策分析》，《管理世界》2002 年第 12 期。

朱平芳，张征宇，姜国麟：《FDI 与环境规制：基于地方分权视角的实证研究》，《经济研究》2011 年第 6 期。

庄佳强，陈志勇：《城镇化进程中的地方政府财政风险——基于三类融资模式的比较分析》，《中南财经政法大学学报》2017 年第 1 期。

禚铸瑶：《中国地方政府税收竞争的空间策略互动性和门槛效应》，《中山大学学报（社会科学版）》2021 年第 3 期。

踪家峰，杨琦：《分权体制、地方征税努力与环境污染》，《经济科学》2015 年第 2 期。

二、英文文献

Altshuler, R., Goodspeed, T. J., 2015: "Follow the Leader? Evidence on European and U.S. Tax Competition", *Public Finance Review*, 4.

Andersson, F., Forslid, R., 2003: "Tax Competition and Economic Geography", *Journal of Public Economic Theory*, 2.

Anselin, L., 1995: "Local Indicators of Spatial Association—LISA", *Geographical Analysis*, 2.

Arcaelan, C., 2016: "International Tax Competition and the Deficit Bias", *Economic Inquiry*, 1.

Baldwin, R. E., Krugman, P., 2004: "Agglomeration, Integration and Tax Harmonization", *European Economic Review*, 1.

Becker, S. O., Egger, P. H., Merlo, V., 2012: "How Low Business Tax Rates Attract MNE Activity: Municipality-Level Evidence from Germany", *Journal of Public Economics*, 9.

Borck, R., et al, 2015: "Race to the Debt Trap? Spatial Econometric Evidence on Debt in German Municipalities", *Regional Science & Urban Economics*, 7.

Breuillea, M., Thierry, M., Emmanuelle, T., 2006: "Does Tax Competition Soften

Regional Budget Constraint", *Economics Letters*, 2.

Broadway, R., Tremblay, J. F., 2012: "Reassessment of the Tiebout Model", *Journal of Public Economics*, 11.

Brueckner, J. K., 2003: "Strategic Interaction Among Governments: An Overview of Empirical Studies", *International Regional Science Review*, 2.

Brülhart, M., et al, 2012: "Do Agglomeration Economies Reduce the Sensitivity of Firm Location to Tax Differentials?", *The Economic Journal*, 563.

Bucovetsky, S., Wilson, J. D., 1991: "Tax Competition with Two Tax Instruments", *Regional Science and Urban Economics*, 3.

Bucovetsky, S., 1991: "Asymmetric Tax Competition", *Journal of Urban Economics*, 2.

Bulow, J. I., Geanakoplos, J. D., Klemperer, P. D., 1985: "Multimarket Oligopoly: Strategic Substitutes and Complements", *Journal of Political Economy*, 3.

Cao, X., Prakash, A., 2012: "Trade Competition and Environmental Regulations: Domestic Political Constraints and Issue Visibility", *Journal of Politics*, 1.

Case, A. C., Rosen, H. S., Hines, J. J., 1993: "Budget Spillovers and Fiscal Policy Interdependence: Evidence from the States", *Journal of Public Economics*, 3.

Charlot, S., Paty, S., 2007: "Market Access Effect and Local Tax Setting: Evidence from French Panel Data", *Journal of Economic Geography*, 3.

Chen, Y., Zhigang, et al, 2017: "Agglomeration and Actual Tax Rates: Firm-Level Evidence from China", *Regional Studies*, 1.

Chirinko, R. S., Wilson, D. J., 2017: "Tax Competition Among U.S. States: Racing to the Bottom or Riding on a Seesaw?", *Journal of Public Economics*, 11.

Cumberland, J. H., 1981: "Efficiency and Equity in Interregional Environmental Management", *International Regional Science Review*, 2.

Dahlby, B., Wilson, L. S., 2003: "Vertical Fiscal Externalities in a Federation", *Journal of Public Economics*, 5.

Dahlby, B., 1996: "Fiscal Externalities and the Design of Intergovernmental Grants", *International Tax and Public Finance*, 3.

Davis, O. A., Whinston, A. B., 1961: "The Economics of Urban Renewal", *Law and Contemporary Problems*, 1.

De Mooij, R. A., Ederveen, S., 2003: "Taxation and Foreign Direct Investment: A Synthesis of Empirical Research", *International Tax and Public Finance*, 6.

Dembour, C., 2008: "Competition for Business Location: A Survey", *Journal of Industry Competition and Trade*, 2.

Devereux, M., Lockwood, B., Redoano, M., 2008: "Do Countries Compete over Corporate Tax Rates?", *Journal of Public Economics*, 5.

Devereux. M. P., Griffith, R., Simpson, H., 2007: "Firm Location Decisions, Regional Grants and Agglomeration Externalities", *Journal of Public Economics*, 3.

Dimpfl, T., Peter, F. J., 2013: "Using Transfer Entropy to Measure Information Flows between Financial Markets", *Studies in Nonlinear Dynamics and Econometrics*, 1.

Duranton, G., Overman, H. G., 2005: "Testing for Localization Using Micro-Geographic Data", *The Review of Economics Studies*, 4.

Eckhard, J., Maximilian, T., 2018: "Fiscal Competition and Public Debt", *Journal of Public Economics*, 10.

Eggert, W., Schjelderup, G., 2003: "Symmetric Tax Competition under Formula Apportionment", *Journal of Public Economic Theory*, 2.

Elschner, C., Vanborren W., 2010: "European Union: Effective Corporate Income Tax Rates in an Enlarged European Union", *Bulletin for International Taxation*, 11.

Feldstein, M. S., Poterba, J. M., Dicks-Mireaux, L., 1983: "The Effective Tax Rate and the Pretax Rate of Return", *Journal of Public Economics,* 2.

Fredriksson, P. G., Millimet, D. L., 2002: "Strategic Interaction and the Determination of Environmental Policy across U.S. States", *Journal of Urban Economics*, 1.

Gale, W. G., Orszag, P. R., 2005: "Deficits, Interest Rates, and the User Cost of Capital: A Reconsideration of the Effects of Tax Policy on Investment", *Social Science Electronic Publishing*, 3.

Gordon, R. H., 1992: "Can Capital Income Taxes Survive in Open Economics?",

Journal of Finance, 3.

Hamilton, J. H., Slutsky, S. M., 1990: "Endogenous Timing in Duopoly Games: Stackelberg or Cournot Equilibria", *Games and Economic Behavior*, 1.

Han, et al, 2010: "GMM Estimation for Dynamic Panels with Fixed Effects and Strong Instruments at Unity", *Econometric Theory*, 1.

Hansen, B. E., 1999: "Threshold Effects in Non-Dynamic Panels: Estimation, Testing, and Lnference", *Journal of Econometrics*, 2.

Haufler, A., Wooton, I., 2010: "Competition for Firms in an Oligopolistic Industry: The Impact of Economic Integration", *Journal of International Economics*, 2.

Hildreth, W. B., Miller, G. J., 2010: "Debt and the Local Economy: Problems in Benchmarking Local Government Debt Affordability", *Public Budgeting & Finance*, 4.

Hindriks, J., Peralta, S., Weber, S., 2008: "Competing in Taxes and Investment under Fiscal Equalization", *Journal of Public Economics*, 12.

Inman, R. P., 2003: *Transfers and Bailouts: Enforcing Local Fiscal Discipline with Lessons from U.S.*, The Challenge of Hard Budget Constraints: The MIT Press.

Islam, M. F., Hasan, M. S., 2010: "The Macroeconomic Effects of Government Debt on Capital Formation in the United States: An Empirical Investigation", *Manchester School*, 5.

Janeba, E., Osterloh, S., 2013: "Tax and the City—A Theory of Local Tax Competition", *Journal of Public Economics*, 10.

Jensen, R. A., Toma, E. F., 1991: "Debt in a Model of Tax Competition", *Regional Science and Urban Economics*, 3.

Jizba, P., Kleinert, H., Sheefat, M., 2012: "Rényi's Information Transfer between Financial Time Series", *Physica A*, 10.

Jofre-Monseny J., 2013: "Is Agglomeration Taxable?" *Journal of Economic Geography*, 1.

Jorgenson, D., 1963: "Capital Theory and Investment Behavior", *American Economic Review*, 2.

Kanbur, R., Keen, M., 1993: "Tax Competition and Tax Coordination When Countries

Differ in Size", *American Economic Review*, 4.

Keen, M., Marchand, M., 1997: "Fiscal Competition and the Pattern of Public Spending", *Journal of Public Economics*, 1.

Keen, M. J., Kotsogiannis, C., 2003: "Leviathan and Capital Tax Competition in Federations", *Journal of Public Economic Theory*, 2.

Keen, M. J., 1998: "Vertical Tax Externalities in the Theory of Fiscal Federalism", *International Monetary Fund Staff Papers*, 3.

Kempf, H., Rota-Graziosi, G., 2010: "Endogenizing Leadership in Tax Competition", *Journal of Public Economics*, 9.

Kessler, A. S., Lülfesmann, C., Myers, G. M., 2002: "Redistribution, Fiscal Competition, and the Politics of Economic Integration", *The Review of Economic Studies*, 4.

Klein, D. B., O'Flaherty B., 1993: "A Game-Theoretic Rendering of Promises and Threats", *Journal of Economic Behavior and Organization*, 3.

Koh, H. J., Riedel, N., Böhm, T., 2013: "Do Governments Tax Agglomeration Rents?", *Journal of Urban Economics*, 1.

Krugman, P., Venables, A. J., 1995: "Globalization and the Inequality of Nations", *Quarterly Journal of Economics*, 4.

Krugman, P., 1991: "Increasing Returns and Economic Geography", *Journal of Political Economy*, 3.

Kwon, O., Oh, G., 2012: "Asymmetric Information Flow between Market Index and Individual Stocks in Several Stock Markets", *Europhysics Letters*, 2.

Kwon, O., Yang, J. S., 2008: "Information Flow between Composite Stock Index and Individual Stocks", *Physica A*, 12.

Laussel, D., Le Breton, M., 1998: "Existence of Nash Equilibria in Fiscal Competition Models", *Regional Science and Urban Economics*, 3.

Lazear, E., 1981: "Rank-Order Tournaments as Optimum Labor Contracts", *Journal of Political Economy*, 5.

Li, H., Zhou, L. A., 2003: "Political Turnover and Economic Performance: The Incentive

Role of Personnel Control in China", *Journal of Public Economics*, 9.

Li, X., Ge, X., Fan, W., et al, 2021: "Research on Spatial Correlation Characteristics and Their Spatial Spillover Effect of Local Government Debt Risks in China", *Sustainability*, 5.

Liu, Y., Martinze-Vazquez, J., 2014: "Interjurisdictional Tax Competition in China", *Journal of Regional Science*, 4.

Ludema, R. D., Wooton, I., 2000: "Economic Geography and the Fiscal Effects of Regional Integration", *Journal of International Economics*, 2.

Luthi. E., Schmidheiny, K., 2014: "The Effect of Agglomeration Size on Local Taxes", *Journal of Economic Geography*, 2.

Mintz, J., Tulkens, H., 1986: "Commodity Tax Competition between Member States of a Federation: Equilibrium and Efficiency", *Journal of Public Economics*, 2.

Neumayer, E., Plümper, T., 2012: "Conditional Spatial Policy Dependence: Theory and Model Specification", *Comparative Political Studies*, 7.

Oates, W. E., Schwab, R. M., 1988: "Economic Competition Among Jurisdictions", *Journal of Public Economics*, 3.

Ottaviano, G. I. P., van Ypersele T., 2005: "Market Size and Tax Competition", *Journal of International Economics*, 1.

Parsley, D. C., Shang-Jin, W., 1996: "Convergence to the Law of One Price without Trade Barriers or Currency Fluctuations", *Quarterly Journal of Economics*, 4.

Pieretti, P., Zanaj, S., 2011: "On Tax Competition, Public Goods Provision and Jurisdictions' Size", *Journal of International Economics*, 1.

Qian, Y., Roland, G., 1998: "Federalism and the Soft Budget Constraint", *American Economic Review*, 5.

Rauscher, M., 2005: "Economic Growth and Tax-Competing Leviathans", *International Tax & Public Finance*, 4.

Redoano, M., 2014: "Fiscal Interactions Among European Countries. Does the EU Matter?", *European Journal of Political Economy*, 4.

Samuelson, P., 1954: "Theoretical Note on Trade Problem", *Review of Economics and Statistics*, 2.

Schreiber, T., 2000: "Measuring Information Transfer", *Physical Review Letters*, 2.

Strauss-Kahn, V., Vives, X., 2009: "Why and Where do Headquarters Move?", *Regional Science and Urban Economics*, 2.

Tiebout, C. M., 1956: "A Pure Theory of Local Expenditures", *Journal of Political Economy*, 5.

Tobin, J., 1981: "Discussion of Taxation and Corporate Investment: A Q-Theory Approach", *Brookings Papers on Economic Activity*, 1.

Tversky, A., Kahneman, D., 1991: "Loss Aversion in Riskless Choice: A Reference-Dependent Model", *The Quarterly Journal of Economics*, 4.

Wang, Y. Q., 1999: "Commodity Taxes under Fiscal Competition: Stackelberg Equilibrium and Optimality", *American Economic Review*, 4.

Wildasin, D. E., 1988: "Nash Equilibria in Models of Fiscal Competition", *Journal of Public Economics*, 2.

Wilson, J. D., 1986: "A Theory of Interregional Tax Competition", *Journal of Urban Economics*, 3.

Wilson, J. D., 1999: "Theories of Tax Competition", *National Tax Journal*, 2.

Wilson, J., 1991: "Tax Competition with Interregional Differences in Factor Endowments", *Regional Science and Urban Economics*, 3.

Winner, H., 2012: "Fiscal Competition and the Composition of Public Expenditure: An Empirical Study", *Contemporary Economics*, 3.

Wrede, M., 2013: "Multinational Financial Structure and Tax Competition", *Swiss Journal of Economics and Statistics*, 3.

Wrede, M., 2014: "Asymmetric Tax Competition with Formula Apportionment", *Letters in Spatial and Resource Sciences*, 1.

Xu, C., 2011: "The Fundamental Institutions of China's Reforms and Development", *Journal of Economic Literature*, 4.

Yao, Y., Zhang, M., 2015: "Subnational Leaders and Economic Growth: Evidence from Chinese Cities", *Journal of Economic Growth*, 4.

Young, A., 2000: "The Razor's Edge: Distortions and Incremental Reform in The People's Republic of China", *Quarterly Journal of Economics*, 4.

Yu, J., Zhou, L., Zhu, G., 2016: "Strategic Interaction in Political Competition: Evidence from Spatial Effects across Chinese Cities", *Regional Science and Urban Economics*, 3.

Zissimos, B., Wooders, M., 2008: "Public Good Differentiation and the Intensity of Tax Competition", *Journal of Public Economics*, 5.

Zodrow, G. R., Mieszkowski, P., 1986: "Pigou, Tiebout, Property Taxation, and the Underprovision of Local Public Goods", *Journal of Urban Economics*, 3.

后 记

中国经济为何能够持续高速增长？著名的"张五常之问"[①]引发了学界对中国地方政府竞争的思考。同时，周黎安教授刊载于《经济研究》（2007年第7期）的《中国地方官员的晋升锦标赛模式研究》一文，发现晋升锦标赛作为中国政府官员的激励模式，是中国经济奇迹的重要根源。在上级考核的机制驱动下，地方政府官员考虑到个人职业生涯和政治前途，展开横向的锦标赛竞争。这其中招商引资是非常重要的手段，并在很大程度上依靠税收竞争。地方政府通过各种税收优惠政策吸引企业，却忽略了营商环境对于企业投资的重要性，重复建设问题凸显的同时也造成严重的资源错配。本书所关注的是税收竞争的"不对称"问题，"大国、开放、多区域、发展不平衡"等"中国特征"，使地方政府间税收竞争行为更趋复杂化。

本书的撰写基础是我2016年完成的博士毕业论文，毕业至今五年多的时间里，无论是在理论还是实践层面，中国地区间税收竞争话题都在纳入新的思想和观点。因此，本书在前期研究的基础上，进行了大刀阔斧的修订，重新构建模型，识别地区间不对称税收竞争策略，并关注市场分割、债务风险与环境污染等新时代重大问题，考察其与税收竞争之间的关系，最后在新经济地理框架下，以中国渐进市场一体化为背景，研究政策租与集聚租的动态变化对税收竞争协调的影响。并且以双向因果的现实出发，再次检验并回

[①] 张五常是华人世界最有影响力的经济学家之一，他在2009年出版的《中国的经济制度》一书中提出了一个著名的问题："我可以在一个星期内写一本厚厚的批评中国的书。然而，在有那么多的不利的困境下，中国的高速增长持续了那么久，历史上从来没有出现过。中国一定是做了非常对的事才产生了我们见到的经济奇迹。那是什么呢？这才是真正的问题。"（第117页）这就是"张五常之问"，在中国经济学界影响很大。

答一个问题：中国地方政府对集聚租征税了吗？相比于五年前的研究，本书讲述了一个更有层次性、更加丰富的中国地区间税收竞争故事，也为进一步推向国际层面研究提供了更具开放性的延展思路。

习近平总书记曾在多个场合强调，要逐步形成以国内大循环为主体、国内国际双循环相互促进的新发展格局，培育新形势下我国参与国际合作和竞争的新优势。税收竞争是一个内涵非常广的概念，本书研究中国地区间税收竞争，探究的是一国内部的政府间策略互动行为。而早在1956年，蒂伯特提出的税收竞争理论，则是源于对国家间竞争的探讨。结合我目前所从事的科研工作重点，未来如何将本书关注的中国地区间税收竞争研究，扩展到推进国际税收政策协调研究，从学术研究的角度为促进国内、国际两个循环提供可供参考的建议，是当前需要着力思考的问题。

本书能够如期完成，首先要感谢我的博导王华春教授，王老师不仅带领我进入财政分权与政府间行为的研究视野，也锻炼了我从事科研工作的思维和方法，培养了我分析问题、解决问题的学术研究能力。我在学生时期对于税收竞争的理解非常浅显，而王老师鼓励我主动探索，在文献阅读中"顺藤摸瓜"，寻找研究脉络，耐心指导我顺利完成了博士学位论文的撰写。博士期间锤炼形成的研究素养，持续且深刻地影响着我后续的科研工作。

同时，也要感谢我的博士后合作导师胡必亮教授。告别学生时代，步入社会之际，必然要面临角色转换问题及其带来的或许较为漫长的磨合期。非常幸运的是，胡老师在科研工作上给予了我极大的信任，并鼓励我探索研究兴趣与科研工作的契合点，做好自身定位，这使我愉快且顺利地度过角色转换期。胡老师经常提到，学术研究要遵循五个维度的并行发展，即"理论素养""国际视野""实践认知""逻辑思维""计量模型"。我在学术研究中也时刻以这五个维度省察自身，以锤炼更加坚实的科研素养。

在撰写完成书稿之际，正值我的儿子一周岁生日，这对我来说意义重大。这一年我与孩子共同成长，当然更多的是孩子催着我成长。妈妈这个角色，要求我快速具备责任担当、情绪稳定、直面问题等生活技能，最重要的是，让我学会如何在工作和生活中寻找平衡，抢夺流逝的时间，提高工作效率，这是其他经历无法给予的成长机会。我也非常感谢我的爱人任德孝先生，孩子的到来给我们的生活增添了乐趣，同时也使我们迎来更大的挑战，他在生活中的积极分担，使我得以安心完成本书的研究工作。同时作为我的研友，在书稿写作过程中，每当我迷茫困惑时，他总是不遗余力地帮助我，鼓励我。同行的路上，未来可期！

当然，我要特别感谢我的父母。本书的完成离不开父母对我的大力支持，他们全心全力对孩子的照顾，使我没有后顾之忧，专心做科研，也为我争取了大量时间，得以顺利完成本书的撰写。而且因为他们的悉心照料，我非常快乐且顺利地度过了初为人母的懵懂阶段。我非常感激父母对我生活和工作的支持，在他们的爱中成长，我很幸福。衷心祝福我的父母健康长寿，平安快乐！也祝愿全天下的父母幸福安康！

最后，本书能够面世，要非常感谢商务印书馆的编辑老师对本书出版所付出的辛勤劳动。特别要感谢薛亚娟老师，她接纳并推荐了这本书稿，使我有机会呈现出这份研究成果。在书稿修订完善的过程中，我也切实感受到了她认真细致的工作态度，从内心感激她对书稿的改进所付出的宝贵时间与精力！

路漫漫其修远兮，吾将上下而求索。

刘清杰

于北师大珠海校区励教楼

2022 年 1 月 13 日

图书在版编目（CIP）数据

中国地区间不对称税收竞争研究 / 刘清杰著. —北京：商务印书馆，2022
ISBN 978−7−100−20773−7

Ⅰ.①中⋯　Ⅱ.①刘⋯　Ⅲ.①税收管理—研究—中国　Ⅳ.① F812.42

中国版本图书馆 CIP 数据核字（2022）第 031651 号

权利保留，侵权必究。

中国地区间不对称税收竞争研究
刘清杰　著

商　务　印　书　馆　出　版
（北京王府井大街36号　邮政编码100710）
商　务　印　书　馆　发　行
北京顶佳世纪印刷有限公司印刷
ISBN 978−7−100−20773−7

2022 年 3 月第 1 版	开本 787×1092　1/16
2022 年 3 月北京第 1 次印刷	印张 18¼

定价：93.00 元